明代 學術論集

楊自平 著

自　序

　　自民國七十七年進中央大學中文系就讀，到現今回母校服務，已滿十九個年頭。在這段不算短的歲月，學習、研究、教學，是自己興趣與志業。教學相長的過程，豐富了自己的人生。

　　自小家父、家母便提供我溫馨的人文學習環境，閱讀、寫作、書法陪伴我渡過中、小學生涯。升上曉明女中，幸運地遇到很好的國文老師，林麗琴老師、尤宗周老師，在他們的引導下讓我悠遊於浩瀚的國學汪洋。大學聯考，選填志願，毫不考慮地填上國立大學的中文系，進入中大中文系就讀。

　　在中大中文系四年，幸蒙系上義理、文學、小學不同領域師長的啟發與教導，胡自逢老師、曾昭旭老師、蔡信發老師、顏崑陽老師、張夢機老師、康來新老師、李國俊老師、龔鵬程老師諸位師長，豐厚的學養與教學熱忱，為我開啟通往國學研究之窗，並確立終身從事國學研究的志向。研究所碩、博士階段，在指導教授林安梧先生費心指導下，扭轉過去的平鋪式思維，轉向立體式思考，漸漸掌握學術研究的要法。此外，在治學方向與方法上，也深受岑溢成老師諸多啟發。大學階段的學習，提供我豐富的國學背景知識；研究所階段的訓練，則讓我更深入國學堂奧。

　　完成博士論文後，不斷思索未來的研究方向，最後選定以《易》學研究作為主軸，以先秦思想、魏晉思想、宋明理

1

學、《史記》學、三國學作為副線；在這樣的規畫下，完成數篇期刊、會議論文。

本書所收入數篇論文，皆曾發表於國內期刊。〈曹端與薛瑄理學思想之比較研究〉，刊於《孔孟學報》85 期，2007 年 9 月。〈胡居仁內聖外王之學析論〉，刊於《鵝湖學誌》第 37 期，2006 年 12 月。〈從《易經蒙引》論蔡清疏解《周易本義》的作法及太極義理的轉折〉，刊於中央大學《人文學報》32 期（革新版），2007 年 10 月。〈來知德《易》學特色——錯綜哲學〉，刊於中央大學《人文學報》，第 27 期，2003 年 6 月。〈李光地之卦主理論及卦主釋《易》論析〉，刊於《漢學研究》第廿五卷第 2 期，2007 年 12 月。〈王船山《周易內傳》解經作法析論〉，刊於《鵝湖學誌》39 期，2007 年 12 月。

書中各篇論文，所涉時代皆屬明代，其共通點均與朱子學有關。自清黃宗羲《明儒學案》到現今「中國思想史」著作，談到明代學術，幾以陽明學為主軸，此觀點易讓人誤以為朱子學在明代完全消聲匿跡。基於欲探察明代朱子學的動機，遂著手規畫明代朱子學的相關研究。實際考察明代著作，許多經學專著，多受朱子說法影響；即使理學著作，亦不乏討論朱子思想者。

明初曹端、薛瑄、胡居仁是學術史公認明初研究朱子學者，但學術史多簡單將三子視為只是順承朱子之說，未提出新義，並多順著三子的說法，指出其思想內容。〈曹端與薛瑄理學思想之比較研究〉一文，則著重在說明曹、薛二子並非專主朱學，而是延續宋代理學並加以發揮，並指出二子思

想之特色，且進行比較，以見出二子並非只順承朱學，而是有所開展。〈胡居仁內聖外王之學析論〉一文，一方面見出胡居仁內聖思想的特色，另方面指出胡氏的外王思想，且說明胡氏內聖、外王思想並非析分為二，而是相合不二。

　　明代的《易》學，繼宋、元《易》學後，亦有所開展。蔡清是明中葉重要思想家，帶動泉州學術的發展，研究明代朱子學，絕不可忽略泉州學術在明代的重要影響。蔡清為明代重要《易》學家，但相關研究極少，唯朱伯崑先生《易學哲學史》加以介紹，但以義理方面說明為主。《易經蒙引》影響陳琛、林希元等甚鉅。書中收錄不少朱子《周易本義》的說法，《蒙引》的表現形式為疏解《周易本義》，其特色在於，承繼朱子求《易》「本義」，藉由疏解方式使朱子意旨更明確，並將《易》定位在以道義明吉凶的經書，加入義理的發揮與史事的印證。經研究亦發現，蔡清的太極說與朱子有明顯不同，故亦立專節析論之。對於太極，蔡清將朱子所言靜態的存有之理，轉化為具創生活動義的宇宙本體。此外，亦強調依時處正的重要，並提出虛靜的工夫以達於依時處正的目標。

　　〈來知德《易》學特色——錯綜哲學〉一文，來氏《易》學被現代《易》學史歸於象數派，指出特色在於取象說。取象說是針對朱子所稱易象多有不可解者，彼將之修正為易象均是可以解釋的。來氏的論據在於其「模寫」說，認為聖人藉著卦爻符號模寫天地自然之象，故皆有取象緣由。基於「模寫」說，來氏進一步指出聖人所模寫之根本原理即是所謂「對待」與「流行」之理，故卦爻象處處「反映」自然界

對待與流行之理，而伏羲、文王《易》圖其意義亦對待與流行之理的反映。來氏認為既然已能充分且相應掌握先王畫卦作圖之精神，後人應可承繼聖人之本意，作進一步發展；故而來氏將伏羲、文王之圖結合，創畫出結合對待與錯綜之理的來氏《易》圖。來氏自言此圖之意義在於表現「對待者數，主宰者理，流行者氣」的意義，此三句話足見來氏之宇宙論是氣一本論，將氣提升為形上本體義，即此而言宇宙萬化皆此一氣流行不已之作用，而此正是來氏錯綜哲學之義涵所在。

　　另外兩篇論文，以李光地、王船山為題，一般多將二子視為明末清初時期的人物，既然身處明末，仍屬明代範圍。〈李光地之卦主理論及卦主釋《易》論析〉一文，李光地以「折中」治《易》，一方面折中眾說，另方面面對眾說分歧的現象，則選擇「折中於」朱子，因朱子兼取象數、義理之故。李氏釋《易》重視「義例」，尤其重視「卦主」。李氏卦主理論，提出成卦之主與主卦之主，並說明如何認定成卦之主與主卦之主。此外，亦明確指出六十四卦之成卦之主，及指出部分有主卦之主的卦，而在《周易觀彖》更可見出以成卦之主釋卦爻辭的部分。該文論述李氏如何折中歷代卦主理論，指出成卦之主與主卦之主的認定原則，並考察如何以卦主釋卦名及爻辭，以歸結出李氏以卦主釋《易》之特色，作為研究李氏《易》學的可能途徑。

　　至於〈王船山《周易內傳》解經作法析論〉一文，船山《周易內傳》乃晚年為諸生釋經而作，《周易內傳發例》則歸結該書釋經原則與重要《易》學觀點。欲瞭解《內傳》之特色，一方面需深究《發例》重要觀點之意旨，如以「乾坤

並建」、「錯綜合一」代替〈序卦傳〉說明六十四卦之關係；「占學一理」，所指內容是關涉《易》之定位及治《易》立場，而「彖爻一致」乃為解決易辭難解之問題；另方面需深究《內傳》實際之釋經作法：以本卦陰陽互動及錯綜關係釋卦名，以卦畫陰陽之象釋卦辭，研審畫象、會通彖、爻以明爻的時與位。船山釋《易》之特色：重學而不廢占、即卦畫而釋易辭、以體用不二說明象爻一致，藉簡微難解之易辭彰顯聖人作《易》之慧心。

　　明代的政治，自成祖以降，雖出現不少昏君闇臣，然明代學術卻是生機盎然的。不僅有後人所重視的明代陽明學，亦有明代的朱子學及其他獨具特色的思想家。書中收錄的文章，不過是繁星中的一點微明。日後將持續針對明代及清代的學術加以探究，追隨前賢的腳步，向前邁進。

　　在此，感謝中文系系主任楊祖漢教授規畫國立中央大學「發展國際一流大學及頂尖研究中心計畫」之「明代的朱子學與陽明學」的整合型計畫，讓我有機會參與相關研究，進而深入明代朱子學這塊研究領域。

　　最後，我誠摯地感謝親愛的家人，感謝父、母多年來辛苦的養育教導之恩，也謝謝家父為拙作封面題字。感謝舍妹楊自青長期為拙作費心寫作英摘，以及舍弟楊自森在學問之路的相互切磋，也感謝先生呂學德多年來鼓勵支持，而二位寶貝呂紹君、呂紹辰帶給我許多生活樂趣。僅將拙作獻給親愛的家人與師長。

楊自平　書於新竹「智思齋」，2007 年 12 月。

目　錄

自　序

曹端與薛瑄理學思想之比較研究

一、前言

宋代理學發展至元代並未絕跡，姚樞、劉因、許衡、郝經、趙復、吳澄、金履祥、許謙諸儒，或於廟堂或於民間，繼續倡明理學，而明初理學便是接續元代理學而開展。曹端（字正夫，號月川，1376-1434）與薛瑄（字德溫，號敬軒，諡文清，1389-1464）均被稱為「明代理學冠軍」[1]。

二子的共同處，除均被尊為「明代理學冠軍」外，亦同被歸於朱學一系。《明史》認為：「明初諸儒，皆朱子門人之支流餘裔，師承有自，矩矱秩然。曹端、胡居仁篤踐履，謹繩墨，守先儒之正傳，無敢改錯。」又曰：「瑄學一本程、朱」。侯外盧先生等著之《宋明理學史》亦言：「曹端為明初北方大儒，謹守朱學『矩矱』。」又曰：「薛瑄與吳與弼兩家雖宗朱學，但趨向不同。」[2]陳來先生《宋明理學》亦云：

---

1 《明史・儒林一・曹端傳》：「初伊、洛諸儒，自明道、伊川後，劉絢、李籲輩身及二程之門，至河南許衡、洛陽姚樞講道蘇門，北方之學者翕然宗之。洎明興三十餘載，而端起崤、澠間，倡明絕學，論者推為明初理學之冠。」《曹端集・附錄一・傳記》亦載之，與正史對照後無誤，故文中轉引之。《曹端集》（北京：中華書局，2003 年），頁 253。《四庫全書總目・子部・儒家類存目一・夜行燭》：「明初理學，以端為冠。」《四庫全書總目》（北京：中華書局，1995 年），卷 95，頁 807。清張伯行於〈薛敬軒先生文集原序〉稱薛瑄「真足以繼考亭，為前明三百年理學之冠。」《薛敬軒先生文集》第 1 冊（臺北：臺灣商務印書館，1966 年《叢書集成簡編》本，據《正誼堂全書》影印），頁 1。

2 《宋明理學史》（上）（北京：人民出版社，1997 年），頁 94 與頁 119。

「明前期是朱學占統治地位時期,這一時期理學主要代表為曹端、薛瑄、胡居仁。」[3]諸說均將曹、薛二子視為朱學宗傳。

此外,曹、薛二子均重躬行踐履,《明儒學案》與《明史‧曹端傳》皆指出曹氏之學強調實踐。黃宗羲論之:「先生以力行為主,守之甚確,一事不容假借,然非徒事於外者,蓋立基於敬,體驗於無欲。其言『事事都於心上做工夫,是入孔門之大路』,誠哉!所謂有本之學也。」[4]《明史》言道:「其學務躬行實踐,而以靜存為要。」[5]無論「持敬」或「靜存」,皆就曹氏自身修養工夫而論。清儒張伯行亦評曰:「所謂不言躬行之古君子也。」[6]至於薛瑄之學,《明儒學案》論道:「其修己教人,以復性為主,充養邃密,言動咸可法。嘗曰:『自考亭以還,斯道已大明,無煩著作,直須躬行耳。』有《讀書錄》二十卷,平易簡切,皆自言其所得,學者宗之。」[7]《四庫全書總目》亦論《讀書錄》:「其書皆躬行心得之言。」[8]

曹、薛二子躬行實踐,數十年如一,至晚年悟道益深。曹端潛心理學,至五十歲方曉悟「性即理」之深旨,可謂紹

3　《宋明理學》(瀋陽:遼寧教育出版社,1992 年),頁 219。

4　《明儒學案‧諸儒學案上二‧學正曹月川先生端》,(臺灣:中華書局,1984 年《四部備要》本)。本文亦參考《明儒學案》(臺北:正中書局,1979 年)。《曹端集‧附錄一‧傳記》亦引之,頁 255。

5　《曹端集‧附錄一‧傳記》,引《明史‧儒林一‧曹端傳》,頁 252。

6　《曹端集‧附錄六‧序跋》,引〈曹月川先生集序〉,頁 353。

7　《明儒學案》(臺北:正中書局,1979 年),頁 2。以下所引《明儒學案》文字,皆以正中板為主,不另標明。

8　《四庫全書總目‧子部‧儒家類三‧讀書錄》,卷 93,頁 790。

承宋儒之端緒。[9]薛瑄亦然，臨終為詩云：「七十六年無一事，此心惟覺性天通。」[10]

曹、薛二子皆處於明初且學問有極大相似處，試問二子之間有何關聯？黃宗羲認為，薛瑄受曹端影響。彼言道：「方正學而後，斯道之絕而復續者，實賴有先生一人，薛文清亦聞先生之風而起者。」[11]《四庫全書總目》亦稱曹端開薛瑄及胡居仁之先，言道：「蓋明代醇儒，以端及胡居仁、薛瑄為最，而端又開二人之先。」[12]無論「聞先生之風而起」或「開二人之先」，均認為曹端對明代儒學之影響較薛瑄為早。論此說法的合理性，就年歲而言，曹雖長薛十餘歲，然聞道有先後，年歲不足為憑；且並無直接證據指出薛瑄受曹端影響，不僅薛氏《讀書錄》及《讀書續錄》未見受曹氏影響之記載及關於曹端思想之介紹，而《文集》唯〈拙巢記〉[13]及〈拙巢先生畫像贊〉[14]言及曹氏，故薛氏是否受曹端影響，目前尚欠強而有力之證據。但可以確定的是，薛瑄對曹端純和的氣性、純正美好的言行及篤信好學給予高度肯定。觀薛瑄手書曹端畫像贊內容云：「質純氣和，理明心定，篤信好古，拒邪閑正，有言有行，美哉君子！輝光日

9　《曹端集・存疑錄序》，頁 249。

10　《明儒學案・師說》中黃宗羲案語引之，頁 2。
　　張伯行〈薛敬軒先生傳〉，《薛敬軒先生文集》第 1 冊（臺北：商務印書館，1966 年），頁 4。

11　《明儒學案・師說》有黃宗羲案語。

12　《四庫全書總目・太極圖說述解、通書述解、西銘述解提要》，頁 776。

13　此乃曹氏求書齋題辭於薛瑄，見於《薛敬軒先生文集》第 2 冊，卷 5，頁 86。

14　《薛敬軒先生文集》第 2 冊，卷 5，頁 86；卷 9，頁 156。

新。」15薛瑄對曹端敬仰之情，溢於言表。

關於曹、薛二先生的著作，曹端作品共十五部，論著博富，16惜多散佚，現存者唯《太極圖說述解》、《通書述解》、《西銘述解》、《夜行燭》、《家規輯略》，另加上《四書詳說》、《存疑錄》、《儒家宗統譜》、《孝經述解》四書之序。此外，後學所輯《曹月川先生語錄》、《曹月川先生錄粹》諸書亦保存曹端重要觀點。至於薛瑄的著作，現存者有《讀書錄》17、《讀書續錄》、《薛敬軒先生文集》。其中以《讀書錄》、《讀書續錄》為要，保存薛瑄對經典及其他著作、議題的重要觀點。

正因二子所處時代相近，在後人諸多評論上又有極多相近處，為對顯曹、薛二子在思想的異同，擬以《太極圖說》、《通書》對太極之詮釋及理氣論、人性論、工夫論與具

---

15 《薛敬軒先生文集》第 2 冊，卷 9，頁 156。

16 《年譜》記載，二十歲著《性理文集》，三十一歲編撰《家規輯略》，三十三歲為乃父編纂《夜行燭》以儒理破愚俗之見，五十一歲著《四書詳說》，五十二歲作《通書述解》及《童子箴》，五十三歲《太極圖述解》、《存疑錄》成書，五十四歲撰成《西銘述解》，五十五歲完成《儒家宗統譜》，五十六歲作《月川圖詩》及《性理論》，五十七歲寫成《孝經述解》，除此十三部，《明史・儒林一・曹端傳》尚著錄《周易乾坤二卦解義》一部。此外，《四庫全書總目・儒家類存目一》記載：「《月川語錄》一卷。」又載：「端講學之書，有《理學要覽》一卷。」《年譜》，卷95，頁 807。

17 《明史・儒林一・薛瑄傳》云：「有《讀書錄》二十卷」《明史》，卷282，頁 7229，然《四庫全書總目・儒家類三》著錄：「《讀書錄》十一卷，《讀書續錄》十二卷。」《四庫全書總目》，卷93，頁 790。亦即，《明史》所載二十卷，當合二書而言。今通行者，除薛瑄自著二十卷外，尚有《四庫全書總目・儒家類三・讀書錄》所言，萬曆中侯鶴齡所編次之《讀書全錄》，及張伯行所節選之正誼堂本八卷，今收於叢書集成本。

體實踐，及對儒、釋、老之辨的異同進行比較，以彰顯二家
思想的特色，並指出二子於宋明理學及整個儒學發展的定位
與重要性。

二、曹、薛二子之學術依歸

　　關於曹端、薛瑄的學術淵源，雖然《明史》及侯外廬先
生等人的《宋明理學史》與陳來先生的《宋明理學》均稱二
子歸屬朱子學，然此說易使人誤認二子以述朱為主，限制對
二子思想的完整理解。故本文欲藉由曹、薛二子的學術成果
及對朱子、先聖先賢的評斷，見出其學術依歸。

　　個人以為曹端之學，並非僅守朱子一家之言，亦非僅守
宋代理學，而是以先王至宋代諸先聖先賢的五經、《四
書》之學為治學內容，並掌握儒學一貫之旨。此論斷的依據
有三：首先，以曹端著作觀之，有涉及五經中的《易經》、
《孝經》的《周易乾坤二卦解義》與《孝經述解》，以及關於
《四書》的《四書詳說》，亦有關於理學的《性理文集》、《性
理論》、《通書述解》、《西銘述解》，並有統論儒家的《儒家
宗統譜》。即此可見其治學內容是涵蓋五經及《四書》系
統，年代上至先王，下至宋代濂、洛、關、閩之學，足見曹
端並非僅守朱子一家之學，此證一也。

　　其次，曹端並未親言學承朱子，但卻於五處肯定朱學之
功。其一，肯定朱子傳伏羲《易》，曹端認為：「及朱子出，
而為《易》圖說《啟蒙》之書，則羲《易》有傳矣。不惟羲

《易》千載之一明，而實世道人心之萬幸也。」[18]其二，朱子註解「太極圖」，能深究周子之深旨。曹氏云：「朱子克究厥旨，遂尊以為經而註解之，真至當歸一說也。」[19]其三，朱子《通書》註解，能發揚周子之深義，曹氏《通書述解》亦多採朱說。其四，朱子《西銘》註，能明備張載「理一分殊」之理[20]，故《西銘述解》亦多採朱註。其五，曹氏《家規輯畧》諸儀節，參考《文公家禮》。綜合這五點，可見曹端肯定朱子保存羲皇《易》，發揚周敦頤、張載的觀點，以及朱子所訂定之《家禮》，皆有大功。彼所重者在朱子承繼並發揚先聖前賢之學，此證二也。

最後，曹端推崇濂、洛之學，並自稱「伊、洛後學」，[21]實因諸儒能理解並傳承先王孔孟心法。彼嘗自言潛心理學的歷程：「弱而學儒，苦為流俗異端所困。後數年，方漸脫之放之，而至於一正之歸。然尚為科舉糜之。自強以來，潛心理學，初若駕孤舟而泛煙海，……逮知命而後，方聞天下無性外之物，而性無不在焉。……五經、《四書》之後，闡明開示，至當歸一之論，惟濂、洛、關建大儒，真得孔、孟宗旨，傳帝王之心法，發天地之精蘊，端竊尊之，信之。」[22]即此可見，曹氏肯定濂、洛、關諸儒，是因諸子傳承孔孟、聖王之學，深體宗旨與心法，故由推崇並尊信宋儒，藉以接

---

18 《曹端集》，頁 2。

19 《曹端集》，頁 3。

20 曹端云：「《西銘》大意明理一分殊，文公註之，明且備矣。」《曹端集》，頁 118。

21 《曹端集》，頁 295。

22 《曹端集》，頁 249。

近聖賢之門，此乃曹端之深旨也。

至於薛瑄，以《讀書錄》觀之，所涉及者亦包括五經、《四書》及宋代理學，雖然多處採朱子觀點，然治學內容仍是以儒學之五經及《四書》系統為主，與曹端無異。至於對朱子的評論，則重在肯定朱子承繼先王先賢之道。薛瑄言道：「使堯、舜、禹、湯、文、武、周、孔、顏、曾、思、孟、周、程、張子之道，昭然明於萬世，而異端邪說，莫能雜者，朱子之功也。」23

薛瑄認為朱子一方面有功於五經、《四書》，「朱子至精至粹之言，已見於《四書集註章句》及《易本義》、《詩傳》中。」24並將諸書視為五經後重要著作25；另方面肯定朱子折衷北宋濂、洛之學加以發揚，「朱子因濂、洛諸儒之遺論，故得以折衷去取。」26朱子嘗為周子《太極圖》、《通書》、張子《西銘》、《正蒙》作註，以闡釋周、張之學，於《四書》則採二程之說，彼言道：「朱子於《太極圖》、《通書》則尊周子，於《西銘》、《正蒙》則述張子，於《易》則主邵子。」「朱子以二程子上繼孔、孟之統。」27

此外，薛瑄亦肯定朱子《小學》一書，並以理事本末一

---

23 《薛文清公讀書錄》（臺北：臺灣商務印書館，1965 年），卷 3，頁 44。以下簡稱《讀書錄》。

24 《讀書錄》，卷 3，頁 41。

25 薛瑄云：「五經之後，《大學》、《論》、《孟》、《中庸》、程朱《易傳義》、《詩傳》、《四書集註》、周子《太極圖》、《通書》、張子《西銘》。」《讀書錄》，卷 3，頁 41。

26 《讀書錄》，卷 3，頁 40。

27 《讀書錄》，卷 3，頁 44。

以貫之加以詮釋，彼言道：「朱子《小學》一書，理與事而已，內篇立教明倫敬身通論，言其理也，稽古之立教明倫敬身通論，實之以事也；外篇嘉言之廣立教明倫敬身，又以理言也，善行之立教明倫敬身，又實之以事也。……本末精麤，一以貫之，其小學之書乎？」[28]並認為強調踐履的《小學》一書，即使聖人，其所為仍不外乎是。[29]薛瑄對朱子五經、《四書》之專著與《小學》一書，以及對北宋理學之發揚，有著高度肯定。

　　由此觀之，曹端與薛瑄皆肯定朱子，然不可逕將二子視為僅守朱子一家之言。曹、薛二子是將朱子放在道統的大脈絡中，朱子之功便在於延續此道統，而二子亦將自己視為朱子後傳承道統之人。

　　關於道統，曹端有所謂「真源正派」說，薛瑄亦有認定的道統觀。曹端認為儒家有所謂「真源」、「正派」，並言道：「蓋真源乃天、地、人所自出，正派乃皇、帝、王之所相承，所以參天地而立人極者也。然其大目則曰三綱，曰五常，而其大要則曰一中而已。三皇儒而皇，五帝、三王儒而王，皋、夔、稷、契、伊、傅、周、召儒而相，孔子儒而師，然則孔門一帝王之教耳，帝王一天地之道耳，儒家者所以相天地、祖帝王、師聖賢，心公天下萬世之心，道公天下萬世之道也。」[30]曹氏指出儒家的「真源」乃天、地、人的

28　《讀書錄》，卷3，頁42。

29　薛瑄云：「踐履盡小學之事，則天理爛熟，雖大而化之之聖，恐亦不外是。」《讀書錄》，卷3，頁42。

30　《曹端集》，頁250。

根源，此根源即所謂理也。彼言道：「一理散為萬物，萬物何為一理，造化以此而已，聖人以此而已。」[31]儒家思想即本於「理」也。至於「正派」，便是指以天地之理為依歸者，包括三皇、五帝及三代之禹、湯、文、武王諸王所承續的帝王之教，及上古諸賢臣的事功，與孔子之教。自孔子建立儒家思想，強調法天地、師聖賢，以參天地、立人極，所謂人極即合於中道的倫常秩序。此正派承繼之動力乃曹氏所謂的「公心」，以此公心建立天下萬世之常道、常則。

雖然朱子與濂、洛、關諸儒能得聖賢宗旨，但曹端仍認為五經、《四書》更是「天下萬世言行之繩墨」[32]，並認為《四書》：「所以發明六經之精義，明千聖之心法」，故而皆有其要義，《論語》曰「仁」，《大學》語「敬」，《中庸》言「誠」、《孟子》道「仁義」，此四書皆合「帝王精一執中之旨」。[33]讀五經、《四書》並非為讀書而讀書，而是為識聖賢之道。故曹端視六經、《四書》為「聖心之糟粕」，讀經是為了明道。以體證諸經、諸書之深義為要，不可為文字所礙，而是「始當靠之以尋道，終當棄之以尋真」。[34]

薛瑄亦認為五經與《四書》有其核心思想，[35]彼認為《易》之旨在「時」，[36]《書》之要在於「欽」（敬也），[37]於

---

31 《曹端集》，頁 209。

32 《曹端集》，頁 246。

33 《曹端集》，頁 246。

34 《曹端集》，頁 246。

35 薛瑄云：「聖賢之書，其中必有體要。」《讀書錄》，卷 3，頁 40。

36 薛瑄云：「六十四卦，三百八十四爻，惟貴乎時。」《讀書錄》，卷 1，頁 2。

《詩》則曰「天道、人事無不備」，[38]《春秋》之義則在大義微言。[39]至於《四書》的核心思想，統言之即為學貫天人而能修齊治平是也；[40]若析言之，《大學》言明德，《論語》重仁，《孟子》道性善，《中庸》論誠，但薛瑄認為，五經及《四書》之核心思想，表面看似殊異，然其義則一。[41]何故？彼認為：「體要者何？一理足矣，以該萬殊也。」[42]意即，五經、《四書》之體要，自「理」觀之則一，所異者在於對「理」不同面向的闡釋，所本乃張子「理一分殊」之說，與曹端所論相合。

既然五經、《四書》的關聯皆可以「理一分殊」加以說明，對於所謂的儒學「道統」亦可由此理解，能掌握此相傳之理，而非其他支節雜說者，便可畫歸道統之中。薛瑄綜論漢代至元代學術發展，認為漢儒雜入讖緯及九流之說，而唐學則雜入釋、老之學及辭章之學，唯宋儒本於五經、《四書》，學術較為醇正。[43]薛瑄認為，道統之緒，實由歷代

---

37 薛瑄云：「〈堯典〉以欽之辭始，〈益〉、〈稷〉以欽之辭終，則堯、舜傳心之要可知也。」《讀書錄》，卷1，頁11。

38 《讀書錄》，卷1，頁15。

39 薛瑄云：「禮樂征伐不出天子，《春秋》所由作。」「直書其事，其義自見，此《春秋》之本意。」《讀書錄》，卷1，頁17、18。

40 薛瑄云：「為聖為賢，治心、修身、齊家、治國、平天下之道，無所不載，學貫天人而一之者也。」《讀書錄》，卷2，頁19。

41 彼言道：「《大學》之至善，《論語》之一貫，《孟子》之性善，《中庸》之誠，周子太極，言雖殊而其義一也。」又曰：「如明德為《大學》之體要，……仁為《論語》之體要」《讀書錄》，卷3，頁40。

42 《讀書錄》，卷3，頁40。

43 薛瑄云：「漢儒讖緯九流之雜，唐士釋、老、辭章之支，至宋儒出，而道術定於一。」《讀書錄》，卷3，頁48。

「真儒」所傳，所謂真儒是指：「存諸心者不雜，見於行者不雜，措諸事業者不雜，形諸文詞者不雜，數者有一雜焉，其得為真儒乎？」[44]必須信念、言行、事功、文詞合於正道，純粹不雜者，方能當之。

即此觀之，薛瑄所謂傳承道學者，必須在思想、言行、事功、文詞皆須依於正道，有所雜或有所偏者皆不入列。故自孔孟以降，傳承道統者，漢有董仲舒、唐有韓愈[45]、宋有濂、洛、關、閩諸子、元有許衡。薛瑄以醇與雜來分判儒學正統，如言董仲舒，則肯定彼能明王霸之分，[46]韓愈能於釋、老盛行之際，倡議儒學，[47]宋儒，除周、張、二程、朱子堅持道統，為道學之真儒。至於其他，如東漢大儒馬融，薛瑄以其「絳帳女樂，為權奸作奏，害忠良，得罪名教大矣。」故非真儒。[48]至於諸葛孔明雖非道學，卻有卓越事功；邵子雖非道學，然卻有功於羲皇《易》。[49]對於分判宋儒是否為道學，則從工夫是否易流於釋、老論之，如「游程

---

44 《讀書錄》，卷3，頁46。

45 薛瑄云：「漢四百年識正學者董子，唐三百年識正學者韓子。」《讀書錄》，卷3，頁46。

46 薛瑄言道：「孟子之後，知王霸之分者董子。」《讀書錄》，卷3，頁46。

47 薛瑄言道：「當韓子之時，異端顯行，百家竝倡，孰知堯、舜、禹、湯、文、武、周公、孔子、孟軻為相傳之正統？又孰知孟軻氏沒而不得其傳？又孰知仁義道德合而言之？又孰知人性有五而情有七？又孰知尊孟氏之功不在禹下？又孰敢排斥釋氏，瀕於死而不顧？若此之類，大綱大節，皆韓子得之遺經，發之身心，見諸事業，而伊、洛真儒之所稱許而推崇者。」《讀書錄》，卷3，頁47。

48 《讀書錄》，卷3，頁47。

49 薛瑄云：「三代而下，文武長才有武侯，數學之精有康節，道學之純有程朱。」《讀書錄》，卷3，頁48。

子之門，流於老禪者，由格物致知之功未至也」，[50]論與朱子同時之象山，「象山謂人讀書為義外工夫，必欲人靜坐，先得其心，未有不流於禪者。」[51]此見薛瑄對於道學家，所以能於思想、言行、事功堅持正道，實因堅實地格致之功。

至於朱子之後，傳承道學者唯元儒許衡耳，薛瑄對之推崇備至，認為「朱子之後，一人而已」。並嘗行文贊之：「其質粹，其識高，其行篤，其教人有序，其條理精密，其規模廣大，其胸次灑落，其志量弘毅，又不為浮靡無益之言，而有厭文弊從先進之意。」[52]一方面肯定許衡之美質、識見及「真知力行」，[53]至於許衡之教，「專以《小學》、《四書》為修己教人之法，不尚文辭，務敦實行。」[54]此外，薛瑄亦肯定許衡「以王道望其君，不合則去」，且不對世祖問伐宋之謀，[55]即此見出許子所透顯之君子氣象。相較守正在朝的許衡，薛瑄亦肯定劉因不入仕之高節，「元劉靜修不屑就，其義微矣。」「有鳳凰翔於千仞之氣象」、「百世之下，聞其風者，莫不為之興起，誠足以廉頑立懦。」[56]即此見之，無論在朝在野，只要守正道以立身，皆可視為真儒。

薛瑄從嚴格之「真儒」標準論述道學之統緒，然並非認為漢唐至宋唯諸子可觀。薛瑄言道：「漢唐歷代以來，賢人

50　《讀書錄》，卷3，頁50。

51　《讀書錄》，卷3，頁50。

52　《讀書錄》，卷3，頁51。

53　薛瑄云：「真知力行，元有許魯齋。」《讀書錄》，卷3，頁51。

54　《讀書錄》，卷3，頁44。

55　《讀書錄》，卷3，頁51。

56　《讀書錄》，卷3，頁51。

君子雖鮮克聞道，而其嘉言善行，高風偉節，見於傳記者多矣，不可謂世無其人。」57薛瑄認為明道、行道不易，故道學家寡矣，雖然如此，歷來仍有許多賢人君子，值得稱美。

綜觀二子之學及對朱子與儒學的評述，二子並非僅守朱子一家之學，而是將朱子放入道統中，肯定其承繼及發揚之功，欲由朱子上溯濂、洛、關學，進而掌握先王先賢一貫之道。曹、薛二子便是依此進路，聞道、體道、行道，故能於明初成為道統之接續者，進而將所學遺留後人。

三、曹端論《易》及理之活動義

關於曹端的《易》學特色，彼曾著《周易乾坤二卦解義》，然此書已亡佚，現今所知者，唯《太極圖說述解》一書耳。該書序論及《易》之觀點有八，一、《易》為理學之源頭，《易》所言之「太極」即所謂「理」也；二、相信河圖、洛書實有其事，乃天所授神物，羲皇則河圖畫八卦及六十四卦；三、八卦方位圖及六十四卦方位圖均出於伏羲，皆以太極為本，彰顯無限妙用；四、羲圖賴文、周之卦、爻辭，其義始明且備；五、孔子《易傳》使羲圖及周經之旨更為大明。58六、肯定宋儒將漸失其傳為異說轉為術數之用的

---

57 《讀書錄》，卷4，頁57。

58 曹端云：「太極，理之別名耳。天道之立，實理所為；理學之源，實天所出。是故河出圖，天之所以授羲也；洛出書，天之所以錫禹也。羲則圖則作《易》，八卦畫焉。……聖心，一天理而已；聖作，一天為而已。以羲《易》言之，八卦及六十四卦次序方位之圖，曰先天者，以太極為本，而

羲皇《易》，邵子廣集舊說，賦予新義，並闡微旨；朱子則保存邵子整理後之《易》圖，並作《易學啟蒙》，使羲《易》得以受到正視並流傳。59七、周子與二程未論及羲《易》，曹端猜測或許因未見羲圖，或因無法贊同邵子說所致。八、雖然周子不言羲《易》，然彼《太極圖說》卻能深體太極體用之全及妙悟太極動靜之機。60

　　綜合上述，曹端認為《易》乃伏羲所造，以「太極」為本，藉由卦畫、易圖，顯其無限妙用，而卦、爻辭及孔子《易傳》則為明羲《易》之義旨。又認為後世理學所談的「理」即「太極」也，周子《太極圖說》便是對太極之體用及動靜之機之體悟心得。而曹端認為從羲《易》至理學，其一貫之旨在於太極，故彼《太極圖說述解》首重「太極」。

　　曹端對太極的解釋，強調太極是理不是氣，並批評後人多誤將太極理解為渾淪未分之氣，61而認為唯有周子方指出

生出運用無窮，雖欲紹天明前民用，然實理學之一初焉。厥後，文王繫卦辭，周公繫爻辭，其義始明且備，命曰《周易》。及孔子《十翼》之作，發明羲畫、周經之旨大明悉備，而理學之傳有宗焉。」《曹端集・太極圖說述解》，頁1。

59 曹端言道：「儒者所傳周經、孔傳之文，而羲圖無傳，遂為異流竊之而用於他術焉。至宋邵康節，始克收舊物而新其說，以闡其微。及朱子出，而為《易》圖說啟蒙之書，則羲《易》有傳矣。不惟羲《易》千載之一明，而實世道人心之萬幸也。」《曹端集》，頁2。

60 曹端云：「伊川程子，康節之同遊，傳《易》而弗之及，果偶未之見耶？抑不信邵之傳耶？若夫濂溪周子，二程師也，其於羲圖，想亦偶未之見焉，然而心會太極體用之全，妙太極動靜之機，雖不踐羲迹，而直入羲室矣。於是手太極圖而口其說，以示二程，則又為理學之一初焉。」《曹端集》，頁2。

61 曹端云：「蓋孔子之後論太極者，皆以氣言。」「《老子》道生一而後乃生二，《莊子》師之曰『道在太極之先』，曰一，曰太極，皆指天、地、人三

太極是理不是氣，朱子亦能深解此義。62曹端亦主張理不雜乎陰陽，63並指出理與氣的分別。

既然太極即理也，則理、氣之先後與彼此關係為何？曹端言道：「太極者，象數未形而其理已具之稱，形器已具而其理無朕之目。」64就存有論而言，即理作為一切存在之根源，萬物未生之時，理已具；萬物已生之後，理即在萬物之中。若以理、氣關係解釋之，理為氣之本體，故氣因理而存在，而理因氣而具實象。65理氣相即，理即在陰陽動靜之中，故云相即。66

曹端強調理本身有動靜，絕非靜態不活動之理。故於《太極圖說述解‧辨戾》中，一方面肯定朱子所言：「有太極，則一動一靜而兩儀分；有陰陽，則一變一合而五行具」，但另方面卻批評《語錄》所載：「太極自不會動靜，乘陰陽之動靜而動靜」。67即此見出，曹端強調理的活動性，並非靜態不活動的存在之理。

為了更明確解釋其主張，曹端亦使用比喻法，對朱子所

者氣形已具而混淪未判之名。……《列子》混淪之云，《漢志》含三為一之說，所指皆同。」《曹端集》，頁2。

62 曹端云：「惟朱子克究厥旨，遂尊以為經而註解之。」《曹端集》，頁3。

63 《曹端集》，頁3。

64 《曹端集》，頁2。

65 曹端云：「氣以理而生，理以氣而實，無彼此之間也。」同前註，頁6。

66 曹端言道：「太極，理也；陰陽，氣也。有理則有氣，氣之所在，理之所在也，理豈離乎氣哉！」「太極是就陰陽之動靜，而指為是動靜之本體言也。」「理雖在氣中，卻不與氣混雜，此周子既圖之於陰陽動靜之中，而又特揭於上，以著理氣之不相雜也。」《曹端集》，頁5、6。

67 《曹端集》，頁23~24。

說「理之乘氣猶人之乘馬，馬之一出一入，而人亦與之一出
一入。」修正為「若然，則人為死人，而不足以為萬物之
靈；理為死理，而不足以為萬化之原。理何足尚？而人何足
貴哉？今使活人乘馬，則其出入、行止、疾徐，一由乎人馭
之何如耳，活理亦然。」[68]依朱子的說法，以人喻理，以馬
喻氣，理乘氣猶人乘馬，隨馬而行動。曹端進一步補充，須
強調騎馬之人為活人，若為活人騎馬，雖然人賴馬而行動，
然控制馬或行或停，或快或慢，及行動方向，發號施令者卻
是人。若不強調「活人」乘馬，則可能為馬背負死人，由馬
決定方向。

　　曹端藉此比喻強調理本身自能活動，靜以立體，動以發
用，動靜循環往復。彼言道：「太極以靜而立其體，以動而
行其用。」[69]又曰：「太極之動，不生於動而生於靜，是靜
為動之根；太極之靜，不生於靜而生於動，是動為靜之
根。」[70]理氣相即化生萬物，萬物之體用皆源於理之體用，
故曹端稱：「天下萬事之體用由之，序《易》者有曰『體用
一原』，一原即太極也。」[71]

　　黃宗羲嘗針對曹端的比喻作出評論，言道：「先生之
辨，雖為明晰，然詳以理馭氣，仍為二之。氣必待馭於理，
則氣為死物。」此乃認為曹端理馭氣之說，雖強調活理，然
卻將氣視為死寂之氣。就此質疑而言，依曹端之說法，人騎

68　《曹端集》，頁 23~24。
69　《曹端集》，頁 6。
70　《曹端集》，頁 12。
71　《曹端集》，頁 6。

馬，是活人騎活馬，彼強調者是人駕馭馬，若依黃氏的說法，死馬焉能騎？故此質難於理不通。依黃氏所理解的理氣關係，是將理視為氣之條理，將理理解為靜態的原理、原則。曹端言道：「抑知理氣之名，由人而造，自其浮沉升降者而言則謂之氣，自其浮沉升降不失其則者而言則謂之理，蓋一物兩名，非兩物而一體也。」[72]即此見出黃氏認為曹端之說法是將理、氣視為二物，不若其所主張就流行變化言理、氣，其觀點明顯異於曹端所強調理體的活動性。

理本身雖能活動，然理無形體，無方所，故其動靜無法具現。正因理無分限，然可藉由氣之動靜，即理之作用，理之體用即此而顯。故曹端釋「無極而太極」言道：「惟理則無形象之可見，無聲氣之可聞，無方所之可指，而實充塞天地，貫徹古今。」[73]

至於太極生兩儀，推至六十四卦，曹端詮釋道：「是生兩儀，則太極固太極；兩儀生四象，則兩儀為太極；四象生八卦，則四象為太極，推而至於六十四卦，生之者皆太極焉。」[74] 就太極、兩儀、四象至六十四卦，太極為兩儀之根源，就兩儀生四象而言，兩儀為四象之太極，以下類推，此處所謂太極，即本也，體也，根源也。

除了以「理」釋太極外，曹端亦以「道」稱之，認為「太極即道」也，此道即能創生之道體。[75]彼視太極、理、

---

72 《曹端集・附錄一》，頁 255~256，引自《明儒學案・諸儒學案上二》，卷44。

73 《曹端集》，頁 5。

74 《曹端集》，頁 2。

75 《曹端集》，頁 2。

道為同義詞，但用法則有數類，其一，指一切存在之總體根源，所謂「充塞天地，貫徹古今」者也；其二，就個殊事物之存在而言，指構成事物之特性者，如「兩儀生四象，則兩儀為太極」、「五行各具一太極，故曰『各一其性』」[76]之類是也。前者為總體義，後者為分殊義，所謂「理一分殊」是也。

四、薛瑄論《易》及理之主宰義

薛瑄《易》學重要主張，其一，河圖內容乃萬數、萬理、萬象、萬物之源；[77]其二，太極「沖漠無朕之中，而萬象森然已具。」[78]其三，卦之六爻皆陰陽自然之數；[79]其四，六十四卦不外一陰一陽之變化，以象徵人時、位不同而有不同事變，此所以為易也；[80]其五，陰陽和合，即使純陰、純陽之卦，至陰之中陽已生，純陽之中陰已生；[81]其六，六十四卦間之消息盈虛，皆表現「氣之流行，而理為之

---

76 《曹端集・太極圖說述解》，頁7。

77 《讀書錄》，卷1，頁1。

78 《讀書錄》，卷1，頁1。

79 《讀書錄》，卷1，頁1。

80 薛瑄云：「六十四卦只是一奇一偶，因所遇之時，所居之位不同，故有無窮之事變。如人只是一動一靜，但因時位不同，故有無窮之道理，此所以為易也。」《讀書錄》，卷1，頁2。

81 薛瑄云：「陰陽無頓絕之理，至陰之中陽已生，純坤初爻有陽是也；至陽之中陰已生，純乾初爻有陰是也。」同前註。

主也」;[82]其七,《易》之為教,大抵欲人敬慎;[83]其八,邵子有功於象數,使先天諸圖反諸《易》;伊川有功於義理,朱子結合象數與義理,皆有大功於《易》。[84]以上八點,乃薛瑄《易》學重要主張,彼認同宋代圖書之學,肯定邵子、伊川、朱子《易》學。

　　關於薛瑄的太極說,彼認為周子之《太極圖》是以圖像顯示理氣關係,以明造化之源,性命之微及天人之理,[85]學者勿泥於象而不知義,當即象以見義。[86]對於《易傳》及《太極圖》中的「太極」,薛瑄反對將太極解釋為氣,[87]認為太極屬形上層次,[88]姑稱之為道,「萬事萬物必由是以行」[89],人為萬物之一,自有其性命全體,[90]此同於「《中庸》之誠」。[91]此外,薛瑄尚論及宇宙論層面,彼不由天地初創之前論之,僅言天地已生之後,認為今天地之始即前天地之終,前天地之終,其間氣未嘗暫息。彼言道:「原夫前天地

---

82 《讀書錄》,卷1,頁2。

83 《讀書錄》,卷1,頁3。

84 《讀書錄》,卷1,頁3。

85 《讀書錄》,卷3,頁35。

86 薛瑄言道:「理既無聲無臭,陰陽亦變化不常,是豈得而圖之?周子作《太極圖》,假象以顯義耳。」《讀書錄》,卷3,頁35。

87 薛瑄言道:「程復心將《太極圖》中著一氣字,又從而釋之曰:『太極未有象數,惟一氣耳。』乃漢儒涵三為一,老、莊指太極為氣之說,其失周子、朱子之旨遠矣。」《讀書錄》,卷3,頁42。

88 《讀書錄》,卷3,頁35。

89 《讀書錄》,卷5,頁75。

90 薛瑄云:「周子『無極而太極』指性命全體而言。」《讀書錄》,卷1,頁41。

91 薛瑄云:「卦爻,形而下之器也;太極,形而上之道也。」《讀書錄》,卷1,頁10。

之終靜，而太極已具；今天地之始動，而太極已行，是則太極或在靜中，或在動中。」92

　　除存有論及宇宙論的思考外，亦思考萬象的變化，即變化之中以見其理。此個殊之理與整體之道相通，故亦可稱之為太極。薛瑄言道：「人日用之閒，亦只有動靜兩端，循環不已，亦所謂易也。而其所以動靜之合乎道者，亦所謂太極也。」93此則由部分以顯全體是也。

　　除以道、性理解太極外，薛瑄更常使用理這個名稱。彼嘗言：「天地萬物渾是一團理氣」，94又言天地之理為易，95又說理在氣中，為流行之主宰。96彼又論及人之理，其內容則包括善性97及人事之理，人之動靜，時位變化中有無窮道理；98至於物之理，其內容則為五行之質性。99

　　關於理氣關係，薛瑄一方面強調理氣不雜，理為形上之理，氣為形下之物；理一定不易，氣萬變不齊。100另方面反對理在氣先的說法，主張理氣不離。彼言道：「若以太極在氣先，則是氣有斷絕，而太極別為一懸空之物，而能生氣

92　《讀書錄》，卷4，頁68。
93　《讀書錄》，卷1，頁2。
94　《讀書錄》，卷4，頁65。
95　《讀書錄》，卷1，頁10。
96　薛瑄云：「自復之息，自乾而盈，自巽之消，至坤而虛，……消息盈虛皆氣之流行，而理為之主也。」《讀書錄》，卷1，頁2。
97　薛瑄云：「人之理則有降衷秉彝之性。」《讀書錄》，卷1，頁11。
98　《讀書錄》，卷1，頁2。
99　《讀書錄》，卷1，頁11。
100　《讀書錄》，卷4，頁66。

矣，是豈動靜無端，陰陽無始之謂乎？」[101]彼強調理在氣中而為氣之主宰，此可由氣之流行，雖有動靜，但卻未嘗止息，即此證明理在氣中而為其主宰。[102]由氣化流行未嘗間斷，見道體的無限性[103]；而氣化流行不已，亦見氣不斷日新變化。[104]

薛瑄以道、性、理詮釋太極，並非從宇宙本體論立論，而是強調存有而不活動的原理、原則義。而談論方式，並非由上而下談，提出一形上本體，而是由氣化流行中，尋出恆常之原理原則。薛瑄認為造化萬變本於陰陽，人事萬變由於動靜；[105]以宇宙論而言則為陰陽之理，包括陽施陰承、[106]陰陽消息、[107]陰陽互根[108]，以人事而言則為動靜之理。無論造化或人事變化，皆以「動靜無端」、「陰陽無始」以盡變化之妙。[109]

上述所論理氣，部分源自薛瑄生活體驗所得，或觀石壁

---

101 《讀書錄》，卷4，頁68。

102 薛瑄言道：「氣雖有動靜之殊，實未嘗有一息之斷絕，而太極乃所以主宰流行乎其中也。」《讀書錄》，卷4，頁68。

103 薛瑄云：「氣化流行未嘗間斷，可見道體無一息之停。」同前註，頁75。

104 薛瑄云：「理，萬古只依舊，氣則日新。」《讀書錄》，卷4，頁65。

105 《讀書錄》，卷4，頁65。

106 薛瑄云：「陽一以施，陰二以承，此理萬古不易。」《讀書錄》，卷4，頁66。

107 《讀書錄》，卷4，頁66。

108 薛瑄云：「水陰也，生於陽；火陽也，生於陰，見陰陽有互根之義。」《讀書錄》，卷4，頁66。

109 薛瑄云：「『動靜無端，陰陽無始』兩言，括盡造化之妙。」《讀書錄》，卷4，頁66。

上的草木，體驗出生物自虛中來，而此虛即實理也。或觀樹根，而思未有樹根之先，在沖漠無朕之中，樹根之理已具，逮氣機發動，理亦隨之，樹根於是生焉；或由花未開到花謝之過程，見出元、亨、利、貞之理，體會生生不息之理；或觀石崖，體驗陰陽磨蕩，始柔終剛之理；觀童子燒栗子，而悟先儒論雷霆之理；觀鳥哺雛，見動物之仁心。[110]即此體證出，「細觀萬物，皆自沖漠無朕之微，以至形著堅固。得天地之氣相感，而物乃形。」[111]

綜觀薛瑄理氣說，彼強調於沖漠無朕之氣，理已具於中；氣機一動，理在其中，而物生焉。物生之後，其氣之變化，理亦在其中；物滅之時，氣亦隨之散佚，而理仍聚。薛瑄以光與物比喻理與物之關係，言道：「理如日月之光，小大之物，各得其光之一分，物在則光在物，物盡則光在光。」[112]就個別人、物而言，氣聚成形，氣散而亡。就人、物全體而言，氣未嘗斷絕，故個別之理恆存不變，即薛瑄所謂：「物在則光在物，物盡則光在光」也。

五、曹端之人性論、工夫論與具體實踐

曹端對人性的看法，主要直承孟子，主張人性本善，認為性只是理，即孟子仁、義、禮、智之心；但亦強調理氣不

---

110 《讀書錄》，卷5，頁72、73。

111 《讀書錄》，卷5，頁72。

112 《讀書錄》，卷4，頁65。

離，故善性亦離不開氣性。彼言道：「性只是理，然無那天氣、地質，則此理沒安頓處。」對於人所以為惡，因人不能不感物而動，故「或氣稟之偏，或私欲之誘，或習俗之染」，[113]而有中節、不中節之別，[114]此說法與孟子對於為惡之說明相互一致。

對於周子《太極圖說》論性有剛、柔、善、惡、中之分，曹端承繼朱子認為此以氣性言。並言道：「太極之數，自一而二，剛柔也；自一而四，剛善、剛惡、柔善、柔惡也，遂加其一中也，以為五行，濂溪說性，只是此五者。」但進一步補充，此五性並非獨立善性之外，而是相即不離。彼言道：「他又自有說仁、義、禮、智底性時，若論氣稟之性，則不出五者，然氣稟底性，只是那四端底性，非別有一種性也，所謂剛、柔、善、惡之中者。」[115]

關於曹端工夫實踐方面的主張，前賢的析論多著重在「主敬」、「事心之學」[116]及「孔顏之樂」（「無欲」亦可歸於此）三方面。黃宗羲《明儒學案》認為，曹端「立基於敬，體驗於無欲」。[117]《明史》則云：「以靜存為要」。[118]陳來先

---

113 《曹端集》，頁45。

114 曹端云：「人性本善，而感動則有中節、不中節之分，其中節者為善，其不中節者為惡。」《曹端集》，頁209。

115 曹端釋《太極圖說》「性者，剛、柔、善、惡、中而已矣。」前引朱子「此所謂性，以氣稟而言也。」後以己意釋周子之義。《曹端集》，頁42~43。

116 「事心之學」乃曹端語，曹端云：「事心之學須在萌上著力。」又曰：「事事都在心上作工夫，是入孔門底大路。」《曹端集》，頁239。

117 《明儒學案》，頁385。

118 《明史・儒林一・曹端傳》，引自《曹端集》，頁252。

生順此，認為：「曹端確實很重視『敬』，他說的敬近於程頤說的敬。……主要是指時常警惕人欲的干擾，時時以道德規範約束自己，不使有一絲一毫的放逸之心。」並指出曹端不言「主靜」，認為敬自然會靜。另外，亦指出曹端強調「事心之學」以及將孔顏之樂理解為「仁中自有之樂」。[119]侯外廬先生《宋明理學史》論曹端工夫論亦著重在「事心之學」，即此談到「預養」和「擴充」的工夫，並提及「思己心固有之誠」及涵養內心之「敬」，亦談及孔顏之樂乃「己與天地為一體」的裕如無憂患之心。[120]李書增等著《中國明代哲學》亦強調「敬」、「事心之學」與「樂」這三部分。[121]

　　前賢諸說法是順著曹端的論點，指出其重要工夫所在。既然順著曹端自己的說法加以說明，所論自然無甚爭議。然而，除了「順著講」外，尚須進一步探究曹端工夫論的意義及特色。經深入探究後，深以為欲掌握曹端工夫論特色，必須扣緊人性論加以考察。前已指出曹端吾心乃兼本心與氣性而言，自然工夫亦不離此。故一方面承孟子強調存心養性[122]及擴充之工夫，並將之區分已發、未發：「本心一也，已發在於擴充，未發在於預養，心得其養而擴充焉，則致中和之謂也。」[123]另方面須針對氣質的限制加以對治，前賢所談的

119　此處所引陳來先生之觀點，出自《宋明理學》，頁222~223。

120　侯氏之論點出自《宋明理學史》，頁114~117。

121　《中國明代哲學》（鄭州：河南人民出版社，2002年），頁147~149。

122　孟子曰：「存其心，養其性，所以事天也。殀壽不貳，修身以俟之，所以立命也。」《孟子·盡心上》，《四書章句集註》（臺北：鵝湖出版社，1984年），頁349。

123　《曹端集》，頁213。

主「敬」，或曹端強調天理、人欲需見得分明，[124]以及「無欲」[125]、「克己復禮」的工夫，所針對者皆為欲，私欲有三：氣質之偏、感官之欲、人我競爭之心，[126]能克人欲則復得天理，克己則禮自復，復禮則自為仁。[127]

如此看似曹端主張兩套工夫，一由心上作，一對治氣性，然曹端《語錄》屢引夫子「一以貫之」之語，此實為曹端工夫論核心觀點。曹端的工夫論亦有「一以貫之」者，即「仁」也、「中」也。曹端言道：

> 蓋仁即中也，以心之德言，即未發之大本；以愛之理言，即已發之時中。帝王相傳之中，已發之時中，中之用也。《中庸》首章方言「未發之大本，中之體也」。《論語》一書仁兼體用，終歸帝王相傳之中，由體以達用，即用以明體，若《大學》之「敬」、《中庸》之「誠」、《孟子》之「仁義」，胥一中也。《易》之「時」，《詩》之「思無邪」，《春秋》之「正名分」，又何往而非中乎？孔子曰：「吾道一以貫之」。[128]

此段文字相當重要，明確見出曹端雖提到諸多工夫，然

---

124 《曹端集》，頁 239。

125 曹端云：「無欲便覺自在。」《曹端集》，頁 242。

126 曹端云：「身之私欲，其目的有三：氣質之偏一也，耳目口鼻之欲二也，人我忌刻之類三也。」《曹端集》，頁 222~223。

127 《曹端集》，頁 223。

128 《曹端集》，頁 237~238。

背後有其一貫之旨，即一切工夫，無論心之未發或已發皆使合於中道，未發則顯仁之體，已發則時中以行仁之用，使吾心之未發、已發皆能清明呈現與充盡發用。所以能如此者，必得本心能充分作主與發用，氣為中和清明之氣，無所障蔽，二者完美結合，呈現吾心精純之全體及合於天理之大用。其境界即曹端論孔門心法時所言：「『克己復禮為仁』，孔傳顏之心法也；『吾道一以貫之』，孔傳曾之心法也。……蓋一是仁之體，貫是仁之用，事皆天理，是貫心德。」[129]即心之體用完全合於天理，動靜語漠皆能自然中節，合於天理。此為論曹端工夫論之深旨所在。

關於曹端自身的工夫實踐，曹端自言二十歲讀元儒謝應芳《辨惑篇》，確立正理與異端，並堅定己志，於該書〈序〉言道：「蓋喜其明正道，闢邪說，粹然一出於正者也。」[130]而前言所引薛瑄贊曹端語「質純氣和，理明心定，篤信好古，拒邪閑正，有言有行，美哉君子！輝光日新。」亦可見其德行之精純。

曹端高弟謝琚所作先生〈墓誌銘〉[131]言道：「先生志淨人欲，心涵天理，克己復禮之言，未嘗忘於口。」「先生修己，明善誠身，無所不至，未嘗不安舒自得也。手容恭，足容重，頭容直，氣容肅，此其為人所欽也。」「先生修己教人，動合禮法。一言一行，皆有規矩。一動一靜，盡合準

---

129 《曹端集》，頁 236。

130 《曹端集》，頁 262。

131 雖然「墓誌銘」有溢美之可能，然謝琚為曹門高弟，對先生相當熟稔，而所記內容與時人及後人之稱許一致且更深刻，故可信之。

繩。」「先生教授霍、蒲，未嘗分毫倦怠，雖隆冬、盛暑，不冠帶不見諸生，有所叩問，輒據事理答之，雖夜必興，雖食必輟。」[132]由此見之，曹端所為與孔子自謂「學不厭，誨人不倦」相近。

除了重個人修為外，在經世致用則表現在移風易俗，於民間獎勵儒學，辭闢釋老及其他宗教風俗。彼二十一歲始闢釋教，二十三歲勸族人勿用堪輿術，二十四歲勸父勿賽神，二十七歲請毀淫祠，二十九歲寢疾拒巫，三十一歲勸二彭、鄭二公勿赴釋教水陸會，四十歲霍州人感念先生之教撤淫祠數家，四十三歲不依釋教及民間風俗全依儒禮為父母治喪，四十六歲赴河南府折郡吏不信鬼神之問，四十七歲修學垣、公廨不避太歲、土旺之忌，四十八歲責友樊氏揖梓潼祠，並勸諸生勿以佛事葬親。觀其所行，不僅自身堅信儒理，力行儒理，亦勸家人、親友、弟子、同僚及百姓，勿信釋、老及民間信仰，而以儒家思想曉諭之，即此可稱曹氏之論儒學，辨釋老，不僅個人具體實踐，亦透過對談、教育，潛移默化，即此可視為儒學的實行者與宣傳者。[133]

六、薛瑄之人性論、復性之學與具體實踐

薛瑄的人性論，一方面承繼張載「論性不論氣不備」的主張，認為孟子論性善「固得性之本原，然不論氣，則不知

---

132 《曹端集》，頁 303~304。

133 《曹端集》，頁 257~305。

有清濁、昏明之異。」[134]另方面承繼伊川「性即理」的說法，言人稟天地之理氣以生，[135]既然本天理以生，天理本善，故人性無不善矣；[136]更以伊川「性即理」的說法解釋孟子所謂性善，認為性善便是指「理之在人心者」。[137]故薛瑄的人性論，既言本善的天地之性，亦言有善有惡的氣質之性，彼言道：「人心即食色之性，道心即天命之性。」[138]

然薛瑄所謂天地之性與氣質之性，並非截然為二，就現實狀態言，人性為理氣合一，即此而稱氣質之性，若單就純粹之理言之，則五性即為天命之性。彼言道：「就氣質之中指出仁、義、禮、智，不雜氣質而言謂之天地之性；以仁、義、禮、智雜氣質而言，故謂氣質之性，非有二也。」[139]更特別者，薛瑄指出所謂性並非僅存於一心之中，而是耳目口鼻手足等感官動靜之理皆為性，甚至天地萬物之理皆性也，即此而悟出天下無性外之物，性無處不在。[140]性無處不在的說法，便是就人之理與萬物之理、天地之理出於天，皆為天理，若以「性即理」言之，自然天下之物在吾性之中。

至於天地之性的體用及與氣性的關係，薛瑄進一步以

---

134 《讀書錄》，卷5，頁77。

135 薛瑄言道：「人心所具之性即天地之理，人身所稟之氣即天地之氣。」《讀書錄》，卷2，頁23。

136 薛瑄云：「天理本善，故人性無不善，故程子曰『性即理』也。」《讀書錄》，卷5，頁76。

137 《讀書錄》，卷5，頁78。

138 《讀書錄》，卷5，頁76。

139 《讀書錄》，卷5，頁77。

140 《讀書錄》，卷5，頁78~79。

「理一分殊」或「吾道一以貫之」[141]說明之。彼言道:「本然之性,理一也;氣質之性,分殊也。」[142]所謂「一」有二義,一義為「五性未分,渾然一理」[143],另一義則是五性一有則全有,彼言道:「仁、義、禮、智、信,有則一齊有,但各有所主耳。」[144]所謂「殊」亦有二義,一是指一性可表現五善,甚至萬善,即薛瑄所言:「汎應曲當,用各不同。如父子之仁、君臣之義、夫婦之智、長幼之禮、朋友之信之類是也。」另一義則是同一言行可表現五善,如愛親一事,即可顯五性,彼言道:「如仁主於愛,愛莫大於愛親,然知所當愛者智也,愛得其宜者義也,愛有節文者禮也,愛出於誠實者信也,以至事君、從兄之類,無不皆然。」[145]合而言之,即氣質之性「用雖有千萬端之不同,皆原於一性,一性又散為萬善,一本萬殊,萬殊一本,統一性之理用耳。」[146]

至於心與性的關係,薛瑄將心理解為氣之靈,為理之中樞。[147]相較於性,就善惡言,性純是理,故有善而無惡,心雜乎氣,故不能無善惡。[148]並承繼張載及朱子主張「心統性情」,心所以「統」性,是因「性體無為,人心有覺」,[149]心為氣之靈,清明之陰陽之氣,且能涵具眾理,能影響氣之動

---

141 《讀書錄》,卷2,頁26。

142 《讀書錄》,卷2,頁76。

143 《讀書錄》,卷2,頁26。

144 《讀書錄》,卷3,頁39。

145 《讀書錄》,卷3,頁39。

146 《讀書錄》,卷2,頁26。

147 薛瑄言道:「心者氣之靈而理之樞也。」《讀書錄》,卷5,頁80。

148 《讀書錄》,卷5,頁81。

149 《讀書錄》,卷5,頁80。

靜，即此言「統」也。薛瑄言道：「心統性之靜氣，未用事，心正則性亦善；心統情之動氣，已用事，心正則情亦正。」150若將性理解為純然之理，將情為已動之氣，而理行其間，若心正，則其知覺則靈，使性無氣質之蔽，情之發用亦得其正。

關於薛瑄的工夫論，《明儒學案》指出：「其修己教人，以復性為主，充養邃密，言動咸可法。」又論薛瑄之學：「先生以復性為宗」151陳來先生《宋明理學》則強調薛瑄格物窮理、以理制氣、敬，及保持心之虛明這四項工夫。152《明史》與《明儒學案》雖指出「復性」為薛瑄工夫論的核心，然未進一步解釋其內容，而陳來先生指出「格物窮理」等四項工夫，則點出薛瑄工夫論重理及心之特色。至於《中國明代哲學》一書則以「復性論」通貫整個工夫論，涵蓋變化氣質、正心、主敬、去人欲之工夫，153並認為「薛瑄復性的方法，主要是強調朱子的下學工夫。」154

上述說法大抵皆合於薛瑄之旨，既指出薛瑄重視力行，且其工夫在於復性。此二要點對掌握薛瑄之工夫論相當重要。薛瑄關於工夫的主張，重點不在提出異於前賢的理論，而是著重在如何實踐。薛瑄屢屢強調體認、力行的重要，彼言道：「余謂為學不在多言，亦顧力行何如耳」，又曰：「有人為學者，徒曰講道學道，不知所以體認之，則所講所學

---

150 《讀書錄》，卷5，頁80。

151 《明儒學案》，頁2。

152 《宋明理學》，頁230~236。

153 《中國明代哲學》，頁168~177。

154 《中國明代哲學》，頁177。

者，未知為何物也。」155關於體認的具體作法，薛瑄說明甚詳，一方面強調須「見道明」，即「須於身心之所存所發者，要識其孰為中，孰為和，孰為性，孰為情，孰為道，孰為德，孰為仁，孰為義，孰為禮，孰為智，孰為誠。」另方面強調「體道力」，即「知如何為主敬，如何為致恭，如何為存養，如何為省察，如何為克己，如何為復禮，如何為戒慎恐懼，如何為致知力行，如何為博文約禮。」156既然重力行，故薛瑄強調務實的重要，既需時時刻刻作工夫，又應真知真行，不容一毫虛偽。彼言道：「為學時時處處是做工夫處，雖至鄙至陋處，皆當存謹畏之心而不可忽。」又曰：「為學最要務實，知一理則行一理，知一事則行一事。」157

薛瑄的工夫論，一言以蔽之即復性之學，重在下學而上達，「學」是薛瑄工夫論的核心所在。復性之學的內容，首要在「立心」，即孔孟所言立志，彼言道：「為學第一工夫，立心為本，心存則讀書窮理，躬行踐履皆自此進。」158至於所志何事？薛瑄認為在學聖賢。「學不至於聖賢，只是有不誠處。」159聖賢渾心純然天理，發而皆中節，以通天下萬事萬物。如彼所言：「夫子之一理渾然是性，汎應曲當，亦只是性，發而皆中節之情，體用之謂也。」160「在一心之理，與在萬事之理，本無二致，惟聖人一心之理，能通天下萬事

---

155 《讀書錄》，卷5，頁82。
156 《讀書錄》，卷6，頁99。
157 《讀書錄》，卷5，頁82。
158 《讀書錄》，卷5，頁83。
159 《讀書錄》，卷5，頁81。
160 《讀書錄》，卷2，頁26。

萬理者，以其純乎天理之公也。」[161]如何恢復本然之性，此乃復性之學的最終理想。

因此，依薛瑄的說法，所謂「復性」，若以理言之，則聖人之心純然至善，故無須言復，未臻聖人者則須此工夫；然若以氣的動靜言之，則聖人亦須言復也。彼言道：「人有善惡之復，有動靜之復，聖人無復者，以善惡而言也。聖人之心，渾然至善，未嘗間斷，故不見其復，若動靜之復，則亦有之。」[162]何以如此？即使聖人，氣性不免有過與不及，此部分則須下工夫，故夫子嘗言「丘有過，人必知之」及「觀過斯知仁也」，並讚許顏淵「不貳過」，此即薛瑄「動靜之復，則亦有之」之義也。

既然欲學至聖人，回復本然之性，則當思吾人無法全天理之故，薛瑄指出問題在於私欲，彼認為：「千古聖人之學，惟欲人存天理，遏人欲而已。」[163]所以須遏人欲，實因阻天理也。又言道：「自有之私，皆足為心累，如自有其善便為善所累，自有其能便為能所累，自有其貴便為貴所累，自有其富便為富所累，凡自有者，皆足以為心累。惟聖人之心，廣大光明，無一毫之私累，真與太虛同體。」[164]為遏人欲，故首要在變化氣質。[165]此外，守靜、動靜合宜、主敬、

---

161 《讀書錄》，卷 2，頁 23。

162 《讀書錄》，卷 3，頁 45。

163 《讀書錄》，卷 5，頁 83。

164 《讀書錄》，卷 3，頁 45~46。

165 薛瑄云：「為學第一在變化氣質，不然只是講說耳。」《讀書錄》，卷 5，頁 82。

無欲 166皆為重要修養。其他有助遏人欲以全天理的工夫，亦為薛瑄所關注而力行者。

薛瑄《讀書錄》除記載前賢與個人重要思想外，亦記錄他個人實踐歷程。如彼認為人之可貴在於本然之性，「中夜因思，天賦我惟一性，苟不能全，是逆天也，可不懼哉？」167，薛瑄之工夫實踐，時時自省是否本然之心充分作主，並日省是否行事無愧於心，無愧則安，有愧則省。「余每呼此心曰『主人翁在室否？』至夕必自省曰『一日所為之事合理否？』」168「余每夜就枕，必思一日所行之事，所行合理，則恬然安寢，若有不合，即展轉不能寐，思有以更其失，又慮始勤終怠也，故筆錄以自警。」169對於起心動念亦隨時檢省，「人為學至要，當於妄念起處即遏絕之，余每嘗用力於此，故書以自勵。」170「吾於靜時，亦頗識是理，但動有與靜違者，由存養省察之不至也。」171並以顏子工夫自省，師法聖人踐履以誠，「嘗念顏子三月不違仁，……吾自體驗此心，一日之間，不知幾出幾入也，以是知聖賢之學極難，而亦不可不勉。」172「中夜思千古聖人之心，惟是誠而已。」173

---

166 薛瑄云：「學以靜為本。」《又曰：「為學之要莫切於動靜，動靜合宜者便是天理。」。又言：「程子之主敬，周子之無欲，皆為學之至要。」以上三段文字見於《讀書錄》，卷5，頁82、83、87。

167 《讀書錄》，卷5，頁96。

168 《讀書錄》，卷5，頁96。

169 《讀書錄》，卷5，頁96~97。

170 《讀書錄》，卷5，頁81。

171 《讀書錄》，卷6，頁103。

172 《讀書錄》，卷6，頁103。

173 《讀書錄》，卷6，頁100。此處誠非指誠體，彼言道「誠即五常之實

正因薛瑄留心工夫踐履，時時反省言行是否合於本然之性，坦誠自己工夫未盡處。嘗言道：「事親奉祭未盡孝，為臣奉職未盡敬，宗族親殊未盡仁，交友接人未盡忠，讀書行己未盡誠，此吾自少至老，恆念有未盡也。」[174]直至生命後期仍敬謹不懈，死前留下最後的生命體會，言道：「七十六年無一事，此心始覺性天通。」[175]此種死而後已認真面對生命的態度令人敬佩，臨終將畢生體驗一語道盡，供後人師法，此精神令人動容。薛瑄一生事蹟，雖無赫赫事功，然其不懼權宦王振，據理力爭，臨冤獄致死，仍能從容讀《易》，[176]此種大丈夫氣度，實源於堅定的儒學信仰及踏實地修養工夫。即此觀之，薛瑄對儒學之貢獻，不在提出新說，而是以生命終身踐履，最後證成天人一理，以真誠之實踐感動並影響時人及後人，故其功在於實踐儒理，「薛夫子」一名當之無愧。

理，非五常之外，別有誠也。如實有是仁，實有是義，實有是禮，實有是智是也。」《讀書錄》，卷3，頁39。

174　《讀書錄》，卷5，頁96。

175　《明儒學案》，頁2。

176　《明史‧儒林一‧薛瑄傳》載：「王振語三楊：『吾鄉誰可為京卿者？』以瑄對，召為大理左少卿。三楊用瑄出振意，欲瑄一往見，李賢語之。瑄正色曰：『拜爵公朝，謝恩私室，吾不為也。』其後議事東閣，公卿見振多趨拜，瑄獨屹立。振趨揖之，瑄亦無加禮，自是銜瑄。」又：「指揮某死，妾有色，振從子山欲納之，指揮妻不肯。妾遂訐妻毒殺夫，下都察院訊，已誣服。瑄及同官辨其冤，三卻之。都御史王文承振旨，誣瑄及左、右少卿賀祖嗣、顧惟敬等故出人罪，振復諷言官劾瑄等受賄，並下獄。論瑄死，祖嗣等末減有差。繫獄待決，瑄讀《易》自如。子三人，願一子代死，二子充軍，不允。及當行刑，振蒼頭忽泣於爨下。問故，泣益悲，曰：『聞今日薛夫子將刑也。』振大感動。會刑科三覆奏，兵部侍郎王偉亦申救，乃免。」《明史》，卷282，頁7228～7229。

七、論二子儒與釋、老之辨

　　既明曹端與薛瑄對儒理及工夫論的主張後，將進一步探討二子如何以儒學抗衡當時盛行的釋老思想。關於曹端對於佛、老的態度，前已指出彼於鄉里力辨釋、老，而以儒理教化鄉里，其行徑實源於對儒學堅定的信仰。然對於釋、老的評價，彼並非認為全無價值，而是將釋、老定位在與儒家不同的「異端」，曹端云：「異端非聖人之道，別為一端者，如老、佛是也。」[177]

　　此外，曹端亦將釋、老與迷信、淫祀相區隔。曹端視淫祀為虛妄[178]，並指出儒家視鬼神為一氣之往來屈伸。言道：「如寒往暑來，日往月來，春生夏長，秋收冬藏，晝夜雨風雷露，此是明白、公平、正直鬼神。」[179]進而主張以儒家之祭禮代替民間淫祀，並且嘗以「或有一人將父母不養，以致流落在外，尋覓過日。其子在家，殺羊造酒，吹彈歌舞，請宴外來賓客，醉飽連日，其父母悲泣而歸，探牆而望，不得其門而入，又復悲泣而去。」為例，開導鄉親，言道：「今人把自家祖宗、父母都不祭祀，卻將外神、他鬼畫影圖形在家祭獻，又去外面享賽某廟某神，與此人何異？」[180]即此以

177　《曹端集》，頁 210。
178　曹端云：「皆知鬼神之誠，則知後世淫祀之幻妄者非誠矣。」《曹端集》，頁 216。
179　《曹端集》，頁 212。
180　《曹端集》，頁 144。

曉悟鄉人，應以父母、祖宗為重，以禮事之祭之，不應棄本而媚鬼神。

曹端致力端正風俗，對於民間齋醮習俗亦多所批判。彼言道：「彼釋迦、老聃之書，本無齋醮之論，而梁武、宋徽之君，乃妄為齋醮之說，故武餓死臺城，而徽流落金虜，將求冥福，俱造顯禍，誠萬世之明鑑也，奈何人不知戒，踵謬成俗流至於今。」[181]曹端主張以儒家之禮代替齋醮之俗，[182]儒家重慎終追遠，透過誠敬及合禮的儀式，使個人與家族生命恰當聯結，與世俗重風水，以求福避禍之心迥然不同。

面對釋、老盛行，曹端主張以儒理代之，分別從義理、價值、工夫實踐、及社會體制分別加以反省。在義理部分，關於儒性、佛性之別，彼言道：「使天下皆知天命之性，則知佛氏之空者非性也。」[183]又曰：「吾儒之寂，寂而感，……酬酢之通乎萬變，為法天下，可傳後世，何往非心之感？佛氏之寂，寂而滅，……以天地萬物為幻，……欲盡屏除了，一掃真空。」[184]佛家主張的性是空性，異於儒家所言道德義的天命之性。儒釋均言寂，曹端以寂感、寂滅區分之，認為佛家所講的空性指的是緣起性空，一切山河大地皆為虛幻；儒家所言的德性指的是能寂能感的，以一心通萬變。

至於善惡與禍福的關係，曹端批評世人專務禮拜神佛，

---

181 《曹端集》，頁 142。

182 《曹端集》，頁 142。

183 《曹端集》，頁 216。

184 《曹端集》，頁 210。

其過有二，一是不知個人禍福與言行善惡有密切關聯，二是
諂佞神佛之心獲罪於天。彼言道：「禍福本善惡之應也，世
人不知為善以致福，改惡以避禍，而專務諂神佞佛，以為可
以滅罪資福，殊不知諂佞獲罪於天，不惟不能資福，又將速
於禍焉。」[185]故主張人當修己行善，使言行合於天理，去物
欲之私，自然不易罹禍，意即同於天賜福。彼言道：「福在
善而禍在於惡也。蓋善，天理也，行善則為順天，而天必眷
之；惡，物欲也，行惡則為逆天，而天必絕之。天眷之則無
往而非福，天絕之則無往而非禍。……但知善之當為而不知
惡之不當為而為之，所以速禍也。」[186]此處需強調的是，曹
端並非認為善必有善報，惡必有惡報，而是強調人的禍福與
為善為惡密切相關，此由人決定，非取決冥冥之天意，之所
以稱天眷、天絕，只是就人由天所生，人心即天理而言，此
人為實指，天為虛指，不可誤解。

　　在工夫實踐上，曹端並非認為釋老思想不可取，而是認
為缺少踏實的實踐工夫。彼認為多數信佛老者，為遯世高
尚，素隱行怪之人，雖志意高遠，然若不收斂裁正，易狂蕩
不羈。曹端言道：「狂簡之人只是自立高了，都不理會世
事，所以易入於異端。大率異端是遯世高尚，素隱行怪之
人，其流為佛老，……雖志意高遠，非聖人裁正之，一向狂
去，更無收煞，便全不濟事了。」[187]既然釋老思想高遠，若
缺少下學工夫，容易流於狂，故主張以儒家「率性之道」取

185　《曹端集》，頁166。
186　《曹端集》，頁167。
187　《曹端集》，頁219。

代釋、老主張以禪悟及無的智思為下手處。[188]

在社會體制的影響上，曹端以為家庭、宗族為社會結構重要組成，不可輕廢，而釋、老不重家庭關係，綿延子嗣，則無法使延續人類血脈。彼言道：「使天地如佛、老清靜，則陽自陽，陰自陰，上下肅然常冬，萬物何自而生？萬物不生，則吾族無有矣。」[189]此外，曹端亦批評釋、老之徒重視清修，忽略社會責任，無益於社會。彼言道：「觀舜不得禹、皋陶為己憂，禹視天下之溺猶己溺，而竭力勞萬民，豈如佛、老離倫絕類自為高耶？」[190]

至於薛瑄又是如何看待釋老？與曹端不同的是，薛瑄並未如曹端於家中、鄉里有明顯闢釋老及反淫祀之行動，只是在觀念上釐析儒、道、釋的異同。薛瑄與曹端一致，亦將釋老視為異於儒學的異端，[191]但二子不同的是，薛瑄提出「私」與「公」作為其中一種區分標準。薛瑄言道：「聖人之所以為聖人，以其公天地萬物為一體，屈伸消長，進退存亡，一由乎理之自然而不自私也。老莊必欲外天地萬物，極其智術，為巧免之計，其自私也甚矣。」又曰：「老莊雖翻騰道理，……卒歸於自私，與釋氏同。」[192]此處薛瑄以「自私」視釋、老以別於儒學的公心，此是就釋、老強調避害遠

---

188 曹端云：「皆知率性之道，則知老氏之無者非道矣。」《曹端集》，頁 216。

189 《曹端集》，頁 229。

190 《曹端集》，頁 232。

191 薛瑄云：「孟子曰『天之生物也一本。』而世以三教竝稱，則是天之生物亦有三本邪？」《讀書錄》，卷 4，頁 62。

192 《讀書錄》，卷 4，頁 60。

禍而言「私」，與儒家主張與天地萬物為一體，確實有所不同。

　　與曹端相較，薛瑄較特別的是區分原始道家、釋家思想與後起的道家、釋家之出入，曹端僅整體視之，並未就義理流變區別之；且曹端強調三教之別，而薛瑄則言釋、老原始思想亦多有可取處。對於老子《道德經》，薛瑄指出其特色在論道之玄妙，但論及作法時易流於權術，彼言道：「老子之書，始欲論理之元妙，末則流於權術。」[193]對老子部分主張，不涉自私權術者，薛瑄採取肯定的態度。彼言道：「『多藏必厚亡』之言極善」，「『身與貨孰多？』身一而已，世人有迷惑喪軀者，何其愚之甚邪？」「『不見可欲，使心不亂』，其言亦可取焉。」[194]至於《莊子》，則肯定對人出處進退之觀察及謹慎作法，彼言道：「察於安危，寧於禍福，謹於去就，莫之能害也，莊生之言亦可取。」[195]其他如以「環中」釋道體及論嗜欲的說法，[196]彼亦表示贊同。至於釋教，薛瑄認為釋氏的宗旨在於「自潔其身」，其他紛紜說法則為徒眾附會之說。[197]

　　對於原始思想，薛瑄能正視其思想特色，並公允指出其限制所在，而對於之後流變，則採取批判的態度。所謂後起發展，以道家而言，道教之術則歸於此。薛瑄言道：「符籙、科儀、飛昇、黃白之術，皆後人附會為道家之事，《道

193　《讀書錄》，卷4，頁59。

194　《讀書錄》，卷4，頁58~59。

195　《讀書錄》，卷4，頁59。

196　《讀書錄》，卷4，頁60。

197　《讀書錄》，卷4，頁62。

德經》豈有是哉？」[198]齋醮之俗亦屬於此，「佛老之教初無齋醮之說，齋醮皆起於後世，梁武道君之事可驗矣。」[199]

至於義理方面，薛瑄從性理加以區別，並與曹端均認為儒、釋雖均言虛寂，然其義不同，儒理為寂而能感，虛而有實，異於釋氏之理為虛理，強調因緣生滅。彼言道：「寂而感，虛而實，此吾儒與釋子不同處。」[200]又曰：「釋子塵芥六合，然六合無窮，安得塵芥之？夢幻人世，然人世之實理，安得夢幻之？」其他方面為薛瑄所批評者，與曹端不異，例如釋氏之出世法，及禿髮絕配，[201]皆有違社會責任及人倫義務。

綜合上述，曹端與薛瑄皆以儒學立身，曹端重在辨明儒與釋老思想，並推廣儒學以抗衡釋老之風；薛瑄則重在義理辨明，並未進行實際運動。薛瑄在辨明儒與釋老思想上，區分原始思想與後起流變，指出釋老思想之特色並持平指出其限制，對於道教之術及齋醮行為、出世法則採取批判態度。曹、薛二子雖然在觀念上作法上稍有不同，然欲以儒理代釋老思想的理念則相同。

198　《讀書錄》，卷4，頁59。

199　《讀書錄》，卷4，頁62。

200　《讀書錄》，卷3，頁38。

201　《讀書錄》，卷4，頁61。

八、結語──儒家道統之承繼者

曹端與薛瑄所處時代相近，同為儒家的忠實信徒與踐履者，但在思想與具體做法上有所分別。較明顯的分別是對理的理解上，曹端強調理的本體義，將理目為活理，理本身自能動靜，故具活動性，與氣之動靜相即不離；而薛瑄認為動靜是就氣言，重在於氣之流行無間中見理之主宰。對於周子所言的「幾」，曹端是就理體的動靜而言，[202]而薛瑄則以氣言。曹端重在理體的形上根源義，即此言理的活動義；而薛瑄著重即氣顯理，強調理的主宰義。

此外，在工夫論上，曹端強調發揮仁體，使動靜皆合於仁；亦可以「中」言之，無論未發、已發皆須合於中道、中節。而薛瑄則重在下學而上達，故彼所提復性之學，便是時時刻刻於起心動念、言行舉止中存養省察，使去私欲，全天理，盡而體認吾心之理與天地之理通貫無礙。

至於儒與釋老之辨，曹端與薛瑄均認為儒學所言為實理，即使言虛寂，卻是虛而實，寂而感，與釋老所言之空、無明顯不同；二子亦強調社會體制及社會責任之重要，從義理與具體作法對釋老提出批判，而主張以儒家的實理及人倫

---

202 曹端釋《太極圖說》：「動而未形有無之間者，幾也。」前段引朱子語，後段為曹氏個人觀點，彼言道：「《太極圖》中只說『動而生陽，靜而生陰』，此又說個『幾』，此是動靜之間又有此一項，似有而未有之時，在人識之耳。」《曹端集》，頁38。

觀替代之。

　　對於二子在宋明理學，甚至整個儒學發展之定位，有兩點值得注意，其一，個人以為二子所承者，狹義言之，可視為朱子學一系；廣義言之，實承宋代理學脈絡，甚至整個儒學道統，包括經學及《四書》傳統。

　　其二，二子的重要性，不在新觀點的提出，而是基於對儒學核心思想的理解、承繼，進而以畢生生命活出儒家精神。故二子並非僅是經師，嚴格而言，更是難得的人師。經師易得，人師難尋，而儒家最重要的就是工夫實踐。顏回並未提出異於夫子之新義，然其好學不倦，不貳過，便足稱復聖。曾子亦非另創新解，而是真實傳衍夫子忠恕之道，其可貴者在於終身行孝、慎獨律己面對生命的認真態度。孟子之為亞聖，不在提出性善說，而是面對異說橫行，慨然以延續夫子之道自期，其不求名利，不畏權勢，頂天立地浩然的大丈夫氣象，堪稱夫子之道重要傳人。其後的宋代濂、洛、關、閩諸理學家，雖然發揚了儒學義理的時代意義，但重要的是其為人、為學、事功堪稱士人典範。此正是研習儒學者眾，何以堪稱儒學傳人者甚希，實因講儒家之理易，行儒家之道難。繼朱子及元許衡後，曹端、薛瑄堪為士人表率，而為儒家在明初最佳代言人，並稱「明代理學冠軍」，二子當之無愧。

胡居仁內聖外王之
學析論

一、胡居仁與明初理學

談到明代理學，幾以陽明學一系作為代表，其中《明儒學案》便是以陽明學為主軸而寫成的學術史。陽明主張的致良知、知行合一，於宋代程朱理學外，另開新局，與象山一系並稱陸王。就明代學術發展而言，有一個問題值得思考，何以從明初程朱學轉向陳白沙到明中葉王陽明心學路數，此後程朱學是否便消聲匿跡？

明初理學仍以朱學為主，如方孝儒（字希直，1357-1402）、曹端（字正夫，號月川，1376-1434）、薛瑄（字德溫，號敬軒，1389-1464）、吳與弼、胡居仁皆尊崇程朱學，以思想言行闡發與實踐程朱學。

關於明初理學與心學是否相關聯，不少學者主張白沙、陽明心學實發端於明初理學。例如，侯外廬先生認為：「吳與弼是磨礪自家身心，『尋向上工夫』，期在『得聖人之心精』，其學遂衍為王學的發端。」[1]蒙培元先生亦認為吳與弼開啟了明朝心學一派之先河。[2]古清美先生亦認為：「康齋雖宗仰朱子彌甚，……然其性格與為學主張明顯的偏向心性的省察克制工夫，於博文致知一面終不免較疏，故門下轉出陳白沙的心學型態並不突然。」甚至認為：「明初朱學篤實實踐

1　侯外廬等，《宋明理學史》（北京：北京人民出版社，1984 年），頁 119。
2　蒙培元，《理學的演變》（臺北：文津出版社，1990 年），頁 262。

的風氣，走上了心性體證之路，在薛敬軒已微見端倪。」[3]
祝平次先生亦認為明初這些重踐履的儒者，「在承繼朱學
中，特將朱子的主體概念作了更進一步的發揮，終於使
『心』的概念特別突顯，也使得心、理的結構關係產生變
化。這種變化慢慢被加深擴大，終於被陽明突破。」[4]此些
說法皆認為明初曹端、薛瑄、吳與弼、胡居仁諸子雖承繼程
朱思想，然重心性、實踐的觀點與作法，卻開啟了之後的陽
明心學。

上述關於心學發端於明初理學的諸多說法，其共通處在
指出明初理學家雖承繼朱學，然因重視省察工夫，已具心學
端倪。再加上弟子由原本重心性省察一系轉出，使得「心」
的探討被強化，發展出白沙、陽明的心學路數。但有一點必
須強調，明初理學與心學的關聯，並非如象山與孟子的直承
關係，而近於孟子與荀子的關係，孟、荀相關，是因同出於
孔子，但孟、荀之別卻在於對人性的看法及工夫進路明顯不
同。

至於心學盛行之際，朱學是否消失？鍾彩鈞先生指出，
即使在陽明學發展之際，「當時學界仍多為朱子學者，他們
不能同意陽明的新說，遂致書諍辯，……《傳習錄》中收有
陽明答顧東橋書，是這種辯論的代表作。」[5]筆者以為，朱

3　古清美，〈明代朱子理學的演變——從薛敬軒、羅整菴到高景逸〉《慧菴存
　　稿》（臺北：大安出版社，2004 年），頁 48、92。

4　祝平次，《朱子學與明初理學的發展》（臺北：學生書局，1994 年），頁
　　115。

5　鍾彩鈞，《王陽明思想之進展》（臺北：文史哲出版社，1993 年），頁
　　99。

學除了理學一路外，經學一路亦多受朱學影響，如《易》學、《詩經》學、《禮》學等，朱學與經學合流，亦是值得留意的現象。古清美先生認為朱子學因應明朝的時代因素，在不同階段以不同面向呈現，對整個明代學術發展都扮演著重要角色，「朱學的豐富內容提供了明代士人對理氣、心性、歷史文化諸問題的思考方向和空間。因而作為明代思想主流的心學，曾醞釀到發展成形，甚而到後來的修正補救，朱學都扮演了極重要的角色。」6

即此可見，朱學的影響並未在心學盛行後完全消失，較確切的說法應該是朱學以更多樣的面貌出現於明代，在理學方面，除了心學源於明初理學，同時持續對朱學進行反省、批判；另方面在經學、史學等學術領域，均受朱學影響；而在政治方面，官方以科舉取士，雖然對朱學的發展有其限制，7但不全然只有弊而無利，其中必有些好的人才從科舉中脫穎而出，以朱學自期並致用者。

胡居仁（字叔心，1434-1484），學者稱敬齋先生，嘗問學於吳與弼（字子傳，號康齋，1391-1469）為明初重要理學家。後人對胡氏其人及思想之論述，多參考《明史·儒林傳》及《明儒學案》之說法。《明史·儒林傳》指出胡氏「性行淳篤」、「端莊凝重」，其學「以主忠信為先，以求放心為要，操而勿失，莫大乎敬」，事親孝，事兄弟，待妻敬，

6　古清美，《慧菴存稿》，頁42。

7　《明史·儒林傳》提及科舉對儒學之影響：「自是積重甲科，儒風少替。白沙而后，曠典缺如。」《新校本明史并附編六種》（臺北：鼎文書局，1980年），卷282，頁7222。

從學吳與弼，絕意仕進，安貧樂道，並指出：「人以為薛瑄之後，粹然一出於正，居仁一人而已」。[8]

《明儒學案》重在胡氏為學的部分，指出：「先生嚴毅清苦，左繩右矩，每日必立課程，詳書得失以自考。雖器物之微，區別精審，沒齒不亂。」又曰：「弱冠時，奮志聖賢之學，往游康齋吳先生之門，遂絕意科舉，築室於梅溪山中，事親講學之外，不干人事。久之欲廣聞見，適閩，歷浙，入金陵，從彭蠡而返，所至訪求問學之士。」[9]此說明胡氏生活環境清苦，在立志於聖賢之學後，拜當時大儒吳康齋為師，並每日勤奮治學，以敬自持，其一生便在修身、事親、講學、游歷訪賢中渡過。黃宗羲指出胡氏之學，以敬為本，又言胡氏屢稱同門陳獻章（別號白沙子，1428-1500）入於禪，且致力儒釋之辨。此外，並留意胡氏經世思想，包括井田制及設官之法，並以為非迂儒之言。[10]

對於胡居仁的思想，《四庫全書總目》評價為醇儒，[11]後人之研究多本於《明史‧儒林傳》及《明儒學案》的觀點，或以「主敬」、「格物窮理」考察胡氏對程朱理學之承繼，或單重胡氏的主敬之學，或關注胡氏與陳白沙學術思想

8　《明史》，卷282，頁7232。

9　〈崇仁學案二‧文敬胡敬齋先生居仁〉，《明儒學案》（北京：中華書局，1985年），頁29。

10　黃宗羲言道：「先生一生得力於敬，故其持守可觀。……而先生必欲議白沙為禪，一編之中，三致意焉。蓋先生近於狷，白沙近於狂，不必以此而疑彼也。」《明儒學案》，頁29。

11　《四庫全書總目》云：「明初醇儒以端及胡居仁、薛瑄為最。」見於紀昀等，《四庫全書總目》（北京：中華書局，1995年），卷92，頁776。

之殊異，或重胡氏的儒釋之辨。12

　　至於胡氏與程朱理學的關聯，胡居仁是否如《明史・儒林傳》所言：「曹端、胡居仁篤踐履，謹繩墨，守儒先之正傳，無敢改錯。」對此古清美先生認為，從表面而言，確實胡氏在思想及行為謹守程朱，「不止其學說思想，連此重條理，嚴持守之性格、作風都見其為尊奉程朱理學、毫不通融含糊的學者。敬齋於『心與理一』、『窮理居敬』之說皆一本程朱，……全然只作為程朱的宣講者」，然而胡氏之學術思想在精神方面已有所轉化，「敬齋格物之學中格物窮理的範圍縮小了，而注重內心涵養境界之體驗」。13古清美先生的說法，將胡氏之學區分為表面與背後精神，認為胡氏重要主張及言行作為確實篤守程朱，但若深究其精神已有所轉變。相較朱子重視格物窮理，其關心事物至博，治學之廣，用力之深；而胡氏則重在人倫道德，其治學廣度不及朱子，確實為明顯的轉變。

　　陳來先生《宋明理學》分別從三個方面針對胡居仁的主敬思想，與陳白沙主靜之比較，以及論儒與釋道之辨作說明。指出胡氏主敬思想的重點在靜而操持、主敬無事、論無事與放開。又指出胡氏反對陳白沙的主靜說，認為儒家所謂的靜是指心未發的狀態；且亦反對靜坐工夫。「儒學中所說的靜不是指一種方法，而是指一種未發的時態，即在意識未

---

12 除本小節所提及之作品外，尚可參考李書增等著，《中國明代哲學》（鄭州：河南人民出版社，2002 年），然侯外廬等著，《宋明理學史》（北京：北京人民出版社，1984 年），並未將胡居仁專章介紹。呂妙芬，《胡居仁與陳獻章》（臺北：文津出版社出版，1996 年）。

13 古清美，《明代理學論文集》（臺北：大安出版社，1990 年），頁 23、24。

發的時態須要保持一種操持之意，而不是謀求去達到靜時的空的體驗。」「由於胡居仁堅持朱學靜中涵養操存的立場，不僅反對僅僅摒除思慮的靜坐，也不贊成把靜中功夫理解為調息。」陳氏又指出，儒家重視的「敬」，「胡居仁認為儒家主張的是存心，存心的具體意義是保持一種誠敬的道德意識狀態」，「主敬就是使意識在任何時間狀態下都保持敬的態度。」最後提出，主敬雖屬有心為之，但並非主觀執著，「胡居仁認為，一方面主敬的主的確有一個用意，著力的涵義，……另一方面，主敬的著意並不就是佛教說的執著。」[14]

綜觀陳來與古清美二先生的說法，胡氏批評陳白沙的主靜說，堅持程朱的主敬思想，重視心與理的重要，較不重視於事事物物去格物窮理，此些說法相當有見地。此些說法是將胡氏置於程朱學系統，考察彼對於朱子涵養持敬、格物窮理諸觀點的轉變。雖然這些說法突破《明史》所論，然而除了由主敬、涵養的心性工夫評述胡氏之學外，是否還有其他研究向度？

余英時先生以明代政治文化作為切入點，指出吳與弼、薛瑄諸儒「他們的理學祇問『內聖』，而且專從個人受用的觀點追求『內聖』，而與『外王』徹底分家了。這並不是因為他們不知道或忘記了孟子『平治天下』的儒家大義，而是扼於明代的政治生態，祇能『獨善其身』，而絕望於『兼善天下』。」[15]余英時先生即此分判，明初理學家重內聖不提

---

14 陳來，《宋明理學》（瀋陽：遼寧教育出版社，1992 年），頁 240~246。
15 余英時，《宋明理學與政治文化》（臺北：允晨文化，2004 年），頁 275。

外王，與宋儒兼言內聖外王有別，關鍵在於宋相對下較重儒術，而明對士人的不敬與言行禁錮是極嚴重的。此說法提醒吾人在理解明初理學家的思想，不可忽略現實政治文化的因素。

關於明太祖、世祖對士人的政治迫害，已廣為人知，余氏的說法解釋了明初理學家獨重內聖的原因。前所引黃宗羲《明儒學案》，便留意到胡居仁的經世思想，而祝平次先生亦曾關注明初五位儒者的政治態度，言道：「月川、敬瑄可說是傳統型的儒者，他們的生活結合學者與政府官員的雙重身分；康齋、白沙則站在另一方，幾乎對於士之出仕都抱持否定的態度；敬齋可以說是居於二方之間，一方面他堅守著康齋反對出仕的態度，一方面他又有許多對於政治的觀點、主張和康齋、白沙極少提及政治的意態顯然有別。」16

雖然胡氏並未出仕任官，但他的外王思想仍值得關注；再加上目前學術史多論及胡氏的內聖思想，故本文擬探討胡氏如何論外王，以及內聖與外王之關係，以見出胡氏在主敬思想外的重要主張。

二、道德、事功一體不二

細究《胡敬齋集》及《居業錄》可發現，胡氏之學並非僅是心性之學，而是合於孔、孟內聖外王之學，此可以胡氏

---

16 祝平次，《朱子學與明初理學的發展》（臺北：學生書局，1994 年），頁 118~119。

受提學使李齡之請主持白鹿洞書院所立學規見之。胡氏所提六大要目：「正趨向以立其志」、「主誠敬以存其心」、「博窮事理以盡致知之方」、「審察幾微以為應事之要」、「克治力行以盡成己之道」、「推己及物以廣成物之功」，[17]首先立志是強調志於聖賢之學，而主敬、格物窮理、審察幾微、克己力行、推己及物則為內聖外王之道。

相較朱子當年所立學規五大要目：「父子有親，君臣有義，夫婦有別，長幼有序，朋友有信」，學習之序即「博學之，審問之，慎思之，明辨之，篤行之」；至於篤行，修身之要在於「言忠信，行篤敬，懲忿窒慾，遷善改過」，處事之要在「正其義不謀其利，明其道不計其功」，接物之要則在「己所不欲勿施於人，行有不得反求諸己」，[18]其宗旨強調五倫、重個人好學與修身。

將二者對觀，明顯見出胡氏於朱子所論個人修身及重五倫外，加入了經世思想，由己立己達，推擴至立人達人，主敬、格物窮理、審察幾微、克己力行既為個人修身原則，亦為致用之法。治事之君臣若能敬己、敬事，通達人情、政事之理，能審時度事，能勤事不懈，便能成就養民、愛民之功業，即胡氏所期望的「先王之治」。而彼手著〈白鹿洞講義〉亦明確指出其目標在於「古之學者必以脩身為本，脩身之道

---

17 胡居仁，〈續白鹿洞學規〉，《胡敬齋集》（北京：中華書局，1985 年，《叢書集成初編》本），頁 61~70。

18 該篇原作〈白鹿洞書院揭示〉，而《朱子文集》本，據浙監本、余謙本改「揭示」為「學規」。《朱子文集》第 8 冊（臺北：德富文教基金會，2000年），卷 74，總頁 1730~1731。

必以窮理為先，理明身脩則推之天下國家無不順治。」[19]

胡氏對於時弊有極深刻反省，指出一為功利之害，一為異端之害。[20]彼指出：「只緣科舉功利害之，能脫此累者，又皆過於高妙淪於空虛」[21]，科舉制使中材之人，生起功利之心；而不為功利心所拘限者，又易追求佛、老空無之境界，而流於空虛。若不為二者所圍，尚有以訓詁務博為業，以註書為傳道者，而無窮理力行之實，[22]此皆無益於世道人心，故胡氏深以為憂。

為救時弊，胡氏標舉聖賢之學，以明道義對治功利心，以窮理力行對治空無玄妙。彼言道：「古昔聖賢之學，以存心窮理為要，躬行實踐為本。故德益進，身益修，治平之道，固已有諸己。是以進而行之，足以致君澤民，退而明道，亦可以傳於後世，豈記誦詞章，智謀功利之可同日語哉？」[23]聖賢之學以存心窮理，躬行實踐，進以治平，退以修身，故不以中舉、著書立名為務，亦不耽於個人之空無玄想。

此外，除了科舉有害人心外，胡氏亦見出人際之間，存在著私意計慮，缺乏德義。彼言道：「後人處事多是智計才

<hr>

19 《胡敬齋集·白鹿洞講義》，頁71。
20 胡氏云：「竊意聖道之大害有二，功利、異端也。功利之害人雖衆，然皆中人也，其失易知，故其害亦淺；老佛所引陷者皆中人以上之人，其才高，其說妙，非窮理精者，莫能窺其失。以二氏論之，佛氏之害尤大。」《胡敬齋集·奉張廷祥》，頁23。
21 《胡敬齋集·奉張廷祥》，頁7。
22 《胡敬齋集·復于先生》，頁11。
23 《胡敬齋集·復于先生》，頁9。

識，未嘗有義以方外之實學，故獲禽雖多，終是詭遇。」[24]

　　甚至一般所談的建功立業，依胡氏看來，亦多存功利之心，即使有成，最上者亦只能成就盛世，無法長治久安。彼言道：「居位者不本於修己，而以才智計謀為治，僅至小康而已。」故胡氏主張：「修己者必能救民，救民者必本於修己。」修己者以其誠心感於上下，發政施仁而德澤於民，「若夫修己者，則其公平正大之心，昭格無間，信於上感於下，不待教令之出，而民已向化矣。況其發政施仁之際，如雨露霜雪，何物而不被哉？」即使遭逢挫折，其公正之心亦昭著於人心。「雖或為權勢所制不得盡施，而其心固已協於神明，孚於民庶，譽於士類，播於遠近，傳於後世，如此則爵雖不進，而身益榮矣。」[25]

　　即此可見，胡氏所提倡的聖賢之學，所重者不在功名利祿，而在自身修身好學，待時而發，隨時順處，事事存心省察，修、齊、治、平皆然，不求功名，而人皆識其功。彼言道：「況道在日用，無時無處不是吾人進學處，但要存心省察，如事親，則在事親上察道理；接賓客，便從接賓客上察道理；讀書，便從讀書上察道理，是者行之，非者去之，聖賢工夫不出於此。君子藏器於身，待時而動，古之聖賢，固不求功名，功名未有大於聖賢者。」[26]

　　胡氏更從事事物物的窮理省察中體會出其一貫之理，即「仁」是也，彼指出：「孔門之教只是求仁，而堯舜事業盡在

24　《胡敬齋集・寄張廷祥》，頁6。
25　《胡敬齋集・與戴太守》，頁6。
26　《胡敬齋集・寄丘時雍》，頁9。

此。」27而仁便是以仁自期，己立而立人，己達而達人，與天地萬物相通為一。28然欲行仁，又必須先誠其心，並篤實下學。胡氏認為：「萬物各有自然之理，聖人只是順之，不曾加得一毫」，「盡天理不以一毫私意智力撓之便是堯舜氣象」。29若能明天理，盡天理，不以私意計慮干擾之，並堅行不輟，30便能成就聖賢事業。

綜而言之，胡氏道德事功通而為一的思想，實由孔子之教體會而來。胡氏所言的「主敬」，一方面是省察念慮誠不誠，是否有功利私意存於中，即誠其心是也；二方面是是否對所處人事法理有清楚掌握，即敬於事是也；最後則是省察是否所為順天理而踐履不輟，此乃敬其終也。若能三者兼備，便能合於「仁」道，即此而修、齊、治、平焉有不成之理？

能行此三者者，胡氏於孔子後盛推顏淵、孟子及程明道。彼言道：「顏子最好處是得一善則拳拳服膺而弗失，孟子最好處是善端之發便能擴充以至其極。」又曰：「明道先生本領純，察理精，涵養熟，故不動聲色，天下之事自治；涵育薰陶而天下之心自化，孔子以下第一人也。」又道：「明

---

27 《居業錄・聖賢第三》（臺北：藝文印書館，1968 年《百部叢刊集成》本，據《正誼堂全書》本影印）卷 3，頁 1。

28 胡氏云：「孔門學者以求仁為要，真是好，是教他在最切要處求，非但自己一身好，與天地萬物血脈便相貫通。」《居業錄・聖賢第三》，卷 3，頁 1。

29 《居業錄・聖賢第三》，卷 3，頁 16。

30 胡氏云：「理明後又持守堅固，力行純熟，此是大賢。」《居業錄・聖賢第三》，卷 3，頁 16。

道天資高，本領純粹，其學自大本上流出，於細微處又精盡。」31依胡氏所論三聖賢，皆肯定三子皆能立其大本，且工夫純粹踏實，所為中理不失，是能求仁而得仁也。

正因胡氏既重本心之誠，又重踏實工夫，故能使心得其正，能識天理，又能藉由細微踏實的省察、實踐，故能既能明理，又能具體力行，而此正是胡氏以聖賢之學對治當時功利之心與玄虛不實之時風的深刻用心。

三、春秋大義與義利王霸之辨

胡氏重視孔子的春秋大義，並言道：「聖人撥亂反治之書，經世之大法存焉」。又曰：「《春秋》因亂世之事，存致治之法，於不善之中，發明至善之理。」以「明天理，正人心」。32胡氏更指出夫子即使面對齊桓、晉文的霸業，仍以先王之道為依歸，而先王之道便在於救生民，安天下，33此便是夫子的微言大義。

關於春秋大義，胡氏認為孟子之後，唯程伊川得之。34胡氏既肯定並承繼程子觀點，而較特別者當屬公天下、家天

---

31 該段所引文字，見於《居業錄・聖賢第三》，卷3，頁1、5。

32 《胡敬齋集・春秋辨疑》，頁60。

33 胡氏云：「竊觀《春秋》，雖因齊桓、晉文之事，而準折以先王之道。……誠欲救生民，安天下，而致先王之治也。」《胡敬齋集・寄夏憲副正夫》，頁36。

34 胡氏云：「愚以先知《春秋》，莫如孟子；後知《春秋》，莫如程子。」《胡敬齋集・寄張廷祥》，頁22。

下之辨。胡氏反對《禮記‧禮運》所言大道行而公天下，大
道隱而家天下之說，而認為堯舜及三代之君其道一也，無大
道行、大道隱高下之別。彼認為，堯舜與三代皆有公天下之
心，不以天下為吾家所有，然而制度上卻皆是父子相傳。至
於堯舜何以行禪讓，胡氏的解釋是堯舜之子皆不賢，不可居
天下，而擇舜、禹以繼之，此為權變，非屬常經。[35]此說法
的特色在於，視堯、舜三代之君其心一也，皆公天下之心；
然現實制度上則同為父子相傳，禪讓制是一時的權變。

　　胡氏將父子相傳與公天下之心分開，論點相當獨特。唯
一須補充者，堯之前確實為父子相繼，至堯、舜而有所轉
變，當然其子丹朱與商均不賢亦是重要原因，堯、舜雖讓位
於舜、禹，而舜未即位前仍謙位於堯子丹朱，禹亦欲謙位於
舜子商均，然百姓歸舜、禹而不歸帝子，舜、禹不得已順應
民意而即位。且禹晚年意欲法堯、舜讓位於治水有功的益，
然百姓最後卻選擇禹之子啟。以史實觀之，胡氏不將三代視
為堯舜禪讓的退轉，而稱傳子制為經常，以禪讓為權變，此
迥異於舊說以三代家天下為唐、虞公天下退轉，而為唐、
虞、三代之帝位傳繼提出新的思考方向。

---

35 胡氏言道：「或問：『胡氏公天下家天下之說，議論最高，何以不取？』
　　曰：『胡氏本〈禮運〉大道行而公天下，大道隱而家天下，此最害義理。
　　〈禮運〉乃漢儒附會不足據。若曰以天下為一家，固當與賢，若曰以天下
　　為吾家之物，而欲世有之，乃私家之家，豈禹湯文武之心哉？蓋父子一
　　體，父有天下傳之子，乃天下之常經，即後天卦以震代乾之義。堯舜是他
　　子不肖，不可居天下，故擇舜禹而授之，是處乎權，三代之時大道正行，
　　何以謂之隱乎？文定才高志大，〈禮運〉之言誇張，故喜之而不察其害理
　　也。』《胡敬齋集‧春秋辨疑》，頁 60～61。

在價值抉擇方面，胡氏標舉義利之辨；在政治理想方面，重視王霸之辨，二者實遠承孟子。胡氏指出古今興廢，關鍵在為君者有德或失德，彼言道：「古今敗國者，皆自敗也。或荒淫，或遊畋，或暴虐，或狎小人，或好宮室，或好貨聚斂，皆亡國之具也；故為君者，必兢業修身，任賢去姦，愛養斯民，乃保國長久之道。」[36]

至於國家的興盛，尚有王霸之別，胡氏認為王霸之辨關鍵在於是否純乎天理，亦即是否有私意夾雜。若為君者，其心雖不誠，即使所為暗合天理，仍只是假合王道，而非真王道。[37]故胡氏言道：「聖賢只依天理做事，所以極其大，與天地參；霸者以智計，處事便小。」[38]王道合於天理，可大可久，霸道雖能興盛一時，卻無法長久維繫。

欲行王道，首先為君者須先誠其心。所謂誠其心，一方面使心能識事物各殊之理，另方面是體證仁心。故胡氏言道：「事事存其當然之理而己無與焉，便是王者；事著些計較，便是私吝心，即流於霸矣。」又曰：「天地只是一箇生物之心，聖人全天地之心，故仁民愛物自不能已。」[39]正因公而無私之心，方能容納眾理；仁而愛人之心，故能通萬民萬物之情。

為君者誠其心即立其體也，進而當思承體起用。故胡氏

---

36 《居業錄·帝王第四》，卷4，頁7。
37 胡氏云：「堯夫以皇帝王霸竝數便不相倫，蓋帝王無異道是純乎天理無一毫人欲之私，霸者元是私意，縱窺測得天理來用，只是假，豈可與帝王同年而語哉？」《居業錄·帝王第四》，卷4，頁6。
38 《居業錄·帝王第四》，卷3，頁16。
39 《居業錄·帝王第四》，卷4，頁7、16。

云：「為治之道有二，修身明德以感發，作興其同然之善心，是頭一等事；處置得宜是第二等事，二者不可廢一。」40至於如何使千頭萬緒的庶務，井然有序，胡氏指出「窮理」為重要方法。若窮理，便能體察事務恆常之理及各殊之理，進而提出解決、推行之道。「世間人才儘有，亦多有肯做功業者，只是理不明，做功業不出，此大學以窮理為先也。」41

　　然事務紛紜，焉能盡窮？此則須尋出事物的本末終始。以治國而言，當以求賢為先務，既然為君者有仁心，自當行仁政，而行仁政又以得賢才為先務。故胡氏言道：「不忍人之心又須有不忍人之政，方為本末兼盡，為政以得人為先。」42所謂的賢才，除指居高位之人臣外，尚包括各層級官員之選任。眾官之長，首推宰相，胡氏明言宰相之責在於進賢。彼言道：「宰相之職在於進賢退不肖，進賢退不肖在於能知人，知人在於修身，修身莫先於窮理，窮理者在於讀書論事推究到極處。」43胡氏並指出若聖君賢相自然能成王業，即使如中材之君，若能得大賢輔之，亦能成就王道。彼言道：「有聖賢之君，必有聖賢之佐；若中材之君，有聖賢之佐，亦可成王業，太甲、成王是也。」44

　　宰相的要職在求賢，尤其是提出諸司之長的合適人選。胡氏言道：「處天下事須得其總要，如君擇相，相擇諸司之長，

40　《居業錄‧帝王第四》，卷4，頁14。
41　《居業錄‧帝王第四》，卷4，頁14。
42　《胡敬齋集‧又奉于先生》，頁12。
43　《居業錄‧帝王第四》，卷4，頁14。
44　《居業錄‧帝王第四》，卷4，頁2。

長擇其僚，自然得人得人，則天下事自理。」[45]既然一國之
政，從中央到地方須建立極龐大的文武團隊，然單靠宰相一
人之力畢竟有限，尚須有好的人才培育及選舉制度。在王政
制度中，進君子退小人為為政要務，[46]故培育及舉才皆重人
才之德性，德性為用人之根本；然僅有德行仍有不足，須有
足夠才幹以任事。胡氏指出：「才不勝，不可居其位」[47]，
故以提拔德才兼備之人才為用人之道。[48]

　　若能任命賢相，以君子進君子，則王政必興。君臣以仁
民愛物為念，為民興利除弊，使民安居樂業，若為國如此，
豈有家國不興盛，國祚不綿長之理？

四、對歷代帝王名臣的評論

　　胡氏對於歷代帝王功業的評論，是以德與功兼備為上
乘。所謂德是指以仁心感通天下百姓，功指其治國能澤被萬
民，而能臻於此標準者，唯堯舜及三代之君。[49]此評斷標準
實承朱子而來，屬道學的標準。朱子論唐太宗時指出，平

45　《居業錄・古今第五》，卷5，頁1。

46　胡氏云：「進君子退小人，此為政第一義，然須果斷以行之。若是好賢而
　　不能進，惡小人而不能退，反自取禍敗處。」《居業錄・帝王第四》，卷
　　4，頁13。

47　《居業錄・帝王第四》，卷4，頁17。

48　胡氏認為連邑宰均須德才兼備，彼言道：「故居此位者，必德足以體仁，
　　才足以幹事者乃稱也。」《胡敬齋集・寄安仁張大尹》，頁35。

49　胡氏云：「古者必德足以感天下之心，功覆天下之民，斯為天下所宗而為
　　天子，唐、虞、三代是也。」《居業錄・帝王第四》，卷4，頁1。

亂、致治皆是太宗之功，史家以致治為德，與道學立場不同。朱子言道：「史臣正贊其功德之美，……其意亦謂除隋之亂是功，致治之美是德。自道學不明，故曰功德者如此分別。以聖門言之，則此兩事不過是功，未可謂之德。」[50]此處所謂道學立場，亦可稱為道德評價，在此立場下，道德與事功不同，道德是就為政者的仁心而言，事功則是言其具體治績而言；德為體，功為用；即體而達用，即用而顯體。

對於唐、虞、三代之君，舜、禹因堯、舜禪讓而得國，而湯、武則以革命立國，前者得之以順，後者得之以逆，何以皆稱為王道？胡氏認為以湯、武革命皆出於仁心之故。桀、紂無道，殘害生靈，而湯、武革命正是出於仁心，救民於水火，雖違反以下伐上之禮，然卻不得已而為之，故革命為權而非經也。彼言道：「桀紂失了君道，故湯武不得已而伐之。蓋君者所以為天下主，代天理物，以養天下之民。今桀紂非惟失君道，又殘民害物，乃天地間一大賊也。湯武不幸適在其時，當救民之任，故不得避伐上之嫌而坐視也。」[51]

在唐、虞、三代王道的標準下，三代以下之君，未有同道者，關鍵在於多有私欲之心。對於漢至明初之帝王，胡氏唯尊高祖，認為「三代以下之君，漢高祖天姿最高」，「漢高祖天姿樸厚志高才大，承秦之暴，無法可因。」[52]此二語可見出，胡氏肯定高祖性情樸質，才大志高，志高是指除暴

---

50 《朱子語類・歷代二》，《朱子全書》第 18 冊（上海：上海古籍出版社、安徽：安徽教育出版社，2002 年），卷 135，總頁 4226。

51 《居業錄・帝王第四》，卷 4，頁 1~2。

52 《居業錄・帝王第四》，卷 4，頁 2、5。

秦，才大是指在無法可循的限制下開創新局。

　　若將高祖與唐、虞、三代之君相較，相同者則在推翻暴政，解除民苦；所缺乏者乃通體之仁心，及賢良之臣的輔政。相較堯有舜為輔佐，舜用八元、八愷，且有禹、稷、契、皋陶之輔佐，禹有皋陶相助，商湯有伊尹輔佐，文王、武王有姜尚、周公輔政，有聖賢相輔，故能發政施仁。胡氏認為高祖雖有張良、蕭何、韓信三傑的輔佐，然三子皆非真儒，或為黃老之學、或為功利之徒、或為敬事之臣。胡氏言道：「雖有張子房乃雜黃老，智謀有餘，非先王之學；韓信等俱是功利，蕭何等亦非修身正主之學。」故彼感歎道：「彼時有真儒者出，舉先王之法，庶幾可行，惜乎當時無人。」53

　　此外，高祖異於唐、虞三代之君處在於忽略禮樂教化，高祖用蕭何參酌秦法加以損益，又命叔孫通訂朝儀，然叔孫非真儒，故僅順承上意，而不識禮樂之大道。而行王道之君深知禮樂教化於治國的重要，聖王好禮樂，且以禮樂教化百姓，使民有恥且格，風俗良善。胡氏云道：「天生聖人代天以施教化，聖人制禮樂，代聖人以成教化，是天假手聖人，故天不言而萬物安，聖人假手於禮樂，故已不勞而教化行。」54而高祖於天下初定之際，卻行黃老而非禮樂教化，此乃胡氏所感慨惜乎未得真儒相助也。

　　至於漢高以下的名君，胡氏指出無論漢武帝、後周世宗、宋神宗，皆為有才且欲有大作為的君主，卻不依於王道，而務追逐功利，故道德、事功皆有限而無法成仁君。彼

53　《居業錄·帝王第四》，卷4，頁6。
54　《居業錄·帝王第四》，卷4，頁3。

言道：「漢武帝才足以有為，惜乎多欲；周世宗才足以有為，惜乎未學；宋神宗亦欲有為，惜乎汨於功利。人君不務學，便以禮樂制度為瑣碎不足為而欲逕趨功利。」

至於唐太宗，以英雄之姿，起兵平隋亂，多為史家所稱讚，常與漢高祖並稱漢祖唐宗，但在胡氏看來唐太宗的事功仍是為建立自身及一家的功業，而非以百姓為心。彼言道：「太宗以英武之才謀取天下，惜乎無學，未嘗窮理正心去私窒欲，以當然之理處當為之事，伸大義，救民命，故用許多智計甚為鄙陋，其立心殆與竇建德等無異。但才智勇略非建德世充所及，豈可以湯武之事望之。」並認為若太宗為仁義之君，當發仁心，為民除害而起義兵，「使其真有聖王之學，必仁義奮發，誠心誓眾，聲楊廣弒逆之罪毒流四海軍民被害之由，傳檄州郡播告天下，……不忍視賊不討，坐視生民困苦死亡而不救，願與天下豪傑共興義兵以行天討，則義士奮發，生民引領，有征無戰矣。」[55]從唐代宗以戰代征，便見出異於湯、武革命之心。胡氏的分判極為果斷中的。

若將胡氏對漢高祖及唐太宗的評論與朱子比較，二子的觀點是一致的，朱子認為：「漢高祖私意分數少，唐太宗一切假仁借義以行其私。」[56]又評太宗誅兄弟之事，論道：「太宗誅建成，比於周公誅管、蔡只消以公、私斷之。周公全是以周家天下為心，太宗則假公義以濟私欲者也。」[57]綜觀二子所論，太宗實不及漢高祖，漢高雖不標舉仁義，然順

---

55 《居業錄・帝王第四》，卷4，頁3。
56 《朱子語類・歷代二》，卷135，總頁4192。
57 《朱子語類・歷代二》，卷135，總頁4225。

質樸之性而行事；相較太宗提倡仁義，然所為卻充滿功利。
至於平隋亂亦不同於湯、武之心；而誅兄弟的作為更是與周
公有天壤之別。依據正理深入鑑別作為的真偽，便可真切分
辨高下，而不為表象的依似所蒙蔽。

　　前已提及，政之良善賴君臣相合，胡氏將歷代理想之君
臣相合分為二級，上者行王道，次者行霸道。此二類之例，
均為君臣相合無間，為天下國家共同戮力，而非個人之私。
上者指商湯重用伊尹，高宗重任傅說，文王重用太公；次之
者如齊桓與管仲，燕昭王與樂毅，高祖與張良，蜀昭烈與孔
明。58胡氏亦指出，君臣相合，各從其類。彼言道：「好道
之君方能用有道之臣，好利之君必用計利之臣」。59而彼所
言前兩類，可視為好道之君用有道之臣，只是上者所行者乃
王道，次者所從者乃霸道；至於二類之下者，君臣多以功利
相結合。胡氏以宋神宗與王安石之結合為例，指出：「宋神
宗滿朝君子，獨用安石者，以安石利心與神宗合也。如安石
憂財力困窮而言治財之道，神宗即位初便言當今以理財為急
務，此二人者利心相契，其行泉府、青苗、市易等法，雖攻
之者甚眾，終不能破二人功利固結之心也。」60神宗欲國
富，故用王安石治財之法。胡氏以功利相結視之，甚有洞
見。以此推之，秦孝公欲秦國富兵強，重用商鞅變法，亦屬

58　胡氏言道：「天下事必君臣相遇而後可以有為，上者如湯之於伊尹，高宗
　　之於傅說，文王之於太公；次者如桓公之於管仲，燕昭之於樂毅，高祖之
　　於子房，先主之於孔明，皆君臣相知相契之深。」《居業錄・帝王第四》，
　　卷4，頁1。

59　《居業錄・帝王第四》，卷4，頁5。

60　《居業錄・帝王第四》，卷4，頁5。

以功利相結合也。

君臣以利相結合的說法，正可解釋何以歷代朝堂多兔死狗烹的現象。胡氏解釋功臣多不善終之故，言道：「蓋其始初君臣只是利心相合，未嘗以道合。其所為者多權謀智計，未嘗以道義匡其君，故其君亦以權謀智計待之。或君忌其能，臣挾其功欲保其終，豈不難哉！」[61]既然君臣以利相交，一旦無共利，便以權謀智計相待。如吳王闔閭之於伍子胥，越王勾踐之於文種，漢高祖之於韓信，皆此類也。反之，若君臣以道相交，儒者以道事君，結果自然是正面的。胡氏云：「儒者只務引其君當道，道既行則可以保天下之民，豈不能保其身乎？」

關於三代以下人臣，胡氏尤推崇三國的孔明。彼言道：「誠欲救生民，安天下，而致先王之治也。孔明之心正大，以興復漢室為事，頗似庶幾。」[62]並比較孔明與司馬懿的高下，言道：「諸葛孔明、司馬懿智勇相等，只是孔明公平正大之氣，非懿所能敵。故懿舉中原之兵，不能當偏蜀之師，那時不敢出戰，軍師已喪氣，孔明三年不死，懿成擒矣。」又曰：「孔明屯田足食，因其土以為耕，因其民以為眾，推恩立信以鎮撫之，吾氣既壯則賊氣自奪。」[63]胡氏推崇孔明，以其光明正大之心，並有救民、安天下之志。雖然其才與司馬懿不相上下，然其謀略遠矣。

至於後世所推崇的張良，胡氏認為張良所學者乃黃老之

---

61 《居業錄·帝王第四》，卷4，頁12。

62 《胡敬齋集·寄夏憲副正夫》，頁36。

63 《居業錄·帝王第四》，卷4，頁11。

術，其智謀、處世、進退皆本於黃老，並認為黃老之術本於私利，不如聖賢之學本於公。彼言道：「先儒言張子房平生事業皆自素書中出，此誠然也。蓋其權謀智術，處身處事，進退行藏，與素書無一不合，後世智謀之高妙無出於此。……以此論之黃張之道不出一私字，聖賢之道不出一公字。」[64]胡氏的說法是以道德標準來論斷張良的功業。張良所為確實與聖賢之學不同，然亦不同於功利之臣，而胡氏所言之私，筆者以為不可逕理解為個人私利，畢竟張良無求個人功名，若欲言私，可就人為刻意之心及為韓復仇之心論之，此不同於聖賢一出愛民之公心，純任天理自然，故胡氏即此而言私也。

對比朱子論張良與孔明，朱子認為孟子以後人物，只有子房與孔明，[65]並指出張良本於老學，孔明出於申、韓，彼言道：「子房分明是得老子之術，其處己、謀人皆是。孔明手寫申、韓之書以授後主，而治國以嚴，皆是此意。」[66]對於二子，朱子尤推崇孔明，甚至認為孔明有儒者氣象，主要是肯定孔明之功業一出於公，出於義，後世難與之相匹。朱子認為所可惜者在於孔明所學本於法家霸道思想，故思想不盡純正，即此而稱未能盡善。[67]綜合二子論張良、孔明，皆

---

64 《居業錄・帝王第四》，卷4，頁9。

65 《朱子語類・歷代三》，卷136，總頁4212。

66 《朱子語類・歷代二》，卷135，總頁4195。

67 朱子云：「諸葛孔明大綱資質好，但病於粗疏。孟子以後人物，只有子房與孔明。」「但孔明本不知學，卻是駁雜子，然卻有儒者氣象，後世誠無他比。」「忠武侯天資高，所為一出於公。若其規模并寫《申子》之類，則其學只是伯。」「諸葛孔明天資甚美，氣象宏大，但所學不盡純正，故

認為孔明較近於聖賢之學，肯定其欲救民以安天下之公心，及以義為依歸之做法。而張良則受黃老之學影響，只顯其智謀相，而未見明顯的安天下之心志。

胡氏對於佐君之臣是以真儒為理想，並認為漢武帝時之董仲舒，雖為大儒，然見道不明，無法去君之私欲，以行王道。彼言道：「漢武帝志高才雄，慨然欲大有為，彼時若董仲舒本領純正，庶幾王者之佐。然見道亦不甚分明，亦無以使漢武實下手做工夫以去私欲而復天理，故漢武雖以有為之姿終為物欲所勝而不克成也。」且以宋神宗為例指出，若宋神宗重用真儒程明道以執政，便能復三代之政。彼言道：「宋神宗天資明敏，奮然有為，當時有程子等真聖賢之佐，惜乎為王安石所間。……若使明道為相，安石為參佐，亦可有為。明道才大德盛，行道濟時，復三代之治如反掌。」[68]

胡氏的說法，背後有著深深的無奈，在帝皇專制的制度下，人臣是否有所作為，完全取決於君。若君王重王道，必用聖賢之臣；若重霸道，則用事功之臣；若重私利，則用功利之臣。賢如孔子，不得魯君、齊君之重用；連賢明的周公亦嘗遭受成王的疑慮。歷代不遇時之賢才多矣，實因賢君難得矣。若有仁心之君欲行仁政，得天下賢才之輔佐，王道自然大行。故胡氏批評董仲舒見道不夠分明，不能正君之失，恐過於求全責備，面對漢武絕對君權，武帝自身不覺醒，為人臣者豈能扭轉其心性？於此胡氏的說法，須加以修正，唯

不能盡善。」「三代而下，以義為之，只有一個諸葛孔明。」《朱子語類‧歷代三》，卷136，總頁4212、4214、4223。

68 《居業錄‧帝王第四》，卷4，頁6。

有正視君權的強大，方能見出人臣身份的圍限；只有君君、
臣臣，各盡其道，方能行王道矣。

五、結論：以聖賢之學經世致用

　　胡氏身處明代英宗、景帝、憲宗三朝，其間發生許多重
大事件：英宗遭也先所俘，英宗奪帝景帝之位復辟，殺忠臣
于謙；憲宗朝，萬貴妃專橫後宮，設西廠，而宦官汪直、梁
芳專權貪污，皇莊與民爭利，傳奉官紊亂官制。[69]面對時局
昏亂，志於聖賢之學的胡氏，豈能不憂心？

　　若後人逕以胡氏入吳康齋門而絕意仕進，便認為胡氏之
學乃狹隘的外王學，空言理而不能實行，則未免小識胡氏之
志。從胡氏論著中，可明顯見出其胸懷天下之大心。對於時
弊，胡氏提出三大復古政策以對治之：重農行井田制、重學
校之教、寓兵於農。[70]重農以養民，重學校之教以救科舉之
弊，寓兵於農以減百姓負擔。

　　這些復古之說，不同於迂儒之見，迂儒多不知變通，而
胡氏則強調治國之道有常有變，不變者常道、常則，可變者
法律制度。彼言道：「五倫萬古不易之道，經界萬古不易之
利，人才萬古為治之本，法度則可因時損益。」胡氏認為，

69　參考陳時龍、許文繼，《正說明朝十六帝》（臺北：聯經出版社，2005
　　年），頁109~164。
70　胡氏云：「君道在養民，井田不可不復古；教民之道在學，故學校當復
　　古；兵民既分，食者眾，生者寡，故寓兵之法必復古，三者復古，其餘則
　　隨時斟酌以適宜可也。」《居業錄・古今第五》，卷5，頁12。

常道、常則古今相通為一，此為治國之本；至於法律、制度若不能因革損益，則反成惡法，而違背養民、愛民之常道，故須因時代風氣、人事變化加以調整，以益於萬民作為衡量標準。對於常與變之抉擇與作法，胡氏言道：「今人多言古道不可行於今，此乃見道不明，徇俗苟且之論。古今之道一也，豈有可行於古不可行於今？但古今風氣淳漓不同，人事煩簡有異，其制度文為不無隨時斟酌而損益之。若道之極乎天地，具于人心者，豈有異哉？不能因時損益以通其變者，正為道不明也。」

清儒張伯行亦肯定胡氏的主張，並言道：「至於井田、封建，推先王至公之心，謂得人為必可行。教養人材，取明道學校之劄；謂周官為必可復，又皆有體有用，內聖外王之學，豈迂儒之執見哉！」[71]然而即使能重常道，行合宜的法度，仍無法成就善政，良法須得賢才方能成善政。故胡氏言道：「苟非其人，道不虛行。縱有良法美意，非其人而行之，反成弊政；雖非良法，得賢才行之，亦救得一半，人、法皆善治道成矣。」[72]從胡氏肯定程明道，並言宋神宗若能以明道代王安石為相定能復三代之治便可見出。彼認為賢才最理想的是真儒，「欲道之行，治之善，非真儒不能。」[73]

胡氏本身有德有才，然卻未見用於世，一方面取決於君相，另方面是自身的抉擇，既然未得君相重用，自無法行道於世。對胡氏而言，若不能推行個人理想，自身亦不屈從以

---

71 《居業錄》〈原序〉。
72 《居業錄・古今第五》，卷 5，頁 1。
73 《居業錄・聖賢第三》，卷 3，頁 16。

迎合當道。故胡氏終身致力於學校之教，其目地便在為國家育才，即此而言，其出處進退是合於真儒，窮則修身，進則行道，是胡氏以具體作為，實踐個人主張。

　　明人蔡世遠嘗論胡氏：「使其立朝，則伊川經筵之疏，橫渠召對之言，斷可為敬齋信之也。且使敬齋少貶其道，以徇於人勢位，豈不可立致哉！然終不肯以彼易此者，見理明而浩然之氣勝也。」[74]門人余祐亦言：「先生之道本欲施之天下國家，……奈何卒與時違，未獲小試，乃不得已而有是錄。」[75]清人張伯行亦言：「敬齋則隱約終身，一似獨善自樂，無意於世也者，詳其底蘊，詎止此哉！……以先生為明儒之最醇而且信豪傑之士，希志聖賢，雖一介而必彰用。」[76]此數語均為深知胡氏之言。綜觀胡氏一生，志於聖賢之學，致力行聖賢之道，稱之為明代醇儒，當之無愧。後世有志聖賢之學者，可引為典範，終身師法之。

74　《居業錄》〈蔡序〉。

75　《居業錄》〈余序〉。

76　《居業錄》〈原序〉。

從《易經蒙引》論蔡清疏解《周易本義》的作法及太極義理的轉折

一、前言

　　蔡清（字介夫，號虛齋，1453-1507）為明代重要的經學家，尤致力於《易》，撰成《易經蒙引》[1]一書。關於蔡清的學術淵源及《蒙引》[2]對《周易本義》的解釋，《明儒言行錄》嘗記道：「其學祖六經，宗《四書》，以宋四儒為嫡派。平生精力，盡用於《蒙引》二書，闡精發蘊，繭絲牛毛莫喻也，亦時發獨見。學子請益，所至，坐恒滿。《易》義趣深到，四方學宗師之，曰：『虛齋說也，不敢變。』時人為之語曰：『欲易明，問蔡清。』」[3]至於影響方面，《明儒學案》指出蔡清釋經成果至清初仍受學者的重視：「其釋經書，至今人奉之如金科玉律。」[4]

　　至於命名為「蒙引」的用義，雖然《易經蒙引》、《四書蒙引》未見說明，然考察蔡清著作，見〈題蒙引初藳序〉一

1　關於《易經蒙引》一書，有三種稱法，《明儒言行錄》、《明儒學案》稱《易蒙引》，《經義考》、《欽定續文獻通考》稱《周易蒙引》，《四庫全書》、張廷玉等之《明史》稱《易經蒙引》。然依據《經義考》引蔡清子蔡存遠之說法：「為此將臣父蔡清所著《易經蒙引》每部二十六冊，正、副二部共五十二冊」，可確定最早該書是稱為《易經蒙引》，本文採此書名。

2　為使行文簡潔，故自此處以降，《易經蒙引》皆簡稱《蒙引》。

3　清・沈佳，《明儒言行錄》第 2 冊（臺北：臺灣商務印書館，1972 年《四庫全書珍本》三集），頁 27~28。

4　清・黃宗羲，〈諸儒學案上四〉，《明儒學案》（臺北：臺灣中華書局，1984 年），卷 46，頁 6。

文，文中提及「欲終棄置，則一得之見，或有資於童蒙。」[5]
故可確定，「蒙引」一詞指的是指引童蒙的意思。此乃為蔡
清謙稱之詞，與宋・朱子、蔡元定、蔡沉之《易學啟蒙》、
清・陳訏之《勾股引蒙》近似，以「啟蒙」、「引蒙」名書，
其謙稱之義相同。

　　關於《蒙引》的卷數問題，《欽定續文獻通考》與文淵
閣《四庫全書》、《欽定續通志》[6]皆主張該書為十二卷。《千
頃堂書目》亦記載：「蔡清《周易蒙引》十二卷」下加一小
註：「嘉靖八年十月清子直隸松江府推官蔡存遠奏進頒
行。」[7]所異者有清・張廷玉等撰《明史》及清・朱彝尊
《經義考》主張《蒙引》有二十四卷。[8]

　　考察現今所見兩種《蒙引》版本，其中一個版本為明末
宋兆綸重訂《重訂蔡虛齋先生易經蒙引》的刻本[9]，這是目
前所見最早的版本，現僅存六卷。該書缺少 64 卦後面的 17

5　明・蔡清，《虛齋集》，（臺北：臺灣商務印書館，1977 年《四庫全書珍
　　本》七集），卷 3，頁 49。

6　《欽定續通志・藝文略・經類第一・易》，《影印文淵閣四庫全書》「史
　　部」第 152 冊（臺北：臺灣商務印書館，1986 年）記載：「《易經蒙引》
　　十二卷」，卷 156，頁 4，總頁 456。

7　清・黃虞稷，《千頃堂書目・易類》（上海：上海古籍出版社，1990 年），
　　卷 1，頁 2。

8　《明史・志・藝文一》記載：「蔡清《周易蒙引》二十四卷」清・張廷玉
　　等撰，楊家駱主編，《新校本明史并附編六種》（臺北：鼎文書局，1975
　　年），卷 96，頁 2345。清・朱彝尊，《經義考》（北京：中華書局，1998
　　年《四部備要》本），頁 276。

9　明・蔡清，《易經蒙引》（臺北：成文出版社，1976 年無求備齋《易經集
　　成》本），前六卷取明刻本《重訂蔡虛齋先生易經蒙引》，自井卦以降則
　　以《影印文淵閣四庫全書》本補之。

卦，及〈繫辭傳〉、〈說卦傳〉、〈序卦傳〉、〈雜卦傳〉。就現有各卷判斷，除卷一僅含 2 卦，其餘各卷：卷二共 12 卦、卷三共 9 卦、卷四共 7 卦、卷五共 8 卦、卷六共 9 卦，依各卷狀況推論，後面缺少的部分應為六卷，因此，總篇數不可能為二十四卷。

《蒙引》另一版本為文淵閣《四庫全書》本，其卷數亦為十二，與明刻本不同處在於，各卷皆分上、下。若將各卷上、下分別視為一卷，則可稱為二十四卷。此可作為《經義考》與《明史》所載卷數較明刻本多一倍的一種解釋。10

至於蔡清所採取《本義》的版本，宋兆綸重訂《重訂蔡虛齋先生易經蒙引》與文淵閣《四庫全書》本，均是採經傳合一的版本，而非經傳分離的朱子原本。

關於蔡清著《易經蒙引》之用意，今人朱伯崑先生指出蔡清的用意在於「不同意當時官方頒布的《周易大全》」，並指出蔡清所不同意者在於「《大全》所收程朱易說，……只是羅列其有關文句，不加分析，不辨義理，不敢有所同異。」朱伯崑先生論斷的依據有二，一是《易經蒙引》釋乾〈彖〉中一段評論《大全》的一段文字，「愚嘗竊謂《易經大全》及今所刊行《本義》俱欠更張，蓋自國初諸老收《大全》時偶失權度，而學者至今多不知有古易矣。主司以此而搭題，士子依之而綴文，殊未安也。」二是蔡清釋〈繫辭上傳〉一段關於參考朱子說法的態度，「大抵讀書須要酌以真理，不可全信耳目，全憑故紙，雖朱子之說，亦不能無未盡

---

10 該處承蒙中央大學中文系致文孫助理教授指正，提出在明代刊刻卷數可能出現與原著卷數不同的狀況，此意見非常珍貴，在此特致謝忱。

善處。」[11]細觀此二段文字，第一段論述可見出蔡清對《大全》確有不滿，而第二段論述，考察蔡清原意，實是針對朱子《啟蒙》與《本義》二書而說的，而朱伯崑先生卻據此指出「對當時官方倡導的程朱理學的典籍《四書五經大全》的挑戰。」[12]對於朱伯崑先生所提出的挑戰說，就他所引這段文字來看，純是針對朱子著作而論，並未涉及《大全》，實無法作為挑戰說的有力證據。雖然如此，朱伯崑先生的說法仍可視為一種可能的推斷。

明‧何喬遠（字稚孝，號匪莪，1558～1632）則指出蔡清著《易經蒙引》之用意在於探求朱子註《易》之原義，彼言道：「虛齋……其言曰：『宋儒之道，至朱子始集大成，朱子之學不明，則聖賢之道不著』，故與其徒著《四書蒙引》、《易蒙引》諸書，皆推原朱子之意。」[13]何氏的說法是將《易經蒙引》視為解釋、發揮《本義》的著作，此說法亦可視為蔡清著書的可能用意。

蔡清之子蔡存遠對該書之目的提出另番說法：「專意講《易》，……悼世俗之見，執泥象辭，而支離於形下，宗程朱之言，研究陰陽，而特達於虛中。觀先天、後天而漸悟，洞太極無極以深造。手不停披，迄裁眾說，積有成編，僭名《蒙引》。」[14]依蔡存遠的說法，其父所著《易經蒙引》是以程朱義理導正當時執於《易》象不重義理，並將重點放在陰

---

11 該段關於朱伯崑先生之說法均引自朱伯崑，《易學哲學史》修訂本第三卷（臺北：藍燈文化事業，1991 年），頁 121、122。

12 《易學哲學史》修訂本第三卷，頁 122。

13 引何喬遠語，見《明儒言行錄》第 2 冊，頁 28。

14 《經義考》，頁 276。

陽及太極的形上義理。考察該書，確實多處關聯程朱義理，
且對陰陽、太極著墨甚多，[15]故此說法雖不能作為唯一理
由，卻可視為可能原因之一。

　　對於《易經蒙引》的成書目的，因蔡清本人未說明著述
意圖，諸儒只能從蔡清書中說法及著作的具體表現作出推
斷。何喬遠與朱伯崑先生的說法可提供出一條研究方向——
即考察《蒙引》與《本義》間的關聯性。其中，蔡存遠的說
法指引出一條研究《蒙引》的途徑，即蔡清在《易經》義理
方面的承繼與開展。故本文擬依上述諸說的指引，分別考察
《蒙引》如何疏解《本義》，另方面考察《蒙引》對重要義理
是否有新的開展，尤其是對太極的解釋，以此建立出一條掌
握蔡清《易》學特色的可行路徑。

二、《蒙引》未列易圖然不廢易圖價值

　　考察《蒙引》與《周易大全》[16]的差別，在易圖部分，
目前所見兩種《蒙引》版本均未收錄九個易圖，更未如《大
全》引諸說附於圖後。對於《蒙引》與《大全》作法的差
異，值得探究背後的因素。

　　首先，可先考察《本義》[17]原始版本是否附有易圖。關

---

15 此部分朱伯崑先生多所述及，故於此不再贅述。

16 明・胡廣、陳仁錫同撰，《周易大全》（臺北：成文出版社，1976 年無求
　　備齋《易經集成》第 43 冊，據明建陽坊刻《五經大全》本影印），頁
　　43~48。

17 為使文字簡潔，全文將朱子《周易本義》簡稱《本義》。

於此問題有兩派說法，一派為清・王懋竑主張的《本義》原無易圖，一派為宋・陳振孫、宋・王應麟所主張《本義》有易圖[18]。

　　考察現今《本義》諸本，較早的咸淳吳革刻本，書前附有九易圖。至於宋元之際與《本義》相關之《易》著，如宋・董楷《周易傳義附錄》、元・胡一桂（字庭芳，號雙湖先生，1247-?）《周易本義附錄纂注》、元・胡炳文（號雲峰，1250-1333）《周易本義通釋》[19]僅載《本義》的文字，未收錄易圖。唯元・熊良輔《周易本義集成》除八個易圖外（少了卦變圖），另加入三種太極圖、「大衍天一至地十圖」、「卦序圖」。《大全》本所依據版本為元・董真卿的（字季貞）《周易會通》，二書均附有朱子九圖，《大全》又另附上胡一桂所畫的易圖。[20]綜合論之，除熊良輔、董真卿的著作外，其餘作品並沒有附九易圖。對於《本義》是否附易圖所以出現爭議，實因該書出版時出現各種版本混亂狀況所致，至今學界仍無法確定《本義》原本是否附有九圖。[21]

18　宋・朱熹，《周易本義・附錄二・著錄・直齋書錄解題》與《著錄・玉海》（《朱子全書》第 1 冊，上海：古籍出版社、合肥：安徽教育出版社，2002 年），頁 178。

19　以上三書見於《通志堂經解》（揚州：江蘇廣陵古籍刻印社，1996 年）第 3 冊、第 4 冊。

20　元・熊良輔，《周易本義集成》，《通志堂經解》第 4 冊，頁 118~121；《周易會通》，頁 189~198。

21　宋・朱熹，《周易本義》（原本），本文所採版本乃《朱子全書》第 1 冊（上海：古籍出版社、合肥：安徽教育出版社，2002 年），該書以北京圖書館所藏南宋吳革刻本為底本，並參校該館所藏宋甲本諸版本而成。該書之編排方式為先經後傳，屬朱子原本。此處相關考據可參考《周易本義》，頁 7。

　　《蒙引》未如《大全》於經文前附上九個易圖，僅於經文中的坤卦辭「西南得朋，東北喪朋」附上「文王八卦方位圖」，22 及益卦附上「文王八卦方位圖」並將八卦結合五行。23其餘僅有文字論述，及說明的解析圖，〈繫辭傳〉、〈說卦傳〉中「河出圖」、「洛出書」及「天地之數」、「天地定位、山澤通氣……」等處，論及河圖、洛書、圓圖、橫圖、先天圖、後天圖及卦變圖。甚至於〈繫辭上傳〉第九章24，加入周敦頤「太極圖」中一部分的五行圖，以及金木水火間陰陽盛弱之關係的二個圖，並有五行之數圖、五行之位圖、「五行之數配六、七、八、九、十之圖」共六個圖。

　　《易》並未於經文前附上九易圖，是否意味蔡清否定易圖？關於此問題，以下將詳論之。蔡清繼承朱子肯定河圖、洛書，一方面認為伏羲《易》參考河圖、洛書，且圖十書九的主張亦與朱子相同。25彼亦支持朱子「《易》歷四聖」的說法，以及先天圖、後天圖的區分，伏羲作先天橫圖、圓圖，文王作「震東、兌西、離南、坎北」的後天圖26。對於伏羲先天圖，蔡清認為橫圖、圓圖所著重者在易之全體，而

22 《蒙引》，頁 197。

23 《蒙引》，頁 1100。

24 《蒙引》，《影印文淵閣四庫全書》「經部」第 23 冊（臺北：臺灣商務印書館，1983 年），卷 10 上，頁 28、30、31，總頁 619、662~663。本篇有關《蒙引》之引文，若為《易經集成》本所缺的部分，則引《影印文淵閣四庫全書》本的內容，並頁 624~625。

25 《蒙引》，《影印文淵閣四庫全書》本，卷 10 上，頁 18~19，卷 10 下，頁 40，總頁 619、662。

26 蔡清云：「《易》大抵《易》更四聖，有文王之《易》、有伏羲之《易》、有周公之《易》、有孔子之《易》，不必盡合如此。卦以西南為陰，東北為陽，是文王後天卦位，文王已與伏羲不同矣。」《蒙引》，頁 199。

非如易辭限定在濟民經世上，而邵雍《易》學便是著重在伏羲之先天《易》，而不重卦、爻辭。[27]

　　對於《蒙引》書前未附易圖的問題，較合理的推斷，一種是蔡清採取的《本義》版本，書前並未附易圖；另種可能推斷是《蒙引》所重在疏解朱子注，而非易圖，故不附於書前。雖然《蒙引》書前未附易圖，但可以確定的是，蔡清承認易圖，並接受邵雍及朱子對易圖的諸多主張。

　　此外，蔡清並對伏羲易圖何以異於現今所見《易》本將各卦畫與易辭結合，提出解釋。彼由卦、爻辭內容幾與經國濟民相關，故推斷出文王、周公重在經世，與伏羲易圖重易之全體，各有偏重，遂有不同作法。此雖屬蔡清推斷語，然言之成理，亦值得參考。

三、《蒙引》以己意並參酌眾說
疏解《本義》

　　謝廷讚〈序〉言道：「虛齋先生佐之以《蒙引》一書，

---

27 蔡清云：「古《易》六十四卦不如後世之折分為六十四處，只是橫圖與圓圖而已。圖上或更好看，於吉凶意亦自明白也，後世聖人繫辭時則不容不逐卦折出看矣。」「邵子之學全在先天圖上，更不拈起文王周公易辭，蓋文王、周公是已狹了，為其急於濟民而不暇及上面一層也，況聖人皆罕言性與天道，故易中曰涉川、曰婚媾、曰攸往、至於畜牝牛、田有禽之類，亦都説在只是因貳以濟民行上急也，故不及易之全體，所以邵子常置易辭不講，一生用力多在卦畫上。」《蒙引》，《影印文淵閣四庫全書》本，卷9上，頁53，總頁567。

為《本義》之疏」[28]，此說將《蒙引》定位在疏解《本義》之作。《明儒學案》指出《蒙引》重在訓詁，言道：「繭絲牛毛不足喻其細也，蓋從訓詁而窺見大體。」[29]《四庫總目提要》則云《蒙引》並未全依朱意，然卻能發明朱意，「是書專以發明朱子為主，……清不全從《本義》，而能發明《本義》者，莫若清。」[30]朱伯崑先生亦提出一致的看法，言道：「此書的重點是依《本義》注，闡發程朱派的易學哲學，對朱注字字推敲。」[31]並認為《提要》論《蒙引》異於《本義》處，僅言於文字訓詁的部分，又提及蔡清所論《易》何以分成上下經的說明，朱伯崑先生認為在《蒙引》文字訓詁的表現，及與對《易》分為上下經的說明，均非該書的特點所在。

　　《蒙引》雖重對《本義》作疏解，然卻非僅取朱子一家之言，其中援諸子《易》說，如宋‧程頤《易傳》、宋‧邵雍（字堯夫，1011-1077）、宋‧張載、宋‧李舜臣[32]（字子思）《本傳》、宋‧蘇軾（字子瞻，1037-1101）《蘇氏易傳》。宋‧楊萬里（號誠齋，1127-1206）《誠齋易傳》、宋‧蔡淵（號節齋，1156-1236）《周易卦爻經傳訓解》、元‧吳澄（字幼清，1249-1333）《易纂言》[33]、元‧胡一桂[34]《周易本義附

28　《經義考》，頁 277。

29　《明儒學案》，卷 46，頁 6。

30　《四庫全書總目‧易經蒙引》，清‧永瑢、紀昀等撰，《四庫全書總目》（北京：中華書局，1995 年武英殿本），卷 5，頁 28。

31　《易學哲學史》，修訂本第三卷，頁 122。

32　《蒙引》稱之為「隆山李氏」。

33　《蒙引》稱之為「臨川」，或稱之「臨川吳氏」。

錄纂疏》、元‧胡炳文《周易本義通釋》、元‧董真卿《周易
會通》、元‧梁寅（1309-1390）《周易參義》等。以引文數量
觀之，除《本義》外，較多者分別為，引程《傳》約二百三
十餘處，引梁寅《參義》約一百一十餘條，引胡雲峰之說者
約八十條。

　　對照唐‧孔穎達《周易正義》[35]疏解魏‧王弼《易
注》，《正義》以王弼《易注》為底本，加以解釋，也參考引
用其他漢《易》作為補充，並加以辨析。《蒙引》雖以《本
義》為核心，擴及與宋《易》相關的元《易》與明《易》，
但亦不偏廢漢儒所重《易》與節氣、曆法相結合的作法。

　　前面曾分析朱伯崑先生論《蒙引》乃「對當時官方倡導
的程朱理學的典籍《四書五經大全》的挑戰。」《蒙引》的
作法明顯異於《大全》。《大全》屬纂集眾說的「纂注」體作
法，以程子《易傳》、朱子《本義》為底本，以程、朱他書
之說，與其他《易》家說法以小註附於下，重在匯集相關文
獻而不加辨析。而蔡清作法實異於此，是以疏解《本義》的
方式，傳繼朱子《易》學。

34　《蒙引》引胡氏父子之說法，稱胡一桂為胡氏，稱胡炳文為雲峰，藉以區
　　隔之。
35　魏‧王弼注，唐‧孔穎達疏，《周易正義》（臺北：藝文印書館，1989 年
　　影印清嘉慶二十年南昌府刊《十三經注疏校勘記》本）。

四、承繼朱子易學觀並定位《易》 為以道義論吉凶的經書

　　蔡清對朱子《易》學觀的承繼，包括《易》為卜筮之書、四聖相繼作《易》、於卦爻辭區分象占，此三點均為蔡清所認同。[36]

　　然對於《易》為卜筮之書與象占這兩點，蔡清將朱子說法稍作調整。對於《易》為卜筮之書，蔡清於卜筮之外，另強調「以道義配禍福」的觀念，彼言道：「易雖主卜筮，然以道義配禍福，與他術數書不同，所以為經也。」[37]此見出蔡清認為《易》為卜筮之書，然其內容並非純論吉凶禍福，而本於道義而論吉凶，《蒙引》在這方面的發揮較《本義》為多。

　　再以坤䷁卦辭「主利」為例，《本義》曰：「陽主義，陰主利」[38]，蔡清提出主利便不主義，並加以解釋。一方面說主利並非指貪欲，另方面又說不主義並非不可為義，而是指陰之才不足以斷制天地、家政、國政，故當安於扮演地道、

---

36 關於四聖相繼作《易》，蔡清嘗言：「大抵易更四聖，有文王之易，有伏羲之易，有周公之易，有孔子之易，不必盡合。」《蒙引》，頁 199。關於象占，蔡清言道：「《易本義》立象占二字，盡著卦之始終矣。」《蒙引》，頁 57。

37 《蒙引》，頁 43。

38 《本義》，頁 32。

妻道、與臣子之道。39正因蔡清所重不在卦、爻辭中的吉凶
禍福，而是卦畫及卦、爻辭背後所蘊涵的形上性命之理，40
故相較《本義》逕就卦、爻辭內容解釋，而義理闡釋較少的
作法，蔡清在義理的發揮上明顯多於《本義》。

　　至於象占，朱子將卦、爻辭內容區分為象辭、占辭。以
乾卦▤為例，《本義》曰：「文王以為乾道大通而至正，故於
筮得此卦而六爻皆不變者，言其占當得大通而必利在正固，
然後可以保其終也。」釋初九「潛龍，勿用」，言道：「初陽
在下，未可施用，故其象為潛龍，其占曰勿用。」41

　　蔡清較不重占用，彼指出乾「元亨利貞」便是從乾道大
通而至正上來，又言「乾卦卦辭只是要人如乾樣。」42雖承
朱子言「乾道大通而至正」，卻未如朱子言占筮結果若無變
爻即可用此占。對於朱子將乾六爻爻辭區分象、占，蔡清認
為「蓋初九時乎潛也，……是以君子亦當如之而勿用也，如

39　蔡清言道：「《語錄》云：『占得這卦便主利這事』，利這事之說，愚謂亦須
　　看是何等事，若欲建大事、立大功，如建侯、行師之類，終不利也，須是
　　農、工、商賈等事方可保其利。」又曰「但云主利便見不主義矣。」「所
　　謂主利者，非貪欲也，家人所謂富家云耳。所謂不主義者，非謂不可為義
　　也，義主於斷制，陰之才所不足也。」「夫子制義如婦人主張家政，則便
　　為牝雞之晨，可見主利不主義者也，地道也、妻道也、臣道也。」《蒙
　　引》，頁 194~195。

40　蔡清言道：「易者窮理盡性以至於命者，尋常看易只見得是吉凶悔吝之辭
　　而已，安得有性命在？其實《易》中無一句一字不在性命上來。如乾『元
　　亨利貞』則自乾道大通至正上來，坤自『元亨，利牝馬之貞』以下無一字
　　不從陽全陰半道上來也。伏羲卦畫亦然，蓋《易》中所有都是下一層
　　者，其實一畫一字都有上一層道理在，所謂『形而上者謂之道』，諸卦皆
　　然。」《蒙引》，頁 202。

41　《本義》，頁 30。

42　《蒙引》，頁 42、46。

此說意思自員活，亦不拘拘於象占之分，但以身在潛而勿用耳。」43對於各卦之卦、爻辭，蔡清未如朱子廣泛地區分象、占，此為二子釋經作法的相異處。

即此可見，蔡清並未如朱子強調占筮之用，而是將《易》定位在以道義明吉凶的經書，重心落在道義二字，六十四卦的卦辭便是各卦所包含的個殊義理。雖然亦承朱子言《易》為卜筮之書，亦肯定象占之說，但表現卻不同。彼言道：「象在卦，占以著；卦者易之體，著者易之用，缺一非易也。」44亦即占筮屬於用《易》，亦屬《易》的一部分。蔡清所重在深刻體悟並實踐卦、爻辭中的蘊含的道義，便能於立身處世清明而不惑。

雖然蔡清疏解《本義》，不盡取朱子用占的說法，但仍接受用《易》的觀念。既然說到用《易》，必然關聯效驗的認定。彼言道：「凡今卜筮，每每有奇中者，實皆神之所運也，有其誠則有其神矣。」45卜筮結果非人所能主導，有神意在其間，然此神意在蔡清看來是占卜者誠心所致。然而，誠心占卜，亦可能出現與所問之事不相應的情況，彼言道：「今雖有卦爻辭而筮得之者，往往有與所問之事全不相應者，將如之何？看來神而明，存乎其人，猶須觀象以通其變也。」46蔡清提出的解決之道便是「觀象通變」，透過對卦、爻辭深入分析融會便能化解不相應的問題。

---

43 《蒙引》，頁 176。
44 《蒙引》，頁 57。
45 《蒙引》，頁 50。
46 《蒙引》，頁 48。

綜合上述，蔡清雖肯定朱子言《易》為卜筮之書及象占之說，然深入分析後可發現蔡清已稍作調整，其一，彼強調《易》為卜筮之書，然不同於數術之書，而是以道義明吉凶的經書；其二，雖然卦、爻辭有許多占辭，然其目的仍在於對人行事作義理常道性的指點，而不在事件指點吉凶禍福。蔡清亦主張《易》有體與用，明經屬《易》之體，用經屬《易》之用，以誠意的態度相應而深刻體《易》並踐履之，便漸能洞悉人情事理，於所遇時機表現恰當言行，不待江湖術士神機妙算，自能趨吉避凶矣。

五、《蒙引》對《本義》釋卦名的疏解

在論及《蒙引》如何疏解《本義》前，先說明《本義》如何注經。在卦名解釋部分，朱子解釋每個卦名的意義，如「乾者，健也」、「坤者，順也」、「屯者，難也；物始生而未通之意」、「蒙，昧也」、「需，待也」、「訟，爭辯也。」

其次，朱子致力於解釋卦畫與卦名間的關聯。除了四卦僅釋卦義外，晉卦䷢「晉，進也。」升卦䷭「升，進也，上也。」漸卦䷴「漸，進也。」豐卦䷶「豐，大也。」[47]其餘六十卦朱子皆解釋卦畫與卦名二者之關聯。

朱子的解釋方式有兩大類：一是以上下二體之卦解釋之，或取卦象或取卦德；一是由六畫之卦象整體論之。朱子

47　《本義》，頁 62、72、78、79。

認定六十四卦是由三畫卦相重而成，故多自上下二體之卦象、卦德解釋卦名，此作法是援用《易傳》〈彖〉、〈象〉解經作法。乾卦☰為六十四卦之首，朱子先明確指出六畫卦乃伏羲所畫，並指出六畫卦乃由三畫卦相重而成，而三畫卦之基礎又在陽爻與陰爻。陽爻與陰爻，以數而言，則稱為奇、偶，此乃伏羲仰觀俯察，見天地萬物是由陽、陰兩種物質或特性所構成，故畫出「—」以象徵陽，「--」以象徵陰。[48]

　　朱子分別對三畫八卦作出解釋：1. 乾：乾卦☰中三畫乾由三陽爻所組成，其卦德為健，其象為天；2. 坤：坤☷中三畫坤由三陰爻所構成，其卦德為順，其象為地；3. 震與坎：屯☵由震坎相重而成，震乃「一陽動於二陰之下，其德為動，其象為雷」，坎則「一陽陷於二陰之間，故其德為陷、為險，其象為雲、為雨、為水。」4. 巽：小畜☴上卦為巽「一陰伏於二陽之下，故其德為巽、為入，其象為風為、木。」5. 離：同人☲下卦為離，「一陰麗於二陽之間，故其德為麗、為文明，其象為火為日、為電。」[49] 6. 艮：蒙☶上卦為艮，「一陽止於二陰之上，故其德為止，其象為山。」並於艮☶補充解釋何以三畫艮的卦德為「止」，卦象為「山」：「陽自下升極上而止也。其象為山，取坤地而隆其上之狀。」7. 兌：履☱下卦為兌，「一陰見於二陽之上，故其德為說，其象為澤。」並於兌☱解釋何以三畫兌的卦德為「說」及卦象為「澤」：「兌說也，……喜之見乎外也。其象

---

48 《本義》，頁30、32。
49 《本義》，頁30、32、33、39、43。

為澤，取其說萬物，又取坎水而塞其下流之象。」[50]

至於由六畫卦象整體解釋卦名者，又可再細分數種類型：

其一，對於一陰、一陽之卦，除剝☶、復☷、姤☴、夬☱外，其他各卦則說明主爻與其他各爻的關係。用此例者有六卦：師☷、比☵、小畜☴、同人☲、大有☲、豫☳。[51]

其二，以六爻所呈現出的圖象論之，又可分為具體圖象與抽象圖象。表現具體圖象者有三卦：1. 噬嗑卦☲「卦上下兩陽而中虛，頤口之象；九四一陽間於其中，必齧之而後合。」2. 頤卦☶「上下二陽，內含四陰外實內虛」，3. 鼎卦☲「下陰為足，二、三、四陽為腹，五陰為耳，上陽為鉉，有鼎之象。」[52]

至於表現抽象圖象者有四卦：1. 大過卦☱「四陽居中過盛，故為大過。」2. 困卦☱「九二為二陰所揜，四五為上六所揜，所以為困。」3. 中孚卦☴「二陰在內，四陽在外，⋯⋯以一卦言之為中虛。」4. 小過卦☳「四陰在外，二陽在內，陰多於陽。」[53]

其三，利用十二消息卦陰陽消長的關係說明之，用此例者有九卦：泰☷、否☰、臨☷、剝☶、復☷、遯☰、大壯☱、夬☱、姤☴九卦，至於乾☰、坤☷則取重卦說，而觀卦☴則取四陰仰觀九五之義。[54]

---

50 《本義》，頁 35、77、40、82。

51 《本義》，頁 38、39、43、44、45。

52 《本義》，頁 49、54、75。

53 《本義》，頁 55、72、84、85。

54 朱子論九卦見於《本義》，頁 41、42、48、51、52、61、69、70，觀卦則

其四，運用卦變關係解釋卦名者有六卦：1. 隨卦䷐以困䷮與噬嗑䷔的卦變說明「剛來隨柔」之義，2. 蠱卦䷑則以賁䷕、井䷯、既濟䷾三卦的卦變以說明「剛上柔下」之義，3. 賁卦䷕自損䷨與既濟䷾之卦變言「柔來而文剛」之義，4. 无妄卦䷘自訟䷅卦變說明「剛自外來為主於內」之義，5. 損卦䷨自泰䷊之卦變言損下益上之義，6. 益卦䷩自否䷋之卦變言損上益下之義。[55]

其五，運用爻畫之二、五位及當位與否解釋卦名者有七卦：1. 同人卦䷌以六二中正且上應九五，合於「同人，與人同也」之義。2. 恆卦䷟以六爻相應合於恆常之理，與卦名「恆，長久也」相符。3. 家人卦䷤以六二、九五中正當位可說明卦名男女得內外之正。4. 萃卦䷬以九五剛中且六二應之，合於卦名「萃，聚也」之義。5. 中孚卦䷼陽爻居二、五之中位具中實之義，合於卦名「孚，信也」之義。6. 既濟卦䷾六爻之位各得其正，合於卦名「既濟，事之既成」之義。7. 未濟卦䷿六爻皆不當位，與卦名「未濟，事未成之時」相符。[56]

朱子的卦名解釋，在相同類型的卦中，對各類首次出現的卦之卦義，在內容上會作較詳盡解釋，其後則援用前例，解釋較簡。對於卦義，朱子幾乎僅取一種說法。至於解釋卦畫與卦名，其方式則不止一端，有時甚至提出三到四種解釋。如恆卦䷟，彼分別以「震剛在上，巽柔在下」、「雷風二

見於《本義》，頁49。

55 《本義》，頁46、47、50、53、67、68。

56 《本義》，頁43、60、64、71、84、86、87。

物相與」、「巽而動」及「六爻相應」四者皆為恆常之理，[57]故皆得以由卦畫解釋此卦之得名。綜觀朱子由卦畫解釋卦名，是將前面所介紹的上下二體之卦或整個六爻的方式，只要合於卦義者，皆將之列出。

以下將討論《蒙引》對《本義》釋卦名的疏解。關於《蒙引》之體例，《四庫全書總目提要》指出：「故其體例以《本義》與《經》文並書。但於《本義》每條之首加一圈以示別，蓋尊之亞於《經》也。」[58]此作法明顯見於《蒙引》一書。此外，《蒙引》並非將《本義》全面收錄並解釋。

對於卦名解釋，蔡清雖主要參考並解釋《本義》，然並未全面依循之。彼疏解朱子釋卦名的作法可分為兩大類，第一類是順著朱子的說法，並加以解釋或補充，使朱子之義旨更明確，第二類是對朱子的說法的反省與批評。

關於第一類使朱子之義旨更明確，這部分的具體作法有以下數種：

其一是將朱子釋卦義的精簡詞語加以解釋。如師卦䷆，《本義》曰：「兵眾也」，蔡清便進一步指出「師本只訓眾，在此卦則為兵眾也。」[59]將「眾」解釋為特殊身分的「兵眾」，以合於師這個卦名。另外，比卦䷇，《本義》曰：「親輔也。」蔡清認為若只言親則無相親厚之意，且無上下之分，[60]故以「親輔」二字釋比。又如遯卦䷠，《本義》曰：

---

57 《本義》，頁 60。
58 《四庫全書總目》，頁 28。
59 《蒙引》，頁 374。
60 《蒙引》，頁 392。

「退避也。」蔡清認為動靜間的進退亦為退，故單用一「退」字不足明遯之義，須加「避」字，以說明退是為了避小人之禍。[61]睽卦☲☱，《本義》曰：「乖異也。」蔡清認為朱子所以不單言「異」，是因「異」僅能呈現表面不合，而用「乖異」一詞，則更能見出真正原因在於情性不合。[62]對於旅卦☲☶，《本義》曰：「羇旅也。」蔡清精細區分「羇」與「羈」之別，「羈，馬絡首也。」而「羇」則是「寄也身寄於外而未獲歸也。」之意。[63]

其二是對朱子解釋部分卦名有數種不同說法時，則依所指不同範圍加以細部辨析。如訟卦卦名，《本義》有三解，蔡清一一析辨之：一是「乾剛坎險，上剛以制其下，下險以伺其上。」此以上下階級之情勢論之；二是「內險外健」，此就一人而言，內心險惡，又身具勇力，以成其惡；三是「己險而彼健」，此以人我言之，一方是本身凶險足以威脅對方，而對方之剛強能與我相抗。[64]藉由細部區分朱子說法的不同範圍，使朱子之義旨更明確。又如小畜卦☴☰，《本義》一方面指出「以小畜大」，又言「所畜者小之象」，蔡清則指出此乃一事之兩面，前者強調「小畜」二字，後者強調「小」字。[65]

其三就朱子使用的字詞所指涉的內容加以說明。如蒙卦☶☵，《本義》曰：「物生之初，蒙昧未明也。」《蒙引》補充

---

61 《蒙引》，頁 927。
62 《蒙引》，頁 1019。
63 《蒙引》，頁 1509。
64 《蒙引》，頁 357。
65 《蒙引》，頁 410。

「『物』即〈序卦傳〉所謂萬物，非止謂人。」[66]家人卦☲，
《本義》曰：「一家之人。」《蒙引》補充家人指的是父子、
兄弟、夫婦，此亦包括諸伯叔父及伯叔母與子姪，至於奴婢
則不算在家人內。[67]井卦☵，《本義》曰：「穴地出水之
處。」蔡清認為「穴地」便是掘地鑿井，井深而出水，即井
之義也，與平地湧出泉水不同，井方能如爻辭言整治之
功。[68]

其四就朱子的解釋，作更進一步的引申闡發。如大有卦
☲，蔡清順《本義》所言「所有之大也」指出何以名
「大」，因擁有天下、擁有五陽之故。又補充說明「有」是指
所有，故稱為「大有」，得此卦名之原因，是因二體卦象為
火在天上，無所遮蔽，故無所不照；而一陰所以擁有五陽，
除了《本義》所言「居尊得中」外，並強調此「中」非尋常
的中，而是從卦為大有之時，因大有之時而居尊位，故稱
「大中」。[69]又如隨卦，將《本義》其中一說「己能隨物，物
來隨己」視為同一件事，並以「以一人而撫萬邦，以四海而
仰一人」，即「己能為物（含人）所隨」來解釋其義。[70]

又如臨卦☱，《本義》曰：「臨進而凌逼於物也。」蔡清
進一步由「理」上指出正邪不兩立，說明君子何以會凌逼他
人，甚至國與敵寇、夷夏之間皆然，並舉史實分別印證

66　《蒙引》，頁 308。

67　《蒙引》，頁 996。

68　《蒙引》，頁 1223~1224。

69　《蒙引》，頁 503~504。

70　《蒙引》，頁 573~574。

之。[71]

　　如噬嗑卦☲，《本義》曰：「物有間者齧而合之也。」以人事推衍之，人事所以不順、不治，是因有阻礙的人事，橫阻其間的緣故，故須以方法來治化之，對夷狄、盜賊則以兵、刑使合於軌範。[72]賁卦亦同此例，從人事加以引申，強調臣、子、婦以從君、父、夫，各居其本分，燦然有文章。[73]

　　其五針對朱子的卦名解釋，強調或補充其核心義旨。如觀卦☴，《本義》曰：「有以示人而為人所仰也」，於「示」上加「中正」二字，並言道：「不徒曰有以示人而為人所仰，必曰有以中正示人，而為人所仰者。」並引諸經及孟子、朱子、張子之「立極」、「中庸」、「聖人」等觀念，強調惟「中正」方能盡善盡美而為天下法。[74]

　　如謙卦☶，蔡清對《本義》的疏解特別重視「有而不居」的「有」，指出此句乃針對有德、有功者而言謙，至於「無而不居，乃是本分事」不得稱為謙。[75]如蠱卦，《本義》曰：「壞極而有事也」，蔡清強調「極」字是關鍵。[76]

　　如大過卦☳，蔡清於《本義》所言「四陽居中過盛」一句，特別重視「居中」二字。彼認為大過之得名，是以四陽居六爻中間位置所致，因四陽居中間之位，故突顯居初的陰

---

[71] 《蒙引》，頁 615～616。
[72] 《蒙引》，頁 659。
[73] 《蒙引》，頁 682。
[74] 《蒙引》，頁 633～634。
[75] 《蒙引》，頁 527。
[76] 《蒙引》，頁 591。

爻太弱，無法承載重任。[77]

　　另外，值得注意的例子——損、益二卦，蔡清將朱子的說法界定在以卦體論之而非以卦變釋之。損䷨，《本義》曰：「損下卦上畫之陽，益上卦上畫之陰。」益䷩，《本義》曰：「損上卦初畫之陽，益下卦初畫之陰。」蔡清認為朱子未說出此由二卦的卦體並觀而來，後來之學者遂由泰、否卦變解釋之，此說法為蔡清所反對，而主張由損、益二反卦並觀，故言道：「蓋聖人本是以損益二卦之畫相反對看得，一則下體損一陽以益諸上體，一則上體損一陽以益諸下體。……因卦畫上下損益之際而見得益本上乾而下坤，損本下乾而上坤耳。」並將《本義》的說法認定「只作卦體看便自有定見。」[78]蔡清所以斷定朱子從卦體論損、益二卦的陰陽損益，而非以卦變解釋，應是就朱子若以卦變解釋會特別標明，而此二卦並未指出以泰、否卦變所得出，故可據此認定朱子以卦體論之，並補充是以兩卦並觀後所得的結果。

　　至於蔡清疏解《本義》的第二類作法是，對朱子說法的反省與批評，蔡清對《本義》的反省主要有二：

　　一是質疑朱子部分釋卦名源於臆測。如鼎卦䷱，《本義》曰：「為卦下陰為足，二三四陽為腹，五陰為耳，上陽為鉉，有鼎之象。」蔡清質疑此說，認為「聖人當初只是畫卦，不是畫鼎也。」故朱子所言乃後天臆測的說法，因為無法證明伏羲時期便有鼎存在，且其規制是三足兩耳金銜。雖然如此，蔡清對於另一說法「天下之大聖而制一器以利民

77　《蒙引》，頁 822。

78　《蒙引》，頁 1097~1098。

用」卻予採信,即當時烹煮食物必定需容器盛裝,此容器可能便具有腹、足、耳三結構,而此即名為鼎也。對於蔡清的論析,明顯見出蔡清同意在遠古即有食器,但此食器不同於後世作為禮器的鼎。

　　二是質疑《本義》釋卦名常採用卦變,認為此乃後起之說,非伏羲本意。蔡清引《本義》卦變圖下的註「〈彖傳〉或以卦變為說,今作此圖以明之,蓋易中之一義,非畫卦作易之本指矣。」進而指出「尚論卦變者要當知此」[79]。此意味著,蔡清認為朱子已明知卦變非出自伏羲,而是後起的理論,不可逕視為伏羲畫卦之原旨。此說法亦意味著,朱子重《易》的「本義」,卻以後起的說法釋卦名,實為不當。因此如隨卦、蠱卦等卦,《本義》皆以卦變解釋,而蔡清皆不以卦變論之,即見出與朱子作法明顯出入處。

　　即此可見,蔡清多順著《本義》加以解釋或補充,一方面使朱子精簡的說法更豐富,另方面使《本義》的義旨更明確。唯對於朱子部分釋象提出質疑與批評,例如,質疑出現不是伏羲時期所使用的物品,並批評卦變釋象乃伏羲後才有的主張,。此為《蒙引》對《本義》釋卦名所著力之處。

---

79 《蒙引》,頁 362。

六、《蒙引》對《本義》釋卦、
爻辭的疏解

　　《本義》釋卦、爻辭的方式，與朱子將《易》視為卜筮之書有關。正因強調《易》本為卜筮之書，對於「元亨利貞」、「勿用」、「利見大人」等，不同於王弼、伊川將卦、爻辭以義理解釋之，而以占辭視之。戴君仁先生指出：「（朱子）對經文想儘量還他的卜筮原意，……常用『其占如此』、『其象如此』、『其象占如此』、『戒占者亦如是』等語。」[80]

　　因此，朱子《本義》是強調探求《易》的「本義」，故釋卦、爻辭時不採《易傳》、王弼《易注》、程子《易傳》純以義理釋《易》，對卦、爻辭的解釋極為精簡。誠如朱伯崑先生所言：「他力圖從占筮的角度注釋卦、爻象和卦、爻辭，對舊注刪繁就簡，所謂『以粗疏為當』，以解文義為主，不增添義理，如此解《易》，方不失《易》之本意。」[81]

　　《本義》釋卦、爻辭，先將卦、爻辭內容區分為象、占，釋卦辭則就一卦整體的卦象作解釋，或就上下兩體之象作解釋，或就部分爻畫加以解釋，或從卦變提出解釋；釋爻辭則就該爻之爻性陰陽、所處爻位及與它爻之關係——承、乘、比、應加以解釋。

---

80 戴君仁，《談易》（臺北：臺灣開明書店，1995 年），頁 106~107。
81 《易學哲學史》修訂本第二卷，頁 481。

依朱子象占之分，卦、爻辭中充滿大量的占辭，朱子異於前賢將「元亨利貞」以義理解釋之，而將「元亨」解為「大通」，「利貞」解為「利在正固」。

至於象，朱子參考〈彖傳〉、〈象傳〉中所使用乾坤天地、坎離水火等天地自然之象，及八卦象徵之父母六子；再加上乾健坤順坎險，朱子稱之為卦德者。朱子以此三者釋卦、爻辭之取象，對於〈說卦傳〉其他論易象的內容，幾乎不取；唯一特例是大壯六五「喪羊于易」，朱子運用「兌為羊」解之：「卦體似兌，有羊象焉。」[82]

為見出朱子如何釋卦辭，以下將以屯☳、小畜☴為例。屯以占辭為主，小畜以象辭為主。屯卦辭：「元亨，利貞。勿用，利攸往，利建侯。」朱子解釋道：

> 震動在下，坎險在上，是能動乎險中，能動雖可以亨而在險，則宜守正而未可遽進。故筮得之者，其占為大亨，而利於正，但未可遽有所往耳。又初九陽居陰下，而為成卦之主，是能以賢下人，得民而可君之象，故筮立君者，遇之則吉也。[83]

朱子釋該卦辭分為兩部分，「利建侯」之前為一段，「利建侯」單獨成一句。前者據〈彖傳〉以上、下二體之卦德言，筮得該卦雖得大亨，但應守正方得利，並順此言不可遽往。後者則運用「卦主」，認為該句「建侯」是就初九一爻而

---

82 《本義》，頁 62。
83 《本義》，頁 34。

言。既然該卦辭均為占辭,故認為若就立君一事占問,得此卦則吉。

至於小畜卦辭「密雲不雨,自我西郊」,朱子解釋道:「然畜未極而施未行,故有密雲不雨,自我西郊之象。蓋密雲,陰物;西郊,陰方;我者,文王自我也。文王演《易》於羑里,視岐周為西方,正小畜之時也。」[84]內容可分三部分,一是從義理解釋何以有此象;二是以六四為陰爻或上體巽為陰卦,解釋「密雲」、「西郊」取象之由;三是以史事解釋解釋「我」,以文王曾居西岐之故。

由上可見,《本義》釋卦辭,主要有兩種作法,一種是順著卦名解釋後,直接以義理帶出,不另作解釋,自乾、坤始多採此方式;另種方式則是解釋何以卦辭中有此象、此占。

對於卦辭取象及得此占辭的說明,朱子主要根據各卦卦畫及卦與卦的關係說明之。彼採取的解釋觀點,在各卦卦畫的部分,包括卦主與卦體之象等;而卦與卦間的關聯,常用者主要為卦變理論。

運用卦主來作解釋,包括成卦之主與二體之主。如前所引屯「利建侯」之例,便是以卦主補充之。蒙卦䷃則以九二內卦之主與六五相應,解釋卦辭「童蒙」與「發蒙」之象及說明何以亨之故。而以六畫整體之象釋卦辭之取象,如大過卦䷛「棟橈」、小過卦䷽「飛鳥」之取象等。[85]

至於運用「卦變」解釋卦辭,共有訟、泰、否、賁、大

---

84 《本義》,頁40。

85 《本義》,頁55、85。

畜、睽、蹇、解、損、升、鼎、渙十二卦。第三類是以六爻中特殊之爻來論之，或為唯一之異爻，或為居二五之位者。如需卦䷄，便以九五解釋何以「有孚」。而訟卦䷅，便以九二一爻解釋「有孚窒，惕中吉」，以上九解釋「終」訟，以九五解釋「大人」之象。

　　以下將詳論《蒙引》如何疏解《本義》論象、占及卦辭解釋。蔡清嘗指出朱子《本義》原以探求《易》「本義」為主旨，然卻依《易傳》義理上說得多些，故對這點甚不滿意。[86]對於《本義》釋經依據，蔡清明白指出「字字皆從畫上味出，亦多本之孔氏也。」[87]亦即根據卦畫及〈彖〉、〈象〉二傳而得。

　　對於「象」，蔡清加以區分之，一為卦、爻辭依卦體、爻體而假借外物以說明其意義的象，一為朱子據卦畫、爻性、爻位分析而得之象。彼言道：

> 爻中所謂象者有二類：一類是乾初九為潛龍之象、九二為見龍之象，是本諸爻體者而假物以象之也；一類是乾九三「性體剛健有能乾乾惕厲之象」、蒙九二「剛而不過，為能有所包容之象」，則是本爻之體所具者以為象，不復假諸物也。然假物之象卻在本於所具之象，本爻所具是內象，所假之物是外象也。且夫

---

86 蔡清云：「故朱子晚年每不自滿於《本義》之作，蓋緣從孔子說處太多也。朱子名其註釋曰本義，則程《傳》之說惟於道理發揮無憾，終是於易之本義有未切在。」《蒙引》，頁241。

87 《蒙引》，頁57。

> 易者象也，統而言之無一字不在象上來，象即畫中所
> 具也。88

　　依上述所引，蔡清認為整個卦爻辭皆可由卦畫分析而得，故言「爻辭通是象，無象亦象也。」89推之卦辭亦然。

　　至於占，前引蔡清語「占以蓍，……蓍者易之用」，是指占為卜筮而設屬《易》之用。正因蔡清強調道義配禍福，故將「元亨」釋為「其事可為也」，將「利貞」釋為「須善為之也」，90並指出元亨必連著利貞言，即使卦爻辭僅有「元亨」而無「利貞」，然利貞之義已隱於其間。91對於「吉」與「元吉」則理解為：「凡言吉者，只是事吉而已，元吉則於道理為盡善而元吉。」92

　　對於乾、坤卦辭「元亨利貞」、「利牝馬之貞」，蔡清認為前者自「乾道大通而至正」來，後者自「地道無成而代有終」來。93亦即蔡清認為《本義》指出卦、爻辭中的占辭後，便進一步由卦、爻畫中解釋何以得出此占。

　　對於卦辭中占辭「亨」，蔡清區分出「亨」與「吉」的不同，認為亨是「目下通達無礙」，吉是「事做得有結果而無破敗」，94亦將「亨」區分為處順而大亨與遇險而亨兩

88　《蒙引》，頁 319。
89　《蒙引》，頁 369。
90　《蒙引》。
91　關於此，說明見後。
92　《蒙引》，頁 239。
93　《蒙引》，頁 42。
94　《蒙引》，頁 883～884。

類，認為遯、坎、困諸卦卦辭之「亨」皆屬後者。[95]

對於占辭，蔡清持《易》為君子謀的主張。如剝卦辭「不利有攸往」，蔡清認為此乃針對君子而言，並指出《易》為君子謀的觀點。[96]除此，於坤初六、訟九五、遯九四皆強調《易》為君子謀的精神。然蔡清亦認為《易》不僅為君子謀，亦為小人計，而為小人計，實仍為君子謀也。如遯☶「亨，小利貞」，蔡清認為「亨」是為君子言，「小利貞」是為小人言。雖然為小人計，然強調利在守正，若以漸長之勢侵逼君子則得禍矣，故看似為小人計，實抑邪以輔正，為君子謀也。[97]

對於《本義》釋卦、爻辭常出現的用語：「故其象占如此」，蔡清解釋為「大抵不分都是象，而占如之」、「是象也，亦是占也，……皆是渾淪不分析之詞」[98]。《本義》用此術語之例，有坤六四「括囊，无咎、无譽」、訟初六「不永所事，小有言，終吉」、師九二「在師中吉，无咎，王三錫命」、大有上九「自天祐之吉无不利」等等。蔡清以需卦為例，指出《本義》解釋時用語稍異，然均屬同樣的用法。需初九「需于郊，利用恆，无咎」及九二「需于沙，小有言，終吉」與九三「需于泥，致寇至」、六四「需于血，出自穴」，《本義》分別解釋為「未近於險之象，……故戒占者……」、「……故有此象，……戒占者當如是也。」「故其

象如此」、「故為需于血之象，……故又為出自穴之象，占者如是則……」[99]，蔡清認為皆可歸於象占不分之例。[100]

此外，蔡清亦指出卦辭並非僅針對同一事，有的卦辭內容可分為不同部分。如大畜☰「利貞，不家食吉，利涉大川」，蔡清將卦辭區分為兩部分：「惟利貞字帶大畜說，其不家食吉、利涉大川，則於大畜字並無關。」又指出離☲、益☴卦辭亦不相連。[101]

至於蔡清對朱子卦辭的疏解，最常使用的方式是順著朱子的說法，將精簡的文字作稍詳盡的解說，使朱子的意思更能為人所瞭解。除此，尚有以下數種作法：

其一，說明朱子釋卦辭的作法。如履卦☱「履虎尾，不咥人，亨。」蔡清解釋何以朱子對卦名、卦辭不分開解釋，理由在於因該卦卦名、卦辭本自相連的原故。[102]

其二，順著朱子的說法，作進一步疏解，使其義旨更明確通貫。如謙卦☷「亨，君子有終」，《本義》曰：「占者如是，則亨通而有終矣。有終，謂先屈而後伸。」[103]蔡清將「亨」與「有終」稍加區別，並說明：「亨是目下見好，有終是末稍愈見好。」並將朱子「先屈而後伸」疏解為「先屈者，有而不居其有也；有終者，終不能沒其所有也。正所謂

---

99 《本義》，頁36。

100 蔡清云：「亦俱為象而兼占也，雖獨不言故其象如此，亦其例也。」《蒙引》，頁524。

101 《蒙引》，頁793。

102 《蒙引》，頁432。

103 《本義》，頁45。

尊而光卑而不踰者也。」[104]此疏釋正合《本義》將謙解為
「有而不居之義。」即謙者雖有而不自以為有，但人終能見
其所有之大也，更顯其盛德。

　　如蠱卦☶「元亨，利涉大川，先甲三日，後甲三日」，
《本義》曰：「其占為元亨，而利涉大川」，蔡清疏解指出何
以朱子將「利涉大川」與「元亨」連帶解說，實為強調治蠱
需掌握最恰當時機，故云「利涉大川，方是用力以治之」，
而治蠱的方式則與「先甲三日，後甲三日」相關，言及聖人
治蠱不於初蠱之時，而是於「先甲三日」——將蠱之時，與
「後甲三日」——既治之後，而非遇事敷衍塞責。[105]

　　如臨卦☷「至於八月有凶」，朱子僅列二說，一指由復
至遯，正為八月；一說為夏曆八月為觀，正好為臨之反
卦。[106]而蔡清進一步說明此卦辭的意義在於「聖人於陽長
之時，而預為陽消憂也。蓋有長必有消，无往不復也。」蔡
清於此提出「以人事輔氣數」的觀點，認為人各有宿命，然
亦可藉自身修省戒慎，以避其凶難。[107]

　　其三，指出朱子解釋說法的重心，以及卦辭的核心觀點
為何。如觀卦☶「盥而不薦，有孚顒若」，蔡清認為祭祀無
「盥而不薦」之理，其義旨在於《本義》所言「致其潔清而
不輕自用」即慎重之義；又指出「盥而不薦，有孚顒若」核
心在於「觀」，教人如何為人所觀。[108]

104　《蒙引》，頁 528。
105　《蒙引》，頁 593~594。
106　《本義》，頁 48。
107　《蒙引》，頁 618~619。
108　《蒙引》，頁 636、637、638。

又如无妄☲☰「元亨利貞，其匪正有眚，不利有攸往」，蔡清將重心擺在「正」字，指出「无妄占辭是一正一反，正者所以為无妄，不正則妄矣。貞則利，匪正則有眚而不利矣。」[109]

其四，將朱子的說法，以心、理、事等概念加以涵括，使論述層面更鮮明。如需☵☰卦辭「有孚」，蔡清便解釋需何以有孚，因「知義命」之故也；又分析「有孚」、「光亨」是以「心」言，「貞」與「吉」是就「事」言。「心」指的是做事的動機，「事」是此動機發用的結果；所以兼言二者，乃因動機與結果未必相符。[110]

其五，對於朱子解釋卦辭中的象辭，以具體事例說明之。如履卦☰☱「履虎尾，不咥人」，《本義》僅言「以兌遇乾，和說以躡剛強之後」，[111]而蔡清則進一步發揮，「虎」可以指臣承事剛猛之君，或人際間有利害難處的狀況；「虎尾」可指一切事所蘊藏危機處。至於「不咥人」則可指進退均無危險。[112]又如大過☱☴「棟橈」，《本義》僅言「上下二陰不勝其重」[113]《蒙引》則以二例人事說明，如以十萬重兵駐防泉城小縣，然因居民無法提供大量兵糧，故防禦必潰。蔡清又舉當時實例指出某進士擔任小縣縣令以苛法治民，其官位必不長久。[114]

---

109 《蒙引》，頁 772。
110 《蒙引》，頁 333、334。
111 《本義》，頁 41。
112 《蒙引》，頁 434。
113 《本義》，頁 55。
114 《蒙引》，頁 822~823。

其六，於朱子的解釋外，又另加入相應的新解。如疏釋訟卦䷅卦辭「有孚窒，惕中吉，終凶」，《本義》對於「終凶」，僅言「上九過剛，居訟之極，有終極其訟之象。」[115]然卦辭為「終凶」，非言「終訟」，故《蒙引》順朱子言上九，進一步指出：「非指理直也，故上九《本義》云『其占為終訟无理而或取勝』」，以說明因理曲而一時僥倖贏得訴訟，故而「終凶」。並順此補充《本義》所未言何以言「利見大人」、「不利涉大川」，指出「利見大人」是針對理直的一方而說的，「不利涉大川」是就因理曲而僥倖行險的人說的。經由兩點補充後，最後導入《本義》所言「隨其所處為吉凶也」，[116]使朱子整體義旨更明確。

又如泰䷊、否䷋卦辭「小往大來」、「大往小來」，《本義》僅云：「小謂陰，大謂陽」，泰為「天地交而二氣通」，否為陰陽二氣閉塞不通。[117]而蔡清引《語類》加以補充，認為以天地言，自然當陰陽二氣相通而成歲；但若以人事言，則君子當盡去小人，方能成治。[118]以此修正《本義》僅就天地言陰陽往來，而未及人事層面。

其七，對朱子的注解，稍加調整、修改。如同人䷌卦辭「同人于野，亨，利涉大川」，《本義》指「同人于野，亨」乃「曠遠而无私也，有亨道矣」，至於「利涉大川」則因「以健而行」，[119]此乃將「利涉大川」與「同人于野，亨」

---

115 《本義》，頁37。
116 《蒙引》，頁359。
117 《本義》，頁41、42。
118 《蒙引》，頁450。
119 《本義》，頁43。

分開解釋。而蔡清則將二者合一，疏解為同人能於曠野，則百事皆亨，即使遇大川之險，亦利於涉川。[120]

又如大有卦☰「元亨」，《本義》指出大有有亨道，又「占者有其德，則大善而亨也。」[121]蔡清則將占者能大善而亨通，稍為修改針對占者所為之事而言「亨其所有」，並以占者為帝王舉例，則能使天下之事、天下之民各得其理、其所。[122]

又如隨☰「元亨，利貞」，《本義》曰：「彼此相從，其通易矣，故其占為元亨。然必利於正，乃得无咎；若所隨不正，雖大亨，而不免於有咎。」[123]依朱子是認為隨則必能亨，然欲无咎，則視所隨之人事是否合於正。蔡清則將重心放在所隨得其正，若隨能得其正，自能元亨且无咎，遂言「隨之利貞，據理而言也；……其元亨亦據理而言也。」[124]依此說法，便無朱子所稱「若所隨不正，雖大亨而不免於有咎」。

復卦☰「朋來无咎」《本義》僅就占之結果言「己之出入，既得无疾，朋類之來，亦得无咎。」[125]而蔡清則由復卦一陽復生於下，諸陽將相繼而生來解釋「朋」，並以一陽喻好人、善人，因本身之善故能以德庇護其友，反之本身為

---

120 《蒙引》，頁 484。
121 《本義》，頁 44。
122 《蒙引》，頁 504。
123 《本義》，頁 46。
124 《蒙引》，頁 576。
125 《本義》，頁 52。

惡，則牽累友朋。[126]

其八，因朱子釋卦辭極精簡，對於義理僅點到為止，於此蔡清多所發揮。如頤卦䷚「貞吉，觀頤」，《本義》釋為「占者得正則吉」、「觀其所養之道」。蔡清進一步疏釋，指出養有養德與養身，需觀所養之道正不正，而養德之正則指以聖人大學之道，以及孟子的集義養氣與以寡欲養心皆屬正道，而不正則指異端小道，包括虛無、術數之學。養身之正則包括重道義而輕口腹之欲，以及節制欲望以免傷害心性，反之則為不正。[127]

其九，蔡清不僅以義理疏解朱子說法，更引史實為證。如隨卦，蔡清以嚴尤隨王莽、荀彧隨曹操，所隨不正，皆有咎也；反之，鄧禹隨漢光武、管仲隨齊桓、孔明從漢昭烈、百里奚隨秦穆，無論君隨臣，臣隨君，皆得其正矣。

其十，針對《本義》未分判占辭所針對的對象或指涉的事件，提出個人之推測或論斷。如復䷗「七日來復」，《本義》未言所針對的對象，而蔡清卻推測「疑是行人之占」，即可能是關於使臣的占辭。又如觀䷓「盥而不薦」，《本義》以祭祀一事言之，[128]而蔡清疏解為「愚斷《本義》是說向為觀者身上去，故云戒占者當如是也，豈止於祭祀之占乎？」[129]蔡清認為，雖然《本義》就祭祀一事論述，然重點是論觀祭之人，故而認為此占並非祭祀之占。

---

126 《蒙引》，頁 724。
127 《蒙引》，頁 805~806。
128 《本義》，頁 49。
129 《蒙引》，頁 635。

　　對於用九、用六的解釋，蔡清不同於朱子。朱子釋「用九」言道：「凡筮得陽爻者，皆用九而不用七，蓋諸卦百九十二陽爻之通例也，以此卦純陽居首，故於此發之。……使遇此卦，而六爻皆變者，即此占之。」又釋「用六」道：「言凡得陰爻者，皆用六而不用八，……遇此卦而六爻俱變者，其占如此辭。」[130]朱子先解釋何以用「九」與「六」之名稱，進一步解釋「用九」、「用六」之作用。

　　蔡清質疑朱子指「用九」為占筮結果若得六爻皆九，則用此占辭的說法。並提出三點質疑，一是若為所有陽爻通例，為何不於初九下說明此原則，卻於乾卦末繫此占辭？二是〈象傳〉、〈文言傳〉將「用九」與初九、九二等六爻放在一起論述。三是與「用六」對觀，蔡清質疑，若占筮結果，坤六爻皆變，自當占乾卦卦辭，無須占坤卦「用六」之辭。[131]故蔡清認為朱子對「用九」、「用六」的解釋缺乏說服力。遂主張「用九」指的是六爻皆用九，因乾六爻皆陽，六爻分別稱為初九、九二、九三、九四、九五、上九，即此可見六爻皆用九矣[132]。然須面對一問題，既然已有六爻爻辭，且明顯見出《易》以九、六代表陽爻、陰爻，何須再立「用九」、「用六」二術語？此外，「用九」、「用六」二辭的作

---

130 《本義》，頁32、33。

131 蔡清言道：「使夫子不別立用六而繫之辭，則人之得坤六爻俱變者，以乾之『元亨利貞』為占矣。」《蒙引》，頁248。

132 蔡清言道：「今以用九為諸卦百九十二陽爻之通例，卻又因繫以此卦六爻皆變者之占辭，實是氣勢隔越。況〈象傳〉及〈文言〉悉以用九二字當見羣龍无首亦可見矣。《本義》若要明通例盍於初九之下明之？是亦可疑。」又以下「六爻皆用九者」皆出自《蒙引》，頁72。

用何在？對此蔡清的解釋是，從初九到上九可見出爻位的變化，「潛龍勿用」是針對初九之爻位而來，「見龍在田，利見大人」是就九二陽之爻位而言，至上九皆然；至於「用九」，蔡清則認為是總結六爻之變而言，「見群龍无首」是就用九而言，以說明「本剛而能用柔」。[133]蔡清的說法與朱子不同，亦具有參考價值。

　　至於疏解《本義》釋爻辭，大抵亦依循上一小節釋卦辭諸法。蔡清嘗就周公繫爻辭的作法論道：

> 周公之繫爻辭，或取爻德，或取爻位，又或取本卦之時與本爻時位，又或兼取應爻，或有取所承、所乘之爻，有兼取乘應與時位兼全者，有僅兼其一二節者，又有一爻為眾爻之主者，則兼及眾爻，大概取義不出此數端。[134]

　　在解釋爻辭時，必須面對卦、爻辭不一致的問題，蔡清於此亦有所回應。如履卦☰卦辭「履虎尾，不咥人，亨」，而六三爻辭「履虎尾，咥人，凶」，蔡清解釋道：「不咥人就是得遂其進處，蓋履字內有進了，故曰亨。」又曰：「履虎尾，不咥人，是就卦德取」，即順承《本義》所言「能和悅以躡剛強之後」。[135]至於六三「咥人，凶。則承《本義》而

133　《蒙引》，頁 72、73。
134　《蒙引》，頁 56。
135　《蒙引》，頁 433、439。

言「不中不正，本無才德可用；柔而志剛，卻乃好自用」[136]，故有吝之凶。亦即蔡清承繼朱子，認為卦辭是本卦德而言，爻辭本爻位、爻性而言，故出現內容不一致的情況。

　　蔡清亦疏解《本義》解釋一卦出現卦、爻辭重出的情形，如屯☷卦辭與初九爻辭均有「利建侯」。依《本義》釋屯卦辭道：「初九陽居陰下，而為成卦之主，……得民而可君之象，故筮立君者遇之則吉也。」又釋初九爻辭道：「本成卦之主，以陽下陰，為民所歸，侯之象也，故其象又如此。而占者如是，則立建以為侯也。」[137]而蔡清疏釋道：「依《本義》則卦辭『利建侯』象在占中；初九『利建侯』占在象中。但不知《本義》為何言卦辭主占，爻辭主象？卦辭主占者自卦而言，則卦中之初九為他人，故值此卦者利建此人為侯也。爻辭主象者自爻而言，則此爻當為占者所自當，故值此爻者得建以為侯而利也，此亦通例也，《本義》精矣。」[138]此例乃蔡清自問自答，提出朱子何以卦辭以占言，爻辭以象言，並回答卦辭以卦論，而爻辭由初九本爻論之。蔡清的說法與朱子並無不同，只是解說較為詳盡。

136　《蒙引》，頁 443。

137　《本義》，頁 34。

138　《蒙引》，頁 291。

七、論太極與陰陽
——從存有之理到實體創生的轉折

　　前已分析《蒙引》疏解《本義》的部分，此處將進一步考察《蒙引》對《本義》對於理氣義理的開展。朱伯崑先生注意到一重要問題——即蔡清對太極、陰陽關係的解釋是「太極兼陰陽」，蔡清的觀點使得「朱子理本論轉向氣本論」，[139]並認為「太極作為陰陽二氣的兼體或全體，即寓於一切形器之中」，「對後來的氣本論的發展起很大影響。」[140]

　　關於氣本論，朱伯崑先生認為蔡清受張載氣論的啟發，[141]將太極理解成氣化的根源，陰陽合一的實體，此實體是氣而不是理，[142]此實體為陰陽二氣的全體，也是宇宙的本體。[143]

　　朱伯崑先生的說法確實指出一重要關鍵——蔡清對太極與萬物生成關係的說法，與朱子有極大的轉折。以下將探討此轉折為何。

　　朱伯崑先生將蔡清所說的太極理解為陰陽二氣渾淪不分，即此而稱陰陽二氣的全體，此渾淪未分之氣雖不同於已分的形下陰、陽二氣，然終是從氣來理解太極。朱伯崑先生

139　《易學哲學史》修訂本第三卷，頁140。

140　《易學哲學史》修訂本第三卷，頁150。

141　《易學哲學史》修訂本第三卷，頁145。

142　《易學哲學史》修訂本第三卷，頁142。

143　《易學哲學史》修訂本第三卷，頁146。

不僅對於張載、蔡清論太極由此向度理解之，對周敦頤論太極亦作如此解釋。彼將周子〈太極圖〉分為四階段，前兩階段是：「第一階段為無極時期，既無陰陽，亦無動靜，即任何物質都不存在。第二階段為太極時期，產生了原初物質元氣，後分化為陰陽二氣，形成天和地。」而太極的能動能靜，朱伯崑先生解釋為「元氣自身的運動和靜止，分化出陰陽二氣；並且在分化過程中，運動和靜止相互依存。」[144]

值得注意的是，蔡清論太極其實更貼近周敦頤，尤其是周子「陽動陰靜」的思想。然因朱伯崑先生從氣論太極，故稱蔡清的觀點近於張載，至於何以不言近於周敦頤，是因朱伯崑先生認為周子主張「無極」為宇宙的本源，以及主張「自無極而太極」，故認定張子異於周子。若順著朱伯崑先生對周子及張載的理解，自然得出朱伯崑先生這樣的論斷，然而順著朱伯崑先生對太極的解釋，則張載的氣本論不就也近於周子的太極，同屬元氣──渾淪未分之氣。

然而，深究周子與蔡清對太極的思考可發現，二子實是將太極理解為具有創生力活動性的實體，而非如朱伯崑先生所理解的渾淪未分之氣。以下將就此問題，深入辨析。

首先考察朱子對太極與氣的思考，彼言道：「易者陰陽之變，太極者其理也。」「陰陽迭運者，氣也，其理則所謂道也。」[145]朱子將陰陽二氣變化的所以然之理稱為太極，故太極是理而不是氣。蔡清認為朱子是站在將理與氣就性質上區分言之，並引《語類》所言：「『陰陽何以謂之道？』

---

144 《易學哲學史》修訂本第三卷，頁 115、114。
145 《本義》，頁 133、126。

曰：『當離合看』。」[146]指出：「朱子則恐人誤指氣為道而失
其所謂形而上者之意，故別而言曰陰陽迭運者氣也，其理則
所謂道正所謂離合看者也。」[147]

　　考察蔡清論太極是從理氣不雜、理氣不離兼論之。彼言
道：「夫所謂道者非他也，即其所以一陰而復一陽者之謂道
也。蓋道不離乎陰陽，而亦不雜乎陰陽，乃太極之謂也。太
極動而生陽，靜而生陰，動靜無端，陰陽無始，是即一陰一
陽之謂道也。」[148]此承繼周子主張太極「動而生陽」、「靜
而生陰」，故陰陽二氣與太極相終始，而所謂太極具有生生
不已的活動力。彼言道：「易者陰陽之變，太極者陰陽之所
以變者也。陰陽之所以變者，太極有動有靜也；太極有動有
靜，即是一每生二也，一每生二即是太極之理也。」[149]

　　至於天地的生成，蔡清解釋道：「是以太極肇判之初，
其氣固自分陰分陽。陽之輕清上浮為天，陰之重濁下凝為
地。及天地既位之後，此氣又相絪縕融結亦自分陰分陽。得
陽之奇而健者為男，得陰之偶而順者為女，此皆其理之自
然。」[150]彼認為太極在天地之先，而太極不斷變化，漸漸
分化出陰陽二氣，陽氣形成天，陰氣凝成地。

　　蔡清又解釋天地既生後的世界。天地既分，氣仍不斷流
行變化，生成萬物；陽氣賦予萬物生機，陰氣賦予萬物以形

---

146 宋・朱熹，《朱子語類》第 3 冊《朱子全書》第 16 冊，（上海：古籍出版
　　社、合肥：安徽教育出版社，2002 年），總頁 2522。
147 《蒙引》，《影印文淵閣四庫全書》本，頁 594。
148 《蒙引》《影印文淵閣四庫全書》，卷 9 下，頁 28，總頁 594。
149 《蒙引》《影印文淵閣四庫全書》，卷 10 下，頁 31，總頁 657。
150 《蒙引》《影印文淵閣四庫全書》，卷 9 上，頁 23～24，總頁 552~553。

質。對於化生萬物的過程，蔡清分別從生物之氣的形成、流行與萬物生成三方面來論陰陽二氣的作用，並以「陽全陰半」的說法解釋之。首先，關於造物之氣的形成，蔡清提出乾元之氣，此氣生於太極既動之後，天地將生之前，天地間只有一氣流行，乾〈彖〉稱之為「乾元」，乾元之氣是也。至於坤〈彖〉所說的「坤元」，此亦非獨立於乾元之氣外的另種特質之氣，而是當乾元之氣凝聚成形之際，在氣與形交接時的氣可稱為坤元之氣。彼言道：「萬物之生成，只是一元之氣而已；造化原無兩箇元也，坤元只是乾元后一截，當其氣形交接處。」[151]乾元之氣強調創生義，而坤元之氣強調凝聚義，統體論之皆可稱為乾元之氣。

其次，就氣的流行而言，有陰陽消長的現象，陽消陰長，陰長陽消，[152]二者相推而生變化。最後，對於萬物生成，蔡清認為萬物生成與陰陽之氣有關，萬物的精神層面屬陽之功，「天地生物之心陽也，陽無終盡之理」；就氣聚而賦物以形，則屬陰之功，陽陰指的是氣的創生與凝聚兩種性質與力量，萬物的創生便是藉由陽氣之創生性，而此乾元之氣亦具有凝聚性作用，亦可就此稱為陰氣，然此陰氣是源於陽氣而生。[153]此乃蔡清「陽全陰半」說，指出陰陽實為一氣，[154]然而即使二者相合為用，然陰陽的作用與價值仍有別矣。此說法實承朱子而來，朱子雖有此說，然卻只單就陰

---

151 《蒙引》，頁203。

152 蔡清言：「陰陽之氣，其相為消長者也。」《蒙引》，頁26。

153 蔡清言道：「地所發生一本於天之氣，故謂之天地生萬物，亦可謂天之生物亦可，即此就是陽全陰半之理。」《蒙引》，頁26。

154 《蒙引》，頁21~26。

陽的不同作論述。155而蔡清則以「陽全陰半」解釋乾、坤
卦辭的不同，並即此說明天地陰陽二氣及人事的仁義之
理。156

然而太極不得而見，如何理解太極的存在？蔡清承繼朱
子〈太極圖說解〉中「分而言之，一物各具一太極也」157
的說法，認為從個殊存在中可見到太極的作用。朱子著重太
極為萬物總體所以然之理，而從個殊物存在之理亦可見出太
極之理；而蔡清則強調既然萬物存有的根源為太極，自然皆
有太極之陽靜陰動的作用在其間。彼言道：「若謂一物各具
一太極者，則指散殊者之全體而言。天地間無他物，只是道
而已；道無他，只是一陰一陽而已。是陰陽也，在天者此
也，在地者此也，在人者此也，在物者此也。在此一物有是
陰陽，在彼一物亦有是陰陽，皆道之所在也，而實有定在，
所謂無在無不在也。」158

---

155 朱子言道：「曰陰不比陽，陰只理會得一半，不似陽兼得陰，故無所不
利。陰半用，故得於西南，喪於東北，先迷後得亦然。」「然陽化為柔只
恁地消縮去無痕迹，故曰化陰變為剛，是其勢浸長有頭面故曰變，此亦
見陰半陽全，陽先陰後，陽之輕清無形，而陰之重濁有迹也。」《朱子語
類》第3冊，《朱子全書》第16冊，總頁2318~2319、2511。

156 關於說明乾、坤卦辭之別，如乾為「元亨利貞」，而坤為「元亨，利牝馬
之貞」，蔡清以「陽全陰半」解釋之。蔡清言道：「如乾『元亨利貞』便
是從乾道大通而至正上來，坤『利牝馬之貞』便是從陽全陰半地道無成
而代有終上來」又曰：「坤元亨自與乾元亨不同乾元亨無所不元亨也坤元
亨只是柔順者元亨也此陽全陰半之理」《蒙引》，頁42、192。「陽全陰
半」亦可說明人事之理——「仁」與「義」，仁具有陽剛生生的特質；義具
有陰柔的特質。雖然仁義看似兩不同之理，蔡清亦言「仁必勝義」，但卻
又指出二者皆為一仁所通貫。

157 宋・朱熹，〈太極圖說解〉，《朱子全書》第13冊，頁74。

158 《蒙引》，《影印文淵閣四庫全書》本，卷9下，頁29，總頁595。

對於天地未分到萬物化生間的一切現象、變化，蔡清在解釋上承繼朱子「交易」、「變易」的說法，並以「對待」及「流行」兩觀念詮釋之。[159]「對待」是從天地自然、人物事件中陰陽兩種特質的相對性而說；「變易」則言陰陽二氣一體的流行變化。然而蔡清又進一步提出「對待」與「流行」的關聯性，彼言道：「雖然動靜相生而無端，故對待亦有肇於流行者，所謂體在天地後，用起天地先是也。流行亦有對待者，所謂太極動而生陽，陽極而靜，靜而生陰，陰極復動者也。」[160]蔡清所提出「對待肇於流行」及「流行亦有對待」的觀點，前者是就已分之氣源於渾淪未分之氣，在氣已分之後，便可清楚見出陰陽兩種不同特性；後者則是指太極的創生活動中，便能見出陰、陽兩種特性的相互變化。

蔡清對於太極與氣的看法，與《易》卦畫之形成過程——「太極生兩儀，兩儀生四象，四象生八卦，八卦定吉凶」是一致的。

蔡清指出「此伏羲畫卦只是太極生兩儀，兩儀生四象，四象生八卦。一每生二，積而至於六十四卦耳。」[161]然若就《易》所模寫的天地之易觀之，蔡清解釋三畫的乾坤六子卦及六畫之消息卦。對於三畫六子卦，彼認為「六子之卦實太極圖之陽動陰靜也。」又曰：

---

159 關於蔡清以「交易」、「變易」論陰陽，朱伯崑先生論之甚詳，拙文僅簡述之，詳細論點請參考朱著《易學哲學史》修訂本第三卷，頁132~139。

160 《蒙引》，頁 26~27。

161 《蒙引》，《影印文淵閣四庫全書》本，卷 12 上，頁 39，總頁 605。

震一陽起於二陰之下，陽動之始也；坎一陽居於二陰
之中，陽動之半也；艮一陽止於二陰之上，陽動之終
也，此皆圖之左方為陽之動者也。巽一陰伏於二陽之
下，陰靜之始也；離一陰麗於二陽之間，陰靜之半
也；兌一陰見於二陽之上，陰靜之終也，此皆圖之右
方為陰之靜者也。終則有始，相為循環，而陰根陽，
陽根陰之妙已具見於此。合而言之，則震坎艮，一乾
也；巽離兌，一坤也。天地間只是這一箇道理，無他
物也。162

震、坎、艮皆為陽氣，然屬陽氣不同變化，分別代表太極活
動的初、中、終三階段，巽、離、兌同屬陰氣，分別代表太
極陰靜的初、中、終三階段，而六子之間，陽終而陰起，陰
既而陽興。

　　以三畫卦言陽陰變化，依次為震→坎→艮→巽→離→
兌，再返回震，陰陽互為其根，循環往復。至於六畫卦，蔡
清將復→臨→泰→大壯→夬→乾→姤→遯→否→觀→剝→
坤，亦從陽動陰靜解釋，163說明陽自初而終，到陰起而陰
消，不斷循環往來。蔡清認為三畫八卦與十二消息卦，皆是
以卦畫符號展現太極動靜陰陽的變化。

　　綜合蔡清所說的道、太極、氣三個概念，「道」指的是
陰陽二氣循環無已的常理，「太極」指的是具有創生活動義
的實體。

162　《蒙引》，無求備齋本，頁272~273。
163　《蒙引》，頁39~40。

　　至於氣，其義有二，一是指天地未生之前渾淪未分之氣，二是指天地已生之後的已分之氣。蔡清認為天地間只有一氣，而所謂的陽氣、陰氣，蔡清以「陽全陰半」來解釋，雖判為二，實則一也。天地既生後，陽氣不斷流行，但隱於陽氣中的凝聚力在生化萬物時發揮其作用，即此為與陽氣之創生性區隔，可稱為陰氣，此陽、陰的變化實為太極之作用，故宇宙間便充斥著陽氣、陰氣的流行變化。

　　蔡清轉化了朱子對太極，及太極與陰陽關係的解釋，從所以然之理轉化成具創生力的宇宙實體。朱子論太極，側重存有之理，指出太極乃陰陽二氣變化的所以然之理；而蔡清則視太極為創生本體，具有生生不已的活動義。此外，朱子論理氣，一方面強調理氣本無先後，無氣則理無掛搭處，但卻又從發生上指出理先氣後，強調理為本。[164]而蔡清從宇宙本體釋太極，太極本身的活動與陰陽之氣的存在相互終始，有太極即有是氣，自無先後之別。也因此，朱子主張的理氣關係是所以然之理於氣中開顯；而蔡清則是論太極本體能動能靜，創生不已，而太極即在氣中，陰陽二氣因著太極的動靜不斷流行變化。

　　至於蔡清對理氣說法的限制，主要是未明確指出他與朱子的殊異處，並作出區隔。而朱伯崑先生的說法，一方面遺落了太極的創生活動義，另方面亦遺落了蔡清對太極至天地初生這個階段發展的說明。蔡清對於宇宙生成過程深入而完

---

164 朱子言道：「此本無先後之可言，然必欲推其所從來，則須說先有是理。然理又非別為一物，則存乎是氣之中，無是氣，則是理亦無掛搭處。」《朱子語類》第 1 冊，《朱子全書》第 14 冊，總頁 115。

整的說明值得關注。

八、論「貞」、扶陽抑陰及虛靜工夫

　　對於六十四卦中與人事相關的卦，其所模寫人事的理與氣，蔡清常以「勢」取代「氣」的使用，並對理勢關係亦提出解釋。

　　《蒙引》承〈繫傳〉、朱子，強調「時」的重要，即此提出依時處正的主張。蔡清論「時」指的是卦時，「六十四卦皆是時也，有其時則有其時之義」，「有義則有用」。[165]如乾時、坤時，屯時、蒙時等，而時有順、有逆，若時為順，則順時而處；若時為逆，則依時以制。彼言道「乾卦卦辭只是要人如乾樣，坤卦卦辭只是要人如坤樣，至如蒙、蠱等卦則又須反其象，此有隨時而順之之義，有隨時而制之之義。易道只是時，時則有此二義，在學者細察之。」[166]

　　但值得留意的是蔡清雖然強調「時」在易理的重要性，然卻在「時」之外，更標舉「貞」的重要性，彼言道：「愚謂貞之一字，乃六十四卦三百八十四爻之樞紐也，夫子所謂『一言以蔽之』者也，比時字尤切。」[167]何以蔡清認為「貞」較「時」更宜於作為《易》的核心概念？

　　理由在於蔡清強調「道義」的觀念，「時」指的是事件

165　《蒙引》，頁 550~551。

166　《蒙引》，頁 46。

167　《蒙引》，頁 51。

所處的狀態或趨勢，蔡清常以「勢」釋之；而「貞」，蔡清解釋為「正」，「正」即是「理」也，「道」也。以蔡清釋大壯「利貞」為例，便見出理勢的區別，彼言道：「大壯利貞，蓋大壯勢也，利貞理也。」[168]蔡清將卦名視為「時」，而各時機皆有所處之勢，「貞」即為理。

　　蔡清對「貞」的解釋，實遠承伊川，近承朱子。《易程傳》釋蒙卦辭言道：「發蒙之道利以貞正」，釋需卦辭則云：「有孚則光明而能亨通，得貞正而吉也」，釋比六四道：「四與初不相應，而五比之外比於五，乃得貞正而吉也。」[169]此三例皆可見伊川將「貞正」連用的用法。朱子嘗指出伊川以「正」釋「貞」，不足以盡「貞」之義，當以「正固」二字解釋較為合適。[170]蔡清採用伊川以「正」釋「貞」，然卻未如伊川將「貞正」連用，而是接受朱子「正固」之說，認為使事得其正，並固守此原則，「貞」的意義方為完整。彼言道：「事有未正，必欲其正；事之既正，必守其正，此正固二字之義也。固所以全其正也，如此說貞字之義乃盡。」[171]

　　正因蔡清標舉「貞」的觀念，而此又與彼強調「易以道義配禍福」[172]相關聯。蔡清對於吉凶禍福自有另番看法。彼

168　《蒙引》，頁 950。

169　宋・程頤，《程氏易傳》，（《二程集》第 2 冊，臺北：漢京文化事業，1983 年），頁 719、723、741。

170　朱子言道：「正字不能盡貞之義，須用連正固說其義方全。正字也有固字意思，但不分明，終是欠闕。」「《易》言貞字，程子謂正字盡他未得，有貞固之意。」《朱子語類》（三），《朱子全書》（16），總頁 2283。

171　《蒙引》，頁 43。

172　《蒙引》，頁 883~884。

言道：「試觀一易卦爻中，凡貞則吉，不貞則凶；貞則利，不貞則不利；貞則凶害反為吉利，不貞則吉利反為凶害。又凡言吉利者，雖無貞字，理則自貞中來也。凡言凶害者雖無不貞字，理則自不貞中來也，學易者要須識得。」[173]

雖然蔡清肯定貞則吉，然亦認為現實中確實存在理不勝勢的現象，如屯卦九五「小貞吉，大貞凶」，以史事而言則如宋高宗偏安之事。[174]雖然如此，彼仍強調「聖人之所以為聖人者，正焉而已矣。」[175]

蔡清以「正」釋「貞」，強調處不同時機，依理而行適宜之事，即為得時之正。因此，蔡清言「貞」常關聯著「時」而言，所謂理不可離勢，必須盱衡時勢而依理行事，既言經，亦言權矣，故而提出「貞則時矣」[176]的觀念。就根源處言，理一也；然就實際現象，及人的具體實踐而言則有殊異，乾時有乾之理，屯時有屯之理，人處乾時需合於乾之理，處屯則以合屯之理應之，須於所處之時而行所當為之事。在蔡清看來，各卦、爻辭所言的「貞」，即所謂即勢言理是也。

除了以依時處正而固守釋「貞」，說明處世的指導方針外，必須思考所謂的「理」與陰陽的關係。依蔡清的說法，對於陰陽的態度有兩種不同立場，一是道德善惡的立場，一是存有論的立場；前者表現出「扶陽抑陰」的主張，而後者

---

173 《蒙引》，頁 51~52。
174 《蒙引》，頁 305。
175 《蒙引》，頁 314。
176 《蒙引》，頁 51。

則表現出陰陽不可相無的觀點。彼言道:「蓋所以贊化育而參天地者,其旨深矣。若隨造化,則陰陽兩端,相為消長,全不容得損益了。所以聖人扶陽抑陰,要於人事上扶氣化,使陽之長者艱其消,而陰之消者難為長也,分明是有此理,豈聖人莫如之何,而徒致抑揚進退之私願而已哉!」[177]

對於從道德善惡立場論扶陽抑陰,蔡清認為「扶陽抑陰」指的是前已言及的「易為君子謀,不為小人謀」,以及人事當防患未然的想法。彼言道:「扶陽抑陰之意,易為君子謀,如此爻戒占者以謹微,微指陰,謹之者陽也,此是扶陽抑陰以贊化育處。」[178]至於存有論的陰陽關係,包括造化上的陰陽消長,如「履霜堅冰至」等,以及與天道陰陽、地道剛柔相應的人事之理——仁與義。[179]關於仁與義,蔡清認為仁為善性屬陽,義為公義屬陰,二者皆為重要人事之理。彼言道:「蓋天之所以與人者,本自無欠缺處。自君臣父子之大,以至於事物細微之間,皆當以仁為主。至於仁之行不去處便有義以裁之,不然仁亦有非其仁矣。是仁與義二者缺一不可。」[180]無論陰陽消長,或仁義之理,皆須並行不可相無。

然而,蔡清亦留意,陰陽消長又可區分為自然界與人事

---

177 《蒙引》,頁 221。

178 《蒙引》,頁 221。

179 蔡清言道:「聖人繫辭其凡扶陽抑陰處全是就淑慝之分言之,不是以不可以相無者言也,辭意各有所主,如此爻履霜堅冰至全不關健順仁義意也?」「如立天之道曰陰與陽,立地之道曰柔與剛,立人之道曰仁與義,此處豈容有抑揚耶?豈可分淑慝耶?」《蒙引》,頁 221。

180 《蒙引》,頁 221。

界，自然界的陰陽消長，人力無法作任何干預；而人事的消長，卻是人力可以引導改變的。彼言道：「觀聖人作易於陰陽消長之際，往往有抑揚意。如剝陽之權在陰，則教陰以從陽之道；夬陰之權在陽，則教陽以制陰之道。又如解六五本與三陰同類者，卻又教以解去其類之道，所以贊化育而參天地者實在於此。」[181]自然界的消長屬於存有論層面，屬於陰陽不可相無；而人事界的消長，則可以人為扶陽抑陰，轉惡為善。蔡清的說法近於荀子所主張的「天人之分」、「聖人不求知天」的觀點。

　　無論道德義或存有義的陰陽關係，立場雖然不同，前者以道德心與道德行為對人事發展作出改變，後者則以順承自然發展，由經文中便可見出聖人以人德參贊化育之功。

　　蔡清亦考察出聖人對人事現象、道理所以有深刻的體會，關鍵在於廓然大公之心。蔡清指出天有四德──元亨利貞，聖人亦有四德，彼言道：「何謂天之四德？一大通至正之道，曰正大而天地之情可見矣。」「何謂聖人之四德？亦一大通至正之道，曰聖人之心廓然而大公，物來而順應，中心無為以守至正。」[182]

　　雖天德與聖人之德同為「大通至正之道」，然仍有別矣。蔡清指出差別在於「古人云天地無心而成化，聖人有心而無為。」[183]所謂天地無心而成化指的是順著動靜無端，陰陽無始自然而為。至於聖人「有心」是就「扶陽抑陰」而

181　《蒙引》，頁 714。

182　《蒙引》，頁 42。

183　《蒙引》，頁 82。

論。蔡清進一步說明，此扶陽抑陰，一方面是為人類永續生存做努力，希望善人多，惡人少，使世間多些和平；另方面也指出雖為君子謀，然對小人亦有所提醒。彼言道：「易固為君子謀，然其為君子謀者亦所以為小人謀也。觀小人剝廬之辭可見，蓋道理自是如此，天地間豈可一日無善類哉！不然人之類滅矣。可見聖人非姑為是抑彼以伸此也。」[184]

蔡清亦亦進一步思考，如何實現「貞」的目標？於此，蔡清提出虛靜的工夫。蔡清所言的虛靜，並非老氏虛無思想，[185]而是指心能「廓然大公」，如此則能涵藏萬理，彼言道：「心所以能涵萬理者以其虛也，虛則有以具眾理，靈則有以應萬事。」[186]又於咸☷九四爻辭指出，該爻辭的「貞」是就「虛中無我」而言。[187]

除了「虛」之外，蔡清又提出「靜」的工夫。此靜非相對義的靜，而指「物來順應」的意思。彼於咸卦指出「咸之為道在靜以應動，……故曰物來而順應，靜亦靜，動亦靜。」[188]於艮卦☶卦辭亦有此意，彼言道：

聖人定之以中正仁義而主靜立人極焉，君子修之吉，

---

184 《蒙引》，頁 716。

185 蔡清云：「九流者，儒家之外一曰道家，清虛之教，老氏之流也。」明・蔡清《四書蒙引》第 1 冊（臺北：臺灣商務印書館，1972 年《四庫全書珍本》三集），頁 38。

186 《蒙引》，頁 51。

187 蔡清言道：「味九四爻象大旨只是一正一反說，蓋貞者虛中無我之謂也。……此爻辭關涉最大而要分明是心學心法與艮卦象辭一般。」《蒙引》，頁 900。

188 《蒙引》，頁 894。

修之雖是敬，敬亦主靜也。故聖人立人極焉，修道之教也，君子修之則由教而入之事也。然必戒懼而後有慎獨，抑慎獨雖動時工夫，其工夫亦主靜也，不然欲動情勝矣。故喜怒哀樂發而皆中節謂之和，此非主靜而何哉？所謂「艮其背不獲其身，行其庭不見其人」此之謂也。189

蔡清認為艮卦言「止」與「主靜」，並非靜坐或坐忘之意，而是與「敬」、「慎獨」、「中和」同義，無論靜時、動時，皆保持清明虛靈之心不受情緒、欲望干擾。

綜合蔡清對咸卦、艮卦的解釋，可得出蔡清虛靜思想是指吾心廓然大公，物來順應。無事時、有事時，皆不使情感、私欲，干擾虛靈明覺之心，使一切意念、言行，皆能發而中節。若能不斷以虛靜自省、實踐，方能依聖人《易》經傳所言，使言行皆得貞正矣。既能依時而行而言正，又能守正而得時。如此方能相應理解蔡清所言：「學者但能任理以應事，動靜不失時，則何往而非易？」190的深義。

九、結論

蔡清影響明代易學發展，除門人陳琛（1477-1545）《易經淺說》（又名《易經通典》），尚有崔銑（1478-1541）《讀

---

189 《蒙引》，頁 1394~1395。
190 《蒙引》，頁 44。

易餘言》、林希元（1481-1565）《易經存疑》、熊過191《周易象旨決錄》等，上述諸書皆論及《易經蒙引》的內容，足見其影響。

《易經蒙引》的表現形式是疏解朱子《本義》。在《易》學觀方面，蔡清承繼朱子《易》為卜筮之書、四聖相繼作《易》的主張，然對於《易》為卜筮之書的說法，將朱子區分象占並以占用釋占辭稍加調整，將《易》定位在以道義論吉凶的經書，使《易經》與術數占筮之書的區隔更明確。

在卦名及卦、爻辭解釋上，蔡清承繼朱子重視《易》「本義」，對朱子之解釋多所肯定，因朱子之說法較精簡，經由蔡清的疏解使意旨更明確，內容亦更豐富。但對於朱子釋卦名常使用的卦變說，蔡清卻認為此乃後起理論，故不採用，也意味著既然重「本義」，自不應引後起理論解釋之，此為蔡清與朱子做法明顯不同處。

此外，因朱子強調「本義」，故於義理表現較少，而蔡清於義理闡釋處較多，無論天道、人事皆有所發揮。在宇宙論部分，將朱子所講的理（太極）指是陰陽二氣變化的所以然之理，將以轉化，導入了創生義、活動義。蔡清將《易》視為模寫天地的著作，說明天地的生成與化育萬物的過程。蔡清導入了周子的太極觀，將太極理解為形上創生實體，動而生陽，靜生陰；陽氣上浮為天，陰氣下凝為地。對於天地既生後，蔡清又以「陽全陰半」之說，解釋天地間一氣而已，即乾元之氣，當萬物將形成之際，陽氣中的凝聚力發揮

---

191 熊過生卒年不詳，明嘉靖八年（1529）年進士。

作用，使萬物得以成形。此說法避免了氣二元論可能出現的爭議。

對於人事，蔡清提出理勢合一。理的部分，蔡清標舉「貞」為《易》的核心觀念，強調「貞正」與「正固」——順時依正道而行並長期固守。至於「勢」，蔡清區分道德義與非道德義，屬道德義者，則聖人以「扶陽抑陰」的作法，參贊化育；而非道德義的自然義者，則察識並順處以參贊化育。一方面重視依正道而行，另方面亦依所處之勢與事，決定合於正理的對應作法。

綜觀《蒙引》對《本義》的重要性有三，一是使朱子《易》為卜筮之書的說法避免遭人誤解，將《易》與術數之書作明確區隔；二是使朱子釋《易》的內容更豐富，意旨更鮮明；三是在義理方面，為朱子《本義》添入更豐富的義理，啟發學《易》者在天道、人事的哲思；故《蒙引》對《本義》有羽翼之功，且在義理上有所開展，皆為《蒙引》對《本義》的重要貢獻。

就《易》學史而言，《蒙引》為明代《易》學開出新的方向，一方面羽翼朱子《易》學，另方面將《易》定位在以道義明吉凶的經書，著重《易》的常理及致用，加強義理解《易》，並加入史事為證，助於學《易》者對《易》的體悟與致用。此外，對於理氣的思維，強調動態創生義，轉化朱子僅言事物靜態存有之理的觀點，走向宇宙生成過程的思考。基於上述所論，對於蔡清《易》學不可偏狹地視為述朱之學，而應就其開展性予以相應理解與肯定，方能見出《蒙引》的特色，及蔡清在《易》學史的重要地位。

來知德《易》學特色
——錯綜哲學

一、朱子《易》學與來氏《易》學

在談明代來知德（字矣鮮，號瞿唐，1525-1604）《易》學[1]前，有必要介紹來氏《易》學與當時學術及《易》學發展史及之關聯性。正如朱伯崑先生所言：「各派《易》學都是它所處的歷史環境的產物，同當時的哲學有密切聯繫，反映了它那一時代的精神面貌，……所以必須弄清各派《易》學哲學的特徵及其歷史特點，方能對其作出正確的評價。目前的研究中，有一種脫離歷史的傾向。如對象數學派的研究，往往漢、宋不分，不談演變。」[2]

《四庫全書總目》將來氏《易》學歸諸象數派，[3]朱伯崑先生《易學哲學史》亦主此說，並認為來氏《易》學特色之一便是「以象解《易》。」[4]在《易》學發展史上，漢《易》與宋《易》各有不同特色，朱伯崑先生指出漢《易》著重經

---

1 《明史‧藝文志》記載，來知德著有《周易集註》卷16。《新校本明史并附編六種》（臺北：鼎文書局，1975年），卷96，頁2347。關於來氏《易》學研究，徐芹庭先生《易來氏學》作了極全面而深入之研究，非常值得參考。

2 〈《周易》研究中值得商榷的幾個問題〉，《周易研究》第2期（1991年），頁2。

3 《四庫全書總目》記載：「其立說專取〈繫辭〉中錯綜其數以論易象，而以〈雜卦〉治之。」《四庫全書總目》（北京：中華書局，1995年），頁30。

4 《易學哲學史》修訂本第三卷（臺北：藍燈文化事業，1991年），頁309。

傳文字訓詁上的解釋，而宋《易》無論義理派或象數派均著重經傳義理之探討；5而宋《易》中的象數派，除承繼漢、唐象數學成果，較特別的是以各種圖式解釋《易》理。6來氏重視圖式之作法，仍是承繼宋《易》而來，至於取象說則受自漢《易》至宋《易》象數派作法的影響。

來知德自言其《周易集註》實救正《周易大全》之不足，即重理而不言象。來氏云：「本朝纂修《易經性理大全》，雖會諸儒眾註成書，然不過以理言之而已，均不知其象。」7來氏所批評《周易大全》這部書，取材於宋・董楷《周易傳義附錄》、元・董真卿的（字季貞）《周易會通》、元・胡一桂（字庭芳，1247-？）《周易本義附錄纂疏》、元・胡炳文（號雲峰，1250-1333）《周易本義通釋》，其中董楷、胡一桂、胡炳文三子皆篤守朱子之說，而董真卿則嘗試會通程、朱二子之說，因此《周易大全》在《易》經、傳文之後，列上《易程傳》及朱子《本義》的說法，而在二書說法之後，補充程、朱二子於他書的說法，並加入與程、朱觀念一致的漢儒及宋、元儒說法匯集而成。

來氏批評《周易大全》重理而不重象，筆者認為主要是針對書中所採程《傳》及程子其他《易》學的說法而言，不應包含朱子《本義》及朱子其他《易》學說法，因為朱子本身便反對重理而不重象，並嘗對此提出批評，彼言道：

5　《易學哲學史》修訂本第三卷，頁 4。

6　《易學哲學史》修訂本第三卷，頁 7。

7　〈來瞿唐先生易註自序〉，《來注易經圖解》（臺北：武陵出版有限公司，1997 年），總頁 8。

> 據某解一部《易》只是作卜筮之書，今人說得太精，
> 便入糜不得；如某之說雖糜，卻入得精，精義皆在其
> 中。若曉得某一人說，則曉得伏羲、文王之《易》，
> 本是作如此用，原未有許多道理在，方不失《易》之
> 本意。今未曉得聖人作《易》之本意，便先要說道
> 理，縱饒說得好，只是與《易》原不相干。……
> 《易》只是說箇卦象，明吉凶而已。[8]

此說明朱子解《易》重在尋出《易》本義，認為《易》作為
卜筮之書，其重心不在說理，而在象與占。朱子認為後世義
理派《易》學，著重在《易》義理的引申發揮，與《易》卦
畫及經文本身無直接關聯。朱伯崑先生亦指出朱子於《易》
學發展的重要貢獻在於：「由於他區別《易經》、《易傳》和
《易》學，從而對《周易》系統典籍的研究，作出超越前人
的貢獻。」[9]

朱子對漢儒之象數《易》學有所批評，並提出個人對
《易》象之一貫主張，彼言道：

> 《易》之有象，其取之有所從，其推之有所用，非苟
> 為寓言也。然兩漢諸儒，必欲究其所從，則既滯泥而
> 不通：王弼以來，直欲推其所用，則又疏略而無據。

8　《朱子語類》（臺北：文津出版社，1986 年），卷 66，總頁 1629。

9　〈《周易》研究中值得商榷的幾個問題〉，《周易研究》第 2 期（1991
　　年），頁 1。

二者皆失之一偏，而不能闕其所疑之錯也。……是以
漢儒求之〈說卦〉而不得，則遂相與創為互體、變
卦、五行、納甲、飛伏之法，參互以求，而幸其偶
合，其說雖詳，然其不可通者，終不可通，其可通
者，又皆附會穿鑿，而非有自然之勢。唯其一二之適
然而無待於巧說者，為若可信，然上無關於義理之本
原，下無所資於人事之訓戒，則又何必苦心極力，以
求於此而欲必得之哉！10

朱子並不反對象於《易》的重要性，所反對者在於硬要
為《易》之取象作解釋，則不免落於牽強附會矣。依朱子之
見：「《易》之取象，固必有所自來，而其為說，必已具於太
卜之官，顧今不可復考，則姑闕之，而直據詞中之象，以求
象中之意，便足以為訓誡而決吉凶。」11既然原初取象之
意，今已無從得知，在傳註經文時則當闕疑，直接就《易》
象存在之作用本身，探究所欲表現之意義及訓戒即可。

無論義理派《易》學或象數派《易》學，朱子明確將派
與《易》卦畫與經文分開，並認為此二派解《易》雖各有其
精妙之見，然畢竟無關乎《易經》本身。而彼所追求的理
想，是儘量貼近《易經》的原始面貌，而非藉《易》發揮個
人的思想。朱子認為彼所追求《易》「本義」及眾家《易》
學的根本差異在於，「自然」與「人為」的不同。所謂自

10《朱文公文集》（臺北：德富文教基金會出版，2000 年），卷 67，總頁
3362。

11 《朱文公文集》，卷 67，總頁 3363。

然，即顯易明白，義蘊無窮；所謂人為，即繁複造作，義蘊有盡。

綜合朱子解釋《易》象時採取的態度有二，其一，朱子深察聖人作《易》，實以有限之象明無窮之理，故認為釋象過於詳盡，則無法見出卦、爻畫所表現出的豐富義涵。彼嘗言道：「聖人作《易》有說得極疏處，甚散漫。如爻象，蓋是汎觀天地萬物取得來闊，往往只彷彿有這意思，故曰『不可為典要』」。12其二，朱子認為《易》之取象皆有理據，只是後人無從識得，亦無須勉強解釋，只消就卦、爻辭中之象領略其意即可。

朱子這種尊重文本及有多少證據說多少話的態度是極嚴謹的治學精神，不以己意妄釋《易經》，讓讀者直接與經典進行對話。或許有人質疑，既然朱子之用意在讓讀者自己掌握《易》本義，那麼又何必作《易本義》？個人以為，朱子《易本義》的作用在遮撥自《易傳》及後世《易》學對《易經》造成的障蔽，長期以來人們誤以為《易》為義理之書，或者為後世象數《易》學之取象理論所糾葛，使《易經》原貌無由得見，故朱子之著力處在於此。

然朱子對《易本義》仍未盡滿意，《朱子語類》記道：「先生於《詩傳》自以為無復餘恨，……而意甚不滿於《易本義》，蓋先生之意，只欲作卜筮用，而先儒說道理太多，終是翻這窠臼未盡，故不能不致遺恨。」13朱子對《易本義》的不滿主要是說道理處仍多，因朱子認為：「譬之此燭

---

12 《朱子語類》，卷 67，總頁 1655。

13 《朱子語類》，卷 67，總頁 1655。

籠，添得一條骨子，則障了一路明。若能盡去其障，使之體統光明，豈不更好！蓋著不得詳說故也。」[14]

若將朱子《詩集傳》與《易本義》併觀，則更能鮮明見出朱子的主張。《詩集傳》主要特色在廢《詩序》，強調以詩解詩，而不受各篇詩序所限。元儒吳澄（字幼清，1249-1333）對《詩集傳》稱讚道：「強詩以合序，則雖曲生巧說，而義愈晦，是則序之有害於詩為多，而朱子之有功於詩為甚大也。今因朱子所定，去各為之序，使不淆亂乎詩之正文，學者因得以詩求詩，而不為序說所惑。」[15]

可見朱子無論註《易》或註《詩》均強調對經文本旨之掌握，實鑑於歷代對文本的發揮太多，致使文本原本的精神被遮掩，故朱子積極捍衛文本本義。以《易》來說，便著重恢復《易》作為卜筮之書的原始面目；既然是卜筮之書，其作用便不在說義理，說象數，只是作為人行事指點之用。對於《易》象，只消就《易》象所揭示之理體會即可，無須窮究取象之由。

二、來知德以模寫論象

來知德認為《易經》取象是可以解釋的，看似與朱子主張《易》象不可解釋相對，但有必要深入檢視二者在討論議

14　《朱子語類》，卷 67，總頁 1655。

15　《吳文正公集》（臺北：新文豐出版公司 1985 年《元人文集珍本叢刊（三）影印明成話二十年刊本》）卷 1，頁 73。

題的範圍或層次界定是否相同。因此，有必要先釐定來氏對
《易》象之理解及界定，進而探討來氏所認為《易》象的作
用，最後再探討來氏認為當如何對《易》象作恰當解釋。

來氏對《易》象的認定是：

> 夫「《易》者，象也；象也者，像也。」此孔子之言
> 也。曰像者乃事理之彷彿近似，可以想像者也，非真
> 有實事也，非真有實理也。若以事論，金豈可為車？
> 玉豈可為鉉？若以理論，虎尾豈可履？左腹豈可入？
> 《易》與諸經不同者，全在於此。如〈禹謨〉曰：「惠
> 迪吉，從逆凶，惟影響」是真有此理也；〈泰誓〉
> 曰：「惟十有三季，春，大會于孟津」是真有此事
> 也，若《易》則無此事，無此理，惟有此象而已。16

來氏據〈繫辭傳〉「象也者，像也」之說，將「像」解
釋為「事理之彷彿近似，可以想像者也」，此句話對於理解
來氏對象的界定極為重要。來氏認為《易》與諸經不同處便
在於象，象所言者非具體事件或道理，只是藉象掌握事與理
之彷彿、近似，故不可從字面直接理解，須經由想像掌握
之。試以來氏所舉「金車」、「玉鉉」說明，來氏釋困九四
「困于金車」言道：「金車指九二，坎車象，乾金當中，金車

---

16 〈易註自序〉，《來註易經圖解》，總頁 8，《來註易經圖解》中的《易註》
　是據〔清〕朝爽堂季刊本影印，與無求備齋《易經集成》本，所依據的版
　本相同。因《來註易經圖解》所包含內容較豐富，故此篇所引內容，以該
　書為主，故於以下註解若為《易經集註》，直接以《易註》的簡稱標出。

之象也。」[17]釋鼎上九「鼎玉鉉」言道:「上九居鼎之極,鉉在鼎上,鉉之象也。此爻變震,震為玉,玉鉉之象也。玉豈可為鉉?有此象也,亦如金車之意。……上九以陽居陰,剛而能柔,故有溫潤玉鉉之象也。」[18]從此二例可見出,來氏認為以金車、玉鉉並不存在於真實世界,而《易》象取之,是因卦畫中有金車與玉鉉之象,透過想像,仍能體會《易》象所欲傳達之理。

與象相關的重要概念便是來氏所提出之「模寫」概念,「模寫」為來氏《易》學重要術語,來氏解釋〈繫辭上傳〉第一章言道:「在天成象,在地成形,未有易卦之變化,而變化已見矣。聖人之《易》,不過模寫其象數而已。」[19]以現代語解釋「模寫」,即模擬形容之意;來氏認為天地萬物皆有其形象,而有象就有數,[20]數隨形即定耳,聖人藉由象模擬事物之象數,以把握事物彷彿近似之理。

朱伯崑先生對來氏模寫說的理解是:「卦、爻象不僅模寫萬物之形象,而且模寫事物之理。但卦、爻象作為摹本,並非萬物本來之形象和事物本來之理,此即『非造化之貞體』,而是對其模寫。因為是模寫,只能是『彷彿近似』,或『惟像其理而近似之』。所以〈繫辭〉說『象者像也』,即憑卦象比擬物象及其所蘊藏的事物之理,所謂『假象以寓

17 《易註·困》,《來註易經圖解》卷9,總頁345。

18 《易註·鼎》,卷10,總頁361。

19 《易註·繫辭上傳》,卷13,總頁418。

20 來氏云:「故天地間萬事萬物,但有儀形者,即有定數存乎其中。」〈圖像補遺〉,《來註易經圖解》,總頁49。

理』。」21

正因卦畫是以陰陽符號來表現事物之象與所蘊涵之理，因此無法完全呈現事物實象與實理，而是展現聖人對事物的認識與體會，來氏稱之為「模寫」，故朱伯崑先生認為「以《周易》中辭、變、象、占即聖人之道，為聖人對自然的模寫，屬于人的認識領域。」22

既然聖人所作辭、變、象、占的目標在模寫自然，故雖出於人為製作，然卻能合於自然之妙而無造作之跡。在來氏《易》學中與模寫說相關的概念便是「自然」，有所謂「自然之數」、「自然之象」、「自然之變」，而其義涵有二，第一義的自然是指易象所模寫的對象為客觀自然界，第二義的自然則指易象所表現渾然天成的特質。關於第二義的自然，以來氏自己之說法觀之，彼嘗指出：「所以上經分十八卦，下經分十八卦，其相綜自然而然之妙，亦如伏羲圓圖相錯自然而然之妙，皆不假安排穿鑿，所以孔子贊其為天下之至變者以此。」23來氏稱上下經相綜之理與伏羲圓圖皆具有自然而然之妙的特色，並無人為刻意穿鑿的痕跡。

朱伯崑先生對來氏所謂「自然」的解釋，一方面認為是「客觀存在」，即第一義的自然；另方面將易象的自然天成視為對自然界的「反映」，遂認定來氏模寫說「具有鮮明的唯物論反映論的特色」。而朱氏「反映論」的說法實依據來氏

---

21 《易學哲學史》修訂本第三卷，頁 328~329。

22 《易學哲學史》修訂本第三卷，頁 332。

23 關於來氏此語及相關圖見於〈伏羲圓圖、文王序卦圖〉《來註易經圖解》，總頁 27~28。

所言：「故象猶鏡也，有鏡則萬物畢照。」24將聖人作象視為鏡射，象不過是自然界在鏡面的呈現，即此進一步指出：「但是他把『自然』的事物，視為人力無可奈何的東西，以安于造化之理數，為最高智慧和德性，又通向了機械的宿命論。」25朱氏從來氏鏡照的比喻，推論來氏主張人力無法改變自然理數，只得安於無可奈何的宿命。

其實朱氏說法並不諦當，原因在於未能恰當理解來氏鏡照的涵義，以及自然的第二義。事實上，以陰陽變化來表現自然事物，已是經過聖人的思考、體會，而非只是直接反映，若以「反映論」稱之，則忽略了聖人創作的意義；此外，「唯物論」之說法，則忽略了聖人仰觀俯察主觀參與的部分。因此，較恰當的說法應當是，聖人用自然無偽的真心諦觀自然造化，此真心清明如鏡，無私意雜染，如模寫自然事理，故能創作出渾然天成的《易》象，而此創作出的自然，已是第二義的自然，是主客相容不二的自然。故朱氏以「唯物論反映論」評斷來氏模寫說，是誤解了來氏所謂的自然。來氏強調的是不假人偽故能渾然天成之意，聖人即象言理是一種主動參與認識的表現，豈是消極接受「機械的宿命論」？

正因《易》象只是模寫自然事物彷彿近似的象與理，故能含無盡之理，而觀象者可發揮個人想像，產生豐富的理解。來氏言道：「有象則大小、遠近、精粗，千蹊萬逕之理，咸宮乎其中，方可彌綸天地；無象，則所言者止一理而

---

24 〈易註自序〉，《來註易經圖解》，總頁8。
25 《易學哲學史》修訂本第三卷，頁332。

已，何以彌綸？」[26]來氏所謂象與理並非二分，而是即象以顯理。若即理言理，不僅理之所指有限，且有些理無法直接以說理的形式去表達。唯有即象見理，方能達至如朱子及來氏所謂以象「彌綸天地」、「萬物畢照」的作用。

關於來氏所言《易》象不合常識常理處，以來氏所言「若以理論，虎尾豈可履？」為例，明儒蔡清（字介夫，號虛齋，1453-1508）解此句時亦注意到此句之疑難。[27]來氏認為「履虎尾」非實有其事，而是指：「履帝位之象也，心之憂危，若蹈虎尾，凜于春水是也。」[28]將履帝位之心與履虎尾之心境作比附，讓人想像其內心之憂危不安。至於取象之由，乃自履中爻為巽，巽之錯卦為震，來氏云：「震為足，有履之象，乃自上而履下也」，近於帝王居上位而臨萬民之象，故而稱之。居帝王之位者，理當憂國憂民，故觀「履虎尾」之象便能體會履帝位者憂危之心。

至於來氏所云：「左腹豈可入？」此是指明夷䷣六四「入于左腹」。來氏認為，此象非指真能入人之腹，而是指

---

26 〈易註自序〉，《來註易經圖解》，總頁8。

27 蔡氏解釋履卦卦辭「履虎尾，不咥人，亨」時指出：「履虎尾，言躡其後也。朱子小註曰：『如踏地，腳跡相似。』又曰：『躡他背脊淺也。』《本義》曰：『有所躡而進之義也。』斯亦危矣，若真個躡著虎尾，豈有不咥人之理？中溪張氏曰：『安有履虎尾而不咥人者？此特寓其履至危而不危之象耳。』此亦認未真也。天下無理外之事，若真個觸著虎尾，豈有不咥人？正為是躡其後耳。」（《易經蒙引》（臺北：成文出版社，1996年無求備齋《易經集成》第49冊，據明刻本《重訂蔡虛齋先生易經蒙引》）卷2，總頁432~433。）蔡氏認為，「履虎尾」不當釋為躡踏虎尾，此與常理不符，而當釋為繼虎之後而進，意即認為虎尾非履之受詞而是虎之代稱；若履於虎之後，而不為虎所弒，自然亨而不危矣。

28 《易註・履》，卷3，總頁199。

「左右腹心」之意，說明關係親近。來氏云：「微子乃紂同姓，左右腹心之臣也。」[29]至於取象之由則是：「坤為腹，……此爻變中爻為巽，巽為入，……然必曰左腹者，右為前，左為後，……然六五近上六在前，六四又隔六五在後，是六五當入其右，而六四當入其左矣。」[30]

此外，尚有一特例，來氏嘗稱：「『其人天且劓』之險語」[31]此是指睽☲六三爻辭，彼認為「劓」非指真割鼻。來氏言道：「其人天者，指六三與上九也，六三陰也，居人位，故曰人；上九陽也，居天位，故曰天，周公爻辭之玄至此。錯艮又為鼻，鼻之象也，……鼻上有戈兵，劓之象也。……然非真割鼻也，鼻者通氣出入之物，六三、上九本乃正應，見其曳掣，怒氣之發，如割鼻然，故取此象；且者未定之辭，言非真割鼻也。」[32]來氏認為取「劓」為象的理由有二，一是就上下二體之象而言，上體為離，離為戈兵；下卦錯艮，艮為鼻，故有劓之象；二是就六三、上九之關係近於劓之象；再加上「劓」前有個「且」字，「且」是未定之詞，正說明非真割鼻也。

從以上數例可知，來氏認為《易》象乃聖人模寫自然事物，所得者僅是近似彷彿之理，與一般平實之常事、常理不同，須加入觀者想像、分析，方能見出箇中真義。也正因如此，《易》象方能涵納萬象眾理，提供豐富的義涵。

29　《易註・明夷》，卷 7，總頁 300。

30　《易註・明夷》，卷 7，總頁 300。

31　《易經字義・綜》，《來註易經圖解》頁 140。

32　《易註・睽》，卷 8，總頁 309。

三、以「卦情之象」考察來
氏取象說之義涵

　　來氏反對「象失其傳」的主張，認為此主張一是因王弼
所代表的義理派不知文王序卦之妙，而主張掃除象數；二是
因主象數派滯泥於〈說卦傳〉，而無法恰當說明取象之由，
致使《易》象不明於世。[33]來氏所謂「文王序卦之妙」是指
六十四卦間的錯、綜關係；[34]而「滯泥於〈說卦傳〉」則是
指僅依〈說卦〉所載之象來解釋卦正體或互體之象，來氏則
認為「卦中立象，有不拘〈說卦〉『乾馬』、『坤牛』、『乾
首』、『坤腹』之類者。」[35]

　　基於上述二點，來氏將《易》之取象歸成九類：(1)卦
情之象、(2)卦畫之象、(3)大象之象、(4)中爻之象、(5)
錯卦之象、(6)綜卦之象、(7)爻變之象、(8)相因為象、
(9)占中之象。[36]並認為其中之錯、綜、爻變、中爻四者，

33　來氏云：「自王弼不知文王序卦之妙，掃除其象，後儒泥滯〈說卦〉，所以
　　說象失其傳，而不知未失其傳也。」《易經字義・象》，《來註易經圖解》，
　　總頁137~138。

34　來氏於《周易集註・自序》云：「孔子沒，後儒不知文王、周公立象，皆
　　藏於序卦錯綜之中。」正說明來氏此處兼以錯綜而言。

35　《易經字義・象》，《來註易經圖解》，總頁137。

36　來氏論〈象〉中有「相因為象」，亦有「占中之象」，就表面名相而言，二
　　者當分別視之，不得混為二；然來氏僅解釋「相因為象」之意，卻未解釋
　　「占中之象」為何指。不知是否即是朱子將象與占區分為二，而占中亦有
　　占之象耳。

為周公作爻辭之取象原則，37此四者乃就符號之關係來解釋取象之由；此外，來氏釋象亦多用卦情之象，即就卦、爻辭之象所代表的意義來解釋取象之由。

關於卦情之象，來氏共舉乾、咸、中孚、漸四卦為例。首先，以乾卦為例，彼言道：「如乾卦本馬而言龍，以乾道變化，龍乃變化之物，故以龍言之。朱子《語錄》『或問卦之象』，朱子曰：『便是理會不得，如乾為馬而說龍，如此之類皆是不通。』殊不知以卦情立象也。且《荀九家》亦有『乾為龍』。」

其次以咸卦䷞為例，來氏言道：「又如咸卦，艮為少男，兌為少女，男女相感之情，莫如季之少者，故周公立爻象曰拇曰腓曰股曰憧憧曰脢曰輔頰舌，一身皆感焉。蓋艮止則感之專，兌悅則應之至，是以四體百骸，從拇而上，自舌而下，無往而非感矣，此則以男女相感之至情而立象也。」

其三以中孚卦䷽為例，來氏言道：「又如豚魚知風，鶴知秋，雞知旦，三物皆有信，故中孚取之，亦以卦情立象也。」其四以漸卦為例，「又以漸取鴻者，以鴻至有時而群，有序不失其時，不失其序，于漸之義為切；且鴻又不再偶于文王卦辭女歸之義為切，此亦以卦情立象也。」38

以上四例，來氏藉以說明卦義與爻辭間在取象上有意義的關聯。關於乾卦以龍為象，指出前儒受限於〈說卦傳〉「乾為馬」之說，認為乾卦的爻辭以龍為象與〈說卦傳〉說

---

37 來氏云：「周公作爻辭，不過此錯、綜、變、中爻四者而已。」《易經字義·中爻》，《來註易經圖解》，總頁 142。

38 《易經字義·象》，《來註易經圖解》，總頁 137。

法不符而認定不可解。來氏一方面指出乾爻辭取龍之象，與
乾卦的卦義主變化有關；另方面指出釋象不應受限於〈說卦
傳〉，《荀九家逸象》亦有「乾為龍」之說。至於咸卦，來氏
認為咸卦的卦義則得自上下二體之象及卦德，即此而言相感
之卦義；進而說明爻辭以全身之象，說明無處不相感，藉以
表現咸卦男女相感的意義。而中孚的卦義為信，則以「豚魚
知風，鶴知秋，雞知旦」三物的特質表現之；而漸卦的卦義
為漸序之意，故以鴻之行徑表現之。

朱伯崑先生將來氏卦情之象等同卦德，並指出：「其解
釋《周易》卦爻辭時也常以卦德為象。……其對乾坤兩卦的
解釋，不取天地說，而取卦德說。如其所說：『天地者，乾
坤之形體；乾坤者，天地之性情。』……他還以卦德解釋物
象之來源。」[39]

朱氏以「卦德」解釋來氏所言「卦情」並不盡相應，
「卦德」是將上下二體分別論其所象徵的意義，所據者乃
〈說卦傳〉：「乾，健也；坤，順也；震，動也；巽，入也；
坎，陷也；離，麗也；艮，止也；兌，說也。」來氏對「卦
德」與「卦情」並未混同，例如來氏云：「正如釋卦名義，
有以卦德釋者，有以卦象釋者，有以卦體釋者，有以卦綜釋
者，皆言象也。」[40]且來氏〈啟蒙〉於各卦標立出「情性」
一項，乾之情性則為「情剛性剛，情健性健」，情、性概念
所指相同，只不過以情指上卦，性指下卦；除了採〈說卦
傳〉卦德說外，另加入剛、柔的區分，亦即先區分上下二體

---

39 《易學哲學史》修訂本第三卷，頁 325。
40 《易經字義‧象》，《來註易經圖解》，總頁 138。

之卦本身剛、柔的特質，再進一步說明所象徵的意義。

　　然來氏〈啟蒙〉所云的「性情」與論象所言的「卦情」並不相同，卦情當視卦名本身所代表的意義，可簡稱為卦義，而卦義不止一端，如乾除了「健」之意外，尚有「變化」之意，如〈彖傳〉言「乾道變化」；而欲表現「變化」之特性，唯以龍為象表現較為相應。咸卦、中孚、漸卦皆同此理。故朱伯崑先生以「卦德」釋來氏「卦情」並不恰當，不若以「卦義」稱之較為適切。

　　來氏以「卦情」釋象的作法與其強調不應滯泥於〈說卦傳〉的主張一致，從來氏以卦情解釋乾、咸、中孚、漸四卦之取象可見出，來氏釋象不受限於〈說卦傳〉，直接對經文的《易》象作合理解釋。其關切者不是〈說卦傳〉中是否言及，而是如何將道理說得通，合於常情常理。

　　來氏批評朱子「如乾為馬而說龍，如此之類皆是不通」的說法，是因朱子不知以卦情論象。其實是因朱子與來氏思考立場不一致所致，此可從二子對〈說卦傳〉之態度見出。朱子《本義》對〈說卦傳〉的內容皆未作解釋，而來氏則詳細解釋之。朱子的立場，乃依證據說話，若〈說卦傳〉所未言的《易》象，則無須勉強解釋取象之由；而來氏則認為，既然〈說卦傳〉所言之象皆可解釋，則經傳出現〈說卦傳〉所未言之象，亦可以常理解釋之。

　　朱伯崑先生以來氏釋〈說卦傳〉「乾為天，為圓，為君」之說法指出：「按此說法，有乾道變化，剛健不息之德，方有天、圓、君、父、良馬之象，這同義理學派之觀點，便沒有什麼區別了。可以看出來氏的取象說，不僅不排

斥取義說，而且包容取義說。這說明取象說不足以解釋卦爻象與卦爻辭之關係，不得不援引取義說了。」[41]

朱氏關於來氏之取象說包容取義說的說法並不充分，其實象數派與義理派解《易》的根本差別並不在於象數派完全不取義，象數派非常重視〈說卦傳〉關於八卦取象的內容，並加以解釋取象之由。以李鼎祚《周易集解》為例，〈說卦傳〉所載漢魏晉象數派對八卦取象之解釋，多採取義說。[42] 反觀義理派的代表王弼、程子，解釋經文中的《易》象，並不採〈說卦傳〉八卦取象的內容，而直接就卦畫本身去分析。足見象數派與義理派的分別在於是否採用〈說卦傳〉的內容來解釋經文之《易》象，並非在取義說的運用與否。朱氏的兩項論斷：1. 來氏取象說包容取義說，及 2. 取象說不足以解釋卦爻象與卦爻辭之關係，不得不援引取義說的主張，皆無法成立。前者，象數派本來就不排斥取義說，甚至運用取義來解釋〈說卦傳〉八卦取象的內容。後者象數派主張取象說，肯定〈說卦傳〉八卦取象的內容，進而用以解釋經文之《易》象，若卦中之象可逕解者則引〈說卦傳〉解之，若否，方援用互體、爻變等方式解之。

---

41 《易學哲學史》修訂本第三卷，頁 325。

42 唐·李鼎祚《周易集解·說卦傳》（臺北：商務印書館，1996 年），卷 17，頁 412~430。

四、來氏釋象之重要體例——錯綜說

　　來氏解象體例最特別的便是錯綜說。朱伯崑先生言道：「同漢《易》、宋《易》相比，其鮮明不同者為錯綜說。所謂爻變說乃漢《易》卦變說的一種形式，中爻說即互體說，皆非來氏所自創。其錯綜說則出於孔疏的非覆即變說，但孔疏是用來解釋《周易》卦序的，不以其解釋經傳文，而來氏則以其為占筮的體例，他企圖以錯綜說代替漢《易》以來的卦變說，特別是程頤《易傳》和朱子《本義》中的卦變說。」[43]

　　據朱伯崑先生所言，認為來氏欲以錯綜說代替漢《易》及宋《易》的卦變說，尤其是程子及朱子的卦變說。考察來氏的說法驗證之，發現來氏雖然反對虞翻、朱子的升降卦變說，甚至不用卦變這個名稱，然而錯綜說其實就是卦變的一種，與孔穎達，俞琰均屬同一類，為「反對」卦變說。以下將詳論之。

　　來氏指出：「以某卦自某卦變者，此虞翻之說也，後儒信而從之，如訟『剛來而得中』，乃以為自遯卦來，不知乃綜卦也，需、訟相綜，乃坎之陽爻來于內而得中也。孔子贊其為天下之至變，正在于此。」[44]此處來氏所指虞翻的卦變說與朱子的卦變說同屬於「升降」的卦變說，至於程子的卦

43　《易學哲學史》修訂本第三卷，頁 322。
44　〈易註自序〉，《來註易經圖解》，總頁 8~9。

變說屬「乾坤交易」，來氏並未明文批評之，朱氏或恐據來氏主張錯綜說而認定來氏反對「乾坤交易」說。

來氏不採「卦變」之名，因彼認為任何一卦一爻變即成他卦，何來朱子所稱「訟自遯卦所變」？遂改以「卦綜」名之。來氏云：「變者，陽變陰，陰變陽也。如乾卦初變即為姤，是就于本卦變之。宋儒不知文王序卦如屯、蒙相綜之卦，本是一卦，向上成一卦，向下成一卦。……如訟之『剛來得中』，乃綜卦也，非卦變也，以為自遯卦變來，非矣。如姤方是變卦，變玄之又玄，妙之又妙，蓋爻一動即變。」[45]據來氏之例，遯☰乃姤☰第二爻變所致，屬「爻變」關係，故來氏稱「就于本卦變之」。來氏《易經啟蒙》於各卦詳細列出「六爻變」，說明各卦六爻之變化情形。至於訟之「剛來得中」乃因與需為綜卦之故，故來氏注曰以卦綜釋卦辭。

錯綜說異於「乾坤交易」及「升降」卦變說，然卻同於「反對」卦變說。[46]朱伯崑先生藉來氏與孔疏對比，指出來氏的特色在於以錯綜說解釋經傳文，若以此視為來氏《易》

---

45 《易經字義・變》，《來註易經圖解》，總頁141。

46 關於「乾坤交易」，黃宗羲指出：「程子亦專以乾、坤言卦變，本之蜀才，曰：『此本乾卦』，『此本坤卦』，荀爽曰：『謙是乾來之坤。』非創論也。但三陰、三陽之卦，此往彼來，顯然可見，其他則來者不知何來，往者不知何往。……故朱子曰：『程子專以乾、坤言卦變，然只是上、下兩體皆變者可通，若只一體變者則不通。』蓋已深中其病矣。」《易學象數論・卦變三》（《黃宗羲全集》第九冊（浙江：浙江古籍出版社，1993年），頁59~60。至於「升降」與「反對」，升降義例重在爻的變化，認為爻的改變造成卦的變化；反對義例重在卦本身，由卦的變化導致爻的改變。前者則落在爻的升降上，後者將主變權落在兩相對反的卦體上，形成兩種不同的概念架構。

學的特色，其實並不充盡，因元代俞琰（字玉吾，1258-
1314）亦主此「反對」說，並用以解釋部分的經傳文。

俞琰的「剛柔上下往來圖」[47]將〈彖傳〉言及卦變的內
容，配合反對圖式作說明。例如復䷗〈彖〉「剛反」，俞琰認
為此乃自剝䷖取義「剝倒轉即成復」；晉䷢「柔進而上行」，
俞氏言自明夷䷣取義「以六二進為六五」；至於中孚䷼「柔
在內而剛得中」，小過䷽「柔得中，……剛失位」，俞氏認
為：「此兩卦不可倒轉者也，……就兩卦之相比對說，不拘
卦之先後也。」[48]俞氏依〈彖傳〉所言整理出相關的圖：復
䷗與剝䷖、訟䷅與需䷄、渙䷺與節䷻、隨䷐與蠱䷑、无妄䷘
與大畜䷙、賁䷕與噬嗑䷔、睽䷥與家人䷤、鼎䷱與革䷰、晉
䷢與明夷䷣、漸䷴與歸妹䷵、恆䷟與咸䷠、中孚䷼與小過䷽
共十二組。除中孚與小過這組為對卦外，均為反卦關係。俞
琰以〈彖傳〉言及卦變的十三卦：復、訟、渙、隨、无妄、
賁、睽、鼎、晉、漸、恆、中孚、小過，發現皆能以反對解
釋之，便認為〈彖傳〉中有關卦變之內容可以用反對來解
釋。

來氏亦以「綜」解釋〈彖傳〉中論及卦變之文字。然來
氏以「卦綜」稱之，且認為〈彖傳〉以「卦綜」釋卦名、卦
辭者共二十七卦——需、訟、小畜、同人、大有、隨、蠱、
噬嗑、賁、无妄、大畜、咸、恆、晉、睽、蹇、解、損、
益、升、井、鼎、艮、漸、旅、渙、節。與俞氏認定最大殊

---

47 《讀易舉要》（臺北：新文豐出版社，1983 年《大易類聚初集》本），頁
617~619。

48 《讀易舉要》，頁 617~619。

異者，俞氏認定諸卦中之中孚與小過為對卦（即來氏之錯卦），而來氏例則無之；在來氏認定之二十七卦中，有九組正好為綜卦關係，（1）需䷄「位乎天位以正中也」與訟䷅「剛來得中」、（2）同人䷌「柔得位得中」與大有䷍「柔得尊位大中」、（3）隨䷐「剛來而下柔」與蠱䷑「剛上而柔下」、（4）噬嗑䷔「柔得中而上行」與賁䷕「柔來而文剛」、「分剛上而文柔」、（5）无妄䷘「剛自外來而為主于內」與大畜䷙「剛上而尚賢」、（6）咸䷞「柔上而剛下」與恆䷟「剛上而柔下」、（7）蹇䷦「往得中」與解䷧「往得眾」、（8）損䷨「損下益上，其道上行」與益䷩「損上益下」、（9）渙䷺「剛來而不窮，柔得位乎外」與節䷻「剛柔分剛得中」。

以第三組隨䷐與蠱䷑為例，來氏釋隨〈彖〉「剛來而下柔」：「隨、蠱二卦同體，文王綜為一卦，故〈雜卦〉曰『隨，無故也；蠱則飭也』，言蠱下卦原是柔，今艮剛來加于下，而為震，是剛來而下于柔也。」[49]釋蠱〈彖〉「剛上而柔下」，來氏云：「蠱綜隨，隨初震之剛，上而為艮，上六兌之柔，下而為巽也。」[50]

來氏將相綜之卦視為「同體」[51]之一，隨與蠱相綜，二卦可視為一卦。並以〈雜卦〉「隨，無故也；蠱則飭也」輔助解釋卦名，來氏云：「隨無大故，故能相隨；蠱有大故，故當整飭。」[52]藉以說明二卦為同體綜卦，故卦名亦相關

---

49 《易註·隨》，卷4，總頁226。

50 《易註·蠱》，卷4，總頁230。

51 來氏所謂之「同體」是指卦畫結構相同者，如同為四陽二陰之卦，或一陽五陰之卦等。

52 《易註·雜卦傳》，卷15，總頁505~506。

聯。進而說明隨卦「剛來而下柔」是蠱之上九於隨成為初九，而居於六二之下；而蠱卦「剛上而柔下」是隨初九於蠱成為上九，隨上六成為蠱之初六。

第四組噬嗑☲☳與賁☶☲，噬嗑〈彖〉「柔得中而上行」，來氏云：「言賁下卦離之柔得中上行而居乎噬嗑之上卦也。」[53]賁〈彖〉「柔來而文剛」、「分剛上而文柔」，來氏云：「柔來文剛者，噬嗑上卦之柔來文賁之剛也。柔指離之陰卦，剛則艮之陽卦也，柔來文剛以成離明。」「分噬嗑下卦之剛，上而為艮，以文柔也。剛指震之陽卦，柔則離之陰卦也，剛上而文柔以成艮止。」[54]

第五組无妄☰☳與大畜☶☰，无妄〈彖〉「剛自外來而為主于內」，來氏云：「剛自外來者，大畜上卦之艮來居无妄之下卦為震也，剛自外來作主于內。」[55]大畜〈彖〉「剛上而尚賢」，來氏云：「剛上者，大畜綜无妄，无妄下卦之震上而為大畜之艮也，上而為艮，則陽剛之賢在上矣，是尚其賢也。」[56]

俞琰亦用解釋經文，然僅舉數卦為例：（1）臨「八月有凶」，「八月」指觀而言，觀與臨相對也。（2）泰言「小往大來」，否言「大往小來」，兩卦相仍。（3）夬九四、姤九三均有「臀无膚，其行次且」之辭，夬與姤相對。（4）損六五、益六二均有「十朋之龜，弗克違」之辭，損與益相對。（5）

---

53 《易註·噬嗑》，卷5，總頁240。
54 《易註·賁》，卷5，總頁243。
55 《易註·无妄》，卷6，總頁256。
56 《易註·大畜》，卷6，總頁259。

既濟九三、未濟九四皆言「伐鬼方」，既濟、未濟相對。57
由諸例可見出，俞氏認為重出之卦爻辭可以卦與卦之反對關
係解釋之，而所舉之例中亦顯示重出之《易》象亦可用反對
解釋得通。

　　來氏的錯綜說與俞琰的說法相較，其特殊處有三：其
一，前面已指出俞氏仍延用「卦變」之名，而來氏則以「卦
綜」稱之；俞氏以「反」與「對」為卦變體例，而來氏既稱
為「卦綜」，僅有「綜」（反）而無「錯」（對）。

　　其二，來氏將錯綜說普遍應用於解釋經傳文之取象。朱
伯崑先生雖僅就來氏與孔疏作比較而得出——來氏以錯綜說
解釋經傳文，此論斷應用於來氏與俞氏的比較仍能成立。

　　其三，來氏的錯綜說與俞氏之最大殊異處在於，俞氏的
反對說僅就六畫卦而言，來氏論「綜」與俞氏相同；然而來
氏論「錯」其應用較廣，可分為五類：本卦、上下二體之
卦、中爻、本卦大象、爻變。

　　首先，以「錯」釋卦爻辭部分，來氏言道：

> 八卦既錯，所以象即寓于錯中。如乾為馬，坤即利牝
> 馬之貞。履卦兌錯艮，艮為虎，文王即以虎言之；革
> 卦上體乃兌，周公九五爻亦以虎言之。又睽卦上九純
> 用錯卦，師卦「王三錫命」純用天火同人之錯，皆其
> 證也。又有以中爻之錯言者，如小畜言雲，因中爻錯
> 離，坎故也；言惕者，坎為加憂也。又如艮卦九三中

57　《讀易舉要》，頁 626。

爻坎，爻辭曰「薰心」，坎水安得薰心，以錯離有火煙也。[58]

來氏所舉坤☷卦辭「利牝馬之貞」、履☰卦辭、九四「履虎尾」、革☲九五「大人虎變」、睽☲上九「見豕負塗，載鬼一車」乃以上下二體之卦言錯，而師卦☷「王三錫命」則用本卦之錯；至於小畜☴卦辭「密雲不雨」與六四「血去惕出」、艮九三「厲薰心」則是運用中爻之錯。

再引其他例證說明「錯」五種類型的運用，(1)本卦之錯，如釋同人☲九五「大師克相遇」云：「本卦錯師亦有師象。」[59] (2)上下二體之錯，例如，來氏釋大過☱九五「士夫」之象云：「兌錯艮，少男也，士夫之象。」[60]此乃將錯運用在上體之卦。又釋小畜☴九三「輿說輻」言道：「乾錯坤，輿之象也。」[61]此則將錯運用在下體之卦。(3)中爻（互體）之錯例如，釋履☱六三「眇能視，跛能履」言道：「中爻巽錯震足，下離為目，皆為兌之毀折，眇跛之象也。」[62] (4)本卦大象之錯，例如，釋大畜☶六五「豶豕之牙」云：「本卦大象離，離錯坎，豕之象也。」[63] (5)爻變之錯，例如，釋大有☲九二「有攸往」云：「二變中爻成

---

58 《易經字義・象》，《來註易經圖解》，總頁137~138。

59 《易註・同人》，卷4，總頁214。

60 《易註・大過》，卷6，總頁267。

61 《易註・小畜》，卷3，總頁196。

62 《易註・履》，卷3，總頁200。

63 《易註・大畜》，卷6，總頁261。

巽，巽為股，巽錯震為足，股足震動，有攸往之象也。」64

而來氏以「錯」釋象有兩例極為特殊，一是釋履☲卦辭「履虎尾」云：「下卦兌錯艮，艮為虎，虎之象也，乃兌為虎，非乾為虎也，先儒不知象，所以以乾為虎。周公因文王取此象，故革上體兌亦取虎象。」65來氏認為履卦辭「履虎尾」中「虎」之取象是依下卦兌錯艮而言，非如先儒遽以「乾為虎」取象，而「艮為虎」是據《荀九家逸象》之說法；來氏更進一步以革九五「大人虎變」為證，指出「虎」亦以上體兌錯艮取象。

二是來氏釋小過☲卦辭「飛鳥之遺音」言道：「小過錯中孚，象離，離為雉，乃飛鳥也；既錯變為小過，則象坎矣，見坎不見離，則鳥已飛過，微有遺音也。《易經》錯綜之妙至此。」66將坎所錯之離，因坎可見而離不可見，與鳥已飛之象結合，以錯卦之象表現不可見之象，饒富興味。

關於來氏用「綜」釋卦、爻辭部分，與俞氏有重疊之處，(1) 俞氏釋泰☲言：「泰言『小往大來』，否言『大往小來』，泰否相仍。」，而來氏釋泰亦言：「小往大來者，言否內卦之陰，往而居泰卦之外；外卦之陽，來而居泰卦之內也。」而否☲「大往小來」則反之。67 (2) 損☲六五、益☲六二均有「十朋之龜，弗克違」之辭，俞氏指出損與益相對。來氏亦云：「如損、益綜，損之六五即益之六二，特倒

64　《易註‧大有》，卷4，總頁216。

65　《易註‧履》，卷3，總頁199。

66　《易註‧小過》，卷12，總頁405。

67　《易註‧泰》，卷3，總頁203。

轉耳，故其象皆『十朋之龜』。」68（3）俞氏指出夬☱☰九四、姤☰☴九三均有「臀无膚，其行次且」之辭，夬與姤相對。來氏亦云：「夬、姤綜，夬之九四即姤之九三，故其象皆『臀无膚』。」69以上諸例，乃二子觀卦、爻辭重出或相關之現象，皆可以「綜」（「反」）解釋得通。

此外，經、傳中有許多相同取象，例如，「獄」，噬嗑☲☳、賁☶☲、豐☳☲、旅☲☶皆有「獄」之取象，來氏利用「綜」說明各卦以獄取象之關聯。來氏解釋噬嗑卦辭「利用獄」、賁〈象〉「无敢折獄」言道：「賁與噬嗑相綜，噬嗑『利用獄』者，明因雷而動也；賁『不敢折獄』者，明因艮而止也。」70以賁與噬嗑相綜，二者皆有離卦，乃獄之象，然噬嗑下卦為震，震為動，故言「利用獄」，賁上卦為艮，艮為止，故為「无敢折獄」。此關係亦可用以解釋豐〈象〉「折獄致刑」、旅〈象〉「不留獄」，來氏雖未直接以「綜」解釋二者之取象關係，僅於旅言：「因綜豐雷火，故亦言用刑。」71其實，若進一步解釋二者之關聯，亦可援引噬嗑、賁二卦之例，豐上卦為雷，動之象，故「折獄致刑」；而旅下卦為艮，艮為止，故有「不留獄」之象。

來氏認為有些卦、爻辭不容易解釋，而以「玄辭」稱之，然若能以「綜」解之，義可得也。如來氏稱井☵☴卦辭「改邑不改井」為玄辭72，並解釋道：「巽為市邑，在困為

68　《易經字義・綜》，《來註易經圖解》，總頁139~140。
69　《易經字義・綜》，《來註易經圖解》，總頁139~140。
70　《易註・賁》，卷5，總頁244。
71　《易註・下經》，卷11，總頁384。
72　《易經字義・綜》，《來註易經圖解》，總頁140。

兌，在井為巽，則改為邑矣。」而「往來井井」亦可合併說明。彼言道：「在井卦，坎往于上；在困卦，坎來于下，剛居于中，往來不改，故曰：『往來井井』，《易經》玄妙處，正在于此。」[73]所謂「玄辭」正是指卦爻辭之取象無法直接從卦畫之象中見出，必須藉由「綜卦」方能尋出取象之由，即此而言「玄」也。

　　然「玄」並非無法理解，而是指深妙之義。例如來氏釋訟䷅九二「歸而逋」云：「需、訟相綜，訟之九二即需之九五，曰『剛來而得中』，曰『歸而逋』，皆因自上而下，故曰『來』曰『歸』，其字皆有所本，如此玄妙，豈粗心者所能解。」[74]此例與來氏釋泰、否卦辭「往」、「來」近似，皆是以「綜」說明卦、爻辭用字之深妙。

　　朱伯崑先生從來氏以「綜」解釋卦、爻辭重出之現象，舉出一些特例，如來氏解釋泰、否初爻爻辭「拔茅茹以其彙」及履六三「眇能視，跛能履」、歸妹初九「跛能履」。以泰、否之例而言，朱氏指出來氏既言「否綜泰，故初爻辭同」，此說法與來氏解釋損、益「十朋之龜」之例不類，損、益相綜，損六五即益六二，故爻辭同；而泰、否相綜，泰初六爻辭當為否上九爻辭，而非初爻辭同也。至於履與歸妹非相綜之卦，卻有相同爻辭，亦與來氏以綜說明卦爻辭重出之例不符。[75]

　　故朱氏認為：「來氏所設想的體例，同樣不能適合一切

---

73 《易註・井》，卷9，總頁347。
74 《易註・訟》，卷2，總頁184。
75 朱氏說法見於《易學哲學史》修訂本第三卷，頁323。

卦爻象和卦爻辭，而且有的解釋是自相矛盾。至于他用那種
體例，解釋那些卦爻辭，更沒有什麼規則。在他看來，那種
體例能將卦爻象和卦爻辭的聯繫解釋的通，就用那種體
例。」76朱氏所言，確合實情。

來氏釋象確如朱氏所言極為靈活，並不專主一義，或採
錯綜例，或採爻變、中爻例，只要將象解的通均可用之。試
舉三例說明之，其一，來氏釋同人䷌九三「伏戎于莽」云：
「離錯坎為隱伏，伏之象也；中爻巽為入，亦伏之象
也。……對五而言，三在五之下，故曰伏。」77對於「伏」
字取象之由，來氏便有三種不同解釋，可見來氏釋象並非專
主某種特定體例。

其二，旅䷷上九「旅人先笑後號咷」中的「號咷」，來
氏不直接以來氏補象「坎為號」釋之，而以「上九一變，則
悅體變為震動，成小過災眚之凶，豈不號咷？」78來氏運用
爻變、中爻解釋「號咷」之取象。

其三，履䷉卦辭「履虎尾」之「尾」與遯初六「遯尾
厲」，來氏釋履云：「尾者，因下卦錯虎，所履在下，故言尾
也，故遯卦下體艮亦曰尾。」79來氏於此「因下卦錯虎，所
履在下，故言尾也」，又言「遯卦下體艮亦曰尾」，皆可視為
以艮取象。80然來氏釋遯䷠初六「遯尾厲」亦言道：「陰初

---

76 《易學哲學史》修訂本第三卷，頁324。
77 《易註・同人》，卷4，總頁213。
78 《易註・旅》，卷11，總頁387。
79 《易註・履》，卷3，總頁199。
80 來氏於〈說卦傳〉補充個人論象指出「艮為尾」，《易註・說卦傳》，卷
　 15，總頁496。

在下，乃遯之尾。」卻是將初六在下有尾之象，與前所言以
艮取象不同，一以爻位取象，一以下體之卦取象。

　　然朱伯崑先生以下之說法，則有疑議，朱氏言道：「他
自認為……將已失傳的《周易》的象發掘出來，實際上仍舊
是一種失敗的嘗試。他的嘗試又一次證明《周易》中的卦爻
象和卦爻辭間本沒有必然的聯繫。」[81]

　　依朱氏的說法，來氏與先儒所以無法證明《易》之卦爻
象和卦爻辭間有必然聯繫，朱氏於此雖無進一步說明，然從
朱氏另一篇文章可得出答案。朱氏同意朱子將《易》視為卜
筮之書，並認為：「《易經》的編纂出於占筮的需要，某一卦
或某一爻象，繫之以某文辭，並無理論上的依據。《周易》
只有形式上的體系，將其哲理化，是《易傳》和後來學者的
任務。」[82]

　　其實，朱氏將來氏欲發掘失傳的象與解釋象與辭間之必
然聯繫聯結在一塊，並不恰當。從來氏釋象的作法，可發現
來氏確實想為《易》之取象作出解釋，且運用許多方式，如
錯綜說、中爻、爻變等體例，證明《易》象是可以理解的。
更常見的是，來氏並未以系統方式解釋《易》象，即使
《易》象相同，然來氏對取象之解釋卻不相同，從前面所舉
同人、旅、履三例便可見出。就整個《周易集註》考察，確
實未見出如朱氏所稱來氏致力說明卦爻象與卦爻辭間之必然
聯繫，故朱氏所稱失敗之嘗試，用於評價來氏《易》學並不

81　《易學哲學史》修訂本第三卷，頁324。

82　〈《周易》研究中值得商榷的幾個問題〉，《周易研究》第 2 期（1991
　　年），頁1。

恰當。

五、來氏錯綜哲學之定名

　　朱伯崑先生認為《四庫全書總目》對來氏的評論：「皆由冥心力索，得其端倪，因而參互旁通，自成一說，當時推為絕學。」及「故數百年來，信其說者頗多，攻其說者亦不少」，是就「來氏解釋《周易》經傳所提出的體例說的。」[83]然若就《總目》所論統體觀之，似乎不盡是就體例而言。以下將引較完整文字說明之。《總目》評論來氏《易》學特色言道：

> 其立說專取〈繫辭〉中錯綜其數以論易象，而以〈雜卦〉治之。錯者，陰陽對錯，如「先天圓圖」乾錯坤、坎錯離，八卦相錯是也；綜者，一上一下，如屯、蒙之類本是一卦，在下為屯，在上為蒙，載之文王序卦是也。其論錯有四正錯、四隅錯，論綜有四正綜、四隅綜，有以正綜隅，有以隅綜正。其論象有卦情之象，有卦畫之象，有大象之象，有中爻之象，有錯卦之象，有綜卦之象，有爻變之象，有占中之象。其注皆先釋象義、字義及錯綜義，然後訓本卦、本爻正意。皆由冥心力索，得其端倪，因而參互旁通，自

---

83 《易學哲學史》修訂本第三卷，頁352。

成一說，當時推為絕學。然上、下經各十八卦本之舊
說，而所說中爻之象，亦即漢以來互體之法，特知德
縱橫推闡，專明斯義，較先儒為詳盡耳。84

依《總目》所下評論的前後文字觀之，既稱「上、下經
各十八卦本之舊說，而所說中爻之象，亦即漢以來互體之
法」，其中「中爻之象」便是朱氏所稱之體例，而「卦畫之
象」、「大象之象」、「爻變之象」其實亦非來氏所獨創，若只
是較先儒之說法詳盡，根本稱不上「自成一說」，如何在當
時推為絕學？亦無法見出來氏「冥心力索」之心血。

正因朱氏是從來氏釋《易》經傳所提出的體例來評斷其
特色，方有以下的評論：「但錯綜說作為占筮的體例，同卦
變說，並無本質的區別，都承認一卦可以變為另一卦，其不
同者在於卦變的形式。來氏自認為其錯綜說，可以解釋通卦
爻象和卦爻辭之間的聯繫，乃發前人之所未發，其實仍舊是
對傳統體例的一種補充，仍存在著邏輯上的矛盾。」85

又曰：「但就其《易》學哲學來說，來氏雖不是明代有
名的哲學家，但他以象學為中心，注解《易》理，承認一般
原則即寓于個別之中，這對後來哲學家方以智和王夫之等的
哲學也起了一定的影響。」86

前所引述朱氏的說法，足見朱氏將來氏《易》學特色的
認定在來氏的取象說，並認為來氏所提出的解釋體例，即是

---

84 《四庫全書總目・經部・易類五》（北京：中華書局，1995 年），頁 30。
85 《易學哲學史》修訂本第三卷，頁 323。
86 《易學哲學史》修訂本第三卷，頁 352。

以錯綜說解釋卦爻辭之取象，但卻無法完全解通，僅能針對卦爻辭之取象作個別解釋；雖然如此，朱氏仍將此視為來氏對《易》學的貢獻。

陳德述先生的看法亦與朱伯崑先生一致，皆從體例方面來評斷來氏之特色，陳氏言道：「來知德《易》說的獨創性主要是關於錯綜、中爻的理論，他從橫向和縱向兩個方面把六十四卦聯繫成一個整體，這樣六十四卦就成了縱橫內外密切聯繫的網絡結構。還由於來知德把他錯綜、中爻的理論與卦爻辭緊密結合起來，用象數釋義理，使許多難以理解的卦爻辭豁然明白了。由此可見，來知德的《易》說不僅揭示了《易》卦象數之間的聯繫，還揭示了象數和義理之間的聯繫，從而說明了《周易》這部著作有其完整的網絡結構和嚴密的系統性。」[87]

若將朱、陳二子的說法作個比較，相同處在於，二子皆認為來氏《易》學致力於解釋卦爻象和卦爻辭的聯繫。而殊異處在於，朱氏認為來氏的作法證明卦爻象和卦爻辭並無必然聯繫，而陳氏反倒認為來氏的作法證明《易》具有嚴密系統性；關鍵在於二子論斷標準不同，朱氏是從來氏成果作檢討，而陳氏所論只是說明來氏《易》學所欲致力的目標。

雖然朱、陳二子的評論略有出入，然皆無法見出來氏《易》學真正特色所在。一部分理由，前已提及，而更重要的部分是來氏所著重者乃《易》如何模寫天道、人道「對待」及「流行」之理，而非重在《易經》是否具嚴密的系統

---

87 《儒學文化論・來知德的易學及其自然哲學》（四川：巴蜀書社，1995年）。

性。朱氏之評斷較適合王船山解《易》之作法；而陳氏所稱雖不適合評論來氏《易》學，但卻適合評價元代的吳澄。吳澄的〈卦變說〉、〈卦主說〉、〈卦統說〉，皆致力於尋找《易經》解釋的系統性。

《總目》所稱來氏《易》學的特色「參互旁通，自成一說」，正是指來氏的「錯綜說」。錯綜說不只是來氏釋象的體例，亦是來氏《易》學之核心思想。運用卦畫符號之錯綜關係解象，只是來氏《易》學之一端，其背後有著豐富而深刻之哲學義涵，意即《易》經傳所表現及模寫天地自然之「對待」、「流行」之理。

來氏認為「錯」與「綜」是相互關聯的，來氏言道：「蓋有對待，其氣運必流行而不已；有流行，其象數必對待而不移。故男女相對待，其氣必相摩盪，若不相摩盪，則男女皆死物矣。」[88]又云：「必有伏羲之對待，水火相濟，雷風不相悖，山澤通氣，然後陽變陰化，有以運其神妙萬物而生成之也。若止于言流行而無對待，則男女不相配，剛柔不相摩。獨陰不生，獨陽不成，安能行鬼神，成變化。」[89]來氏認為，宇宙間一氣而已，而氣本身有變化之力量，一為陰，一為陽。就性質而言，陰、陽看似為二；就作用而言，卻是為一。綜言之，陰、陽是同一物本身之變化，而非二物互相作用，陽會漸漸變陰，陰會漸漸變陽，就在陰陽變化之同時，萬物于焉生成，變化亦于焉產生。

對於來氏所論「錯」與「綜」當以體用關係解釋之。此

---

88 〈文王八卦方位之圖〉，《來註易經圖解》，總頁 26。
89 《易註・說卦》，第 6 章，總頁 490。

處可與來氏對「一陰一陽之謂道」的解釋相印證。來氏云：
「此一陰一陽之道，若以易論之，陽生陰，陰生陽，消息盈
虛，始終代謝，其變无窮。」[90]來氏又云：「天地雖分陰
陽，止是一氣，不過一內一外而已，一內一外即一升一況，
一威一衰，一代一謝，消息盈虛，循環无端，所以言剝言
復。」[91]來氏認為所謂的道即見於陰陽不斷消長變化中，而
陰陽所以變化不已者即道之作用也。即此而論錯綜，「錯」
言陰陽之體，「綜」言陰陽變化之用，合而言之乃即用顯
體，有陰陽對待之體必有流行之用，而陰陽之體則由流行之
用中開顯。

關於「錯」，來氏言道：「錯者，陰與陽相對也。……八
卦相錯，六十四卦皆不外此錯也。」[92]來氏認為「錯」就自
然人事根本之理而言，是指陰陽是相對共存的，亦即「天地
造化之理，獨陰獨陽不能生成，故有剛必有柔，有男必有
女」。[93]正因陰與陽不能獨存，故天地自然界會出現兩種對
立的特質，而《易經》便是把握此重要原理，藉著八卦符
號，表現陰陽對待之理。

對錯與綜，來氏較多著墨於「綜」，此與體不易見，須
即用而顯體有關。故來氏強調：「故讀《易》者不能悟文王
序卦之妙，則《易》不得其門而入，既不入門而宮牆外望，
則『改邑不改井』之玄辭，『其人天且劓』之險語，不知何

90　《易註·繫辭上傳》，第 5 章，總頁 427。
91　《易註·復》，卷 5，總頁 250。
92　《易經字義·錯》，《來註易經圖解》，總頁 139。
93　《易經字義·象》，《來註易經圖解》，總頁 137~138。

自而來也。」[94]所謂「文王序卦之妙」是指「綜」而言，此乃入《易》之門戶，明此方能瞭解《易》之取象。

　　來氏解釋「綜」言道：「綜字之義，即織布帛之綜，或上或下，顛之倒之者也。」[95]又言：「蓋易以道陰陽，陰陽之理流行不常，原非死物膠固一定者，故顛之倒之，可上可下者，以其流行不常耳。」[96]來氏以織布之綜來說明「綜」之義涵，或指陰陽之理流行不已，或指卦畫變化無常。

　　來氏先據〈伏羲八卦方位圖〉解釋八卦之「四正綜」與「四隅綜」。來氏先區分出四正卦——乾、坤、坎、離與四隅卦——巽、兌、艮、震，來氏云：「如乾、坤、坎、離四正之卦，則或上或下；巽、兌、艮、震四隅之卦，則巽即為兌，艮即為震，其卦名則不同。」[97]亦即以四正卦而言，屬不變之卦，而四隅卦方有綜之變化。巽與兌綜，為同體之卦；震與艮綜，亦為同體之卦。再將八卦擴成六十四卦，其綜義為，來氏云：「如屯、蒙相綜，在屯則為雷，在蒙則為山是也。如履、小畜相綜，在履則為澤，在小畜則為風是也。如損、益綜，損之六五即益之，特倒轉耳，故其象皆『十朋之龜』。夬、姤綜，夬之九四即姤之九三，故其象皆『臀无膚』。」[98]

　　來氏進而就六十四卦作「正綜」、「雜綜」之區分。所謂「正綜」、「雜綜」是關聯來氏論八卦變六十四卦所提出「八

94　《易經字義・綜》，《來註易經圖解》，總頁140。
95　《易經字義・綜》，《來註易經圖解》，總頁139。
96　《易經字義・綜》，《來註易經圖解》，總頁140。
97　《易經字義・綜》，《來註易經圖解》，總頁139。
98　《易經字義・綜》，《來註易經圖解》，總頁139～140。

加八」法而來的。來氏認為從八卦到六十四卦所展現者正是天地陰陽之神妙變化，而非人為機械式的符號解釋。來氏言道：

> 如乾為陽剛，乾下變一陰之巽、二陰之艮、三陰之坤，⋯⋯是剛柔相推也。⋯⋯所以每一卦六變即歸本卦，下爻畫變為七變，連本卦成八卦，以八加八即成六十四卦。古之聖人見天地陰陽變化之妙，原是如此，所以以『易』名之。若依宋儒之說，一分二，二分四，四分八，八分十六，十六分三十二，三十二分六十四，是一直死數，何以為易？且通不成卦。唯以八加八，方見陰陽自然造化之妙。[99]

　　來氏所言宋儒是指邵雍之說法，而朱子亦承繼之。[100] 來氏認為此類說法之限制在於機械式靜態地解釋，無法見出宇宙動態造化之功；而其「八加八」法較能將符號變化與宇宙陰陽變化之妙相結合，進而見出古聖人如何藉由卦畫去摹寫天地自然間陰陽變化之神妙。

99　〈八卦變六十四卦圖〉，《來註易經圖解》，總頁 33~34。

100　關於「一分二，二分四，四分八，八分十六，十六分三十二，三十二分六十四」，此說法完整保存於吳澄《易纂言》，彼言道：「邵子謂一分為二，朱子謂一奇一偶」，「邵子謂二分為四，朱子謂兩儀各生奇偶」，「邵子謂四分為八，朱子謂四象各生奇偶」，「邵子謂八分為十六，朱子謂八卦各生奇偶」，「邵子謂三十二分為六十四，朱子謂五畫各生奇偶」。⋯⋯邵子曰：『一變而二，二變而四，三變而八卦成矣。四變而十有六，五變而三十有二，六變而六十四卦備矣。』」（臺北：成文出版社，1976 無求備齋易經集成》第 35 冊，頁 1~21。

　　其實來氏「八加八」法是承繼京房「八宮卦」法，京房稱其「八宮卦」法是將八宮卦各自分為「四易」，京房言道：「孔子云：『易有四易：一世、二世為地易，三世、四世為人易，五世、六世為天易，游魂、歸魂為鬼易。』」，而來氏之「八加八」法之內容幾乎同於京房之「八宮卦」說。101所異者，來氏不直接用「游魂」、「歸魂」之術語，而以「復還四爻變」、「歸本卦」替之，只稱之為「類術家所謂遊魂、歸魂」102。

　　關於「正綜」、「雜綜」則是本「八加八」法而來，其法則則是──四正卦與四正卦相綜，四隅卦與四隅卦相綜，來氏言道：「然乾、坤、水、火四正之卦，四正與四正相綜；艮、巽、震、兌四隅之卦，四隅與四隅相綜，雖雜亦不雜也。」103來氏並以乾、坤二卦為例說明道：

---

101 京房的說法見於《京房易傳》《影印文淵閣四庫全書》總冊 808（臺北：商務印書館，1983 年）《四庫全書》本，卷下，總頁 466。京房之八宮卦內容為：「乾宮：姤、遯、否、觀、剝、晉、大有，震宮：豫、解、恆、升、井、大過、隨，坎宮：節、屯、既濟、革、豐、明夷、師，艮宮：賁、大畜、損、睽、履、中孚、漸，坤宮：復、臨、泰、大壯、夬、需、比，巽宮：小畜、家人、益、无妄、噬嗑、頤、蠱，離宮：旅、鼎、未濟、蒙、渙、訟、同人，兌宮：困、萃、咸、蹇、謙、小過、歸妹。」目前所見《四庫全書》本《京房易傳》便依此次序排列，惠棟（字定宇，1697-1758）《易漢學》亦曾整理京房「八宮卦次序圖」。《易漢學》（北京：中華書局，1985 年），卷 4，頁 62。京房將其中十六卦以「游魂」、「歸魂」解釋，所謂「游魂」、「歸魂」，以晉、大有為例，京房言：「晉，陰陽反復，進退不居，精粹氣純，是為游魂。……乾道變化，萬物通矣，六爻交通；至於六卦陰陽相資相反，相剋相生，至游魂復歸本位為大有，故曰火在天上大有為歸魂。」《京房易傳》，卷上，總頁 443。

102 《易經字義・綜》，《來註易經圖解》，總頁 140。

103 《易經字義・綜》，《來註易經圖解》，總頁 140。

然文王序卦有正綜，有雜綜，如乾卦初爻變姤，坤逆
行，五爻變與姤相綜，所以姤綜夬，遘綜大壯，否綜
泰，觀綜臨，剝綜復，所謂乾坤之正綜也。八卦通是
初與五綜，二與四綜，三與六綜，雖一定之數，不容
安排；然陽順行陰逆行，與之相綜，造化之玄妙可見
矣。文王之序卦不其神哉！即陽本順行，生亥死午；
陰本逆行，生午死亥之意，若乾、坤所屬尾二卦，
晉、大有、需、比之卦，類術家所謂遊魂、歸魂，出
于乾、坤之外者，非乾、坤五爻之正變，故謂之雜
綜。[104]

來氏所謂「正綜」是先就乾、坤、坎、離、巽、兌、震、艮
八卦，論其初爻至五爻「爻變」所變化之卦，進而論本卦與
所變之卦間的相綜關係，因其所變不離本卦，故而稱之「正
綜」；然須扣除乾錯坤、坎錯離四卦，其餘方能稱為「正
綜」。來氏稱「正綜」有一定之變化原則，然非人為安排，
而是自然天成。

　　至於「雜綜」，則是八卦所變尾屬二爻以類似「遊魂」、
「歸魂」方式所變的卦，因其所變已脫離本卦之故而稱之。
然並非以類似「遊魂」、「歸魂」方式所變的卦均稱為「雜
綜」，其中頤錯大過，中孚錯小過，此四卦無綜卦關係，故
稱為「雜綜」者僅有由十二卦所綜成的六卦——晉綜明夷、
同人綜大有、漸綜歸妹、需綜訟、師綜比、隨綜蠱。

104　《易經字義・綜》，《來註易經圖解》，總頁140。

六、來氏太極圖與體用不二之錯綜哲學

　　來氏《集註》前面附了許多卦圖，與朱子《本義》相較，《本義》以河圖、洛書居首，列於「伏羲八卦次序圖」之前；而來氏則將個人自創之太極圖列於「伏羲八卦次序圖」前，將河圖、洛書列於《集註》卷末。來氏何以將自創的圖列於伏羲、文王卦圖之前？其用義何在？

　　對於此圖，來氏解釋道：「白者，陽儀也；黑者，陰儀也；黑白二路者，陽極生陰，陰極生陽，其氣機未嘗息也，即太極也，非中間一圈乃太極之本體也。」[105]此圖所表現

105　〈太極圖〉，《來註易經圖解》，總頁44。

之意義，一是以黑、白對稱表現陰陽對待之象，二是以陽極生陰，陰極生陽表現氣之流行，三是指對待及流行是理之發用。來氏指出此圖之作用在呈現《易》之本源。來氏言道：

> 此聖人作《易》之原也，理氣、象數、陰陽、老少、往來、進退、常變、吉凶，皆寓乎其中。孔子繫《易》首章至「易簡而天下之理得」，及「一陰一陽之謂道」、「易有太極」，形上、形下數篇，以至「幽贊于神明」一章，卒歸于義命，皆不外此圖。106

來氏認為此圖足以表現《易》所包含理氣、象數、陰陽、老少、往來、進退、常變、吉凶諸理，亦即來氏認為此圖可表現《易》所欲模寫之自然人事之象與理，以及《易》透過符號、文字所表現之象與理。

來氏以簡要三句話解釋此圖所蘊涵之深意，言道：「對待者數，主宰者理，流行者氣」。107統言之，來氏認為宇宙間乃一氣流行，而流行是陰陽兩種力量之變化所致，而萬端之事物形象亦於焉形成。萬物所以生生不息者，以氣流行不已之故也，而所以流行不已者乃體之作用，此體於《易》稱為太極，太極非獨立於氣之外，故來氏稱並非太極圖中間一圈方稱為太極，而是太極即存在於氣之流行中，於二氣生生不已之過程中開顯。因此，來氏之宇宙論是氣一本論，氣之概念是形上本體義，故能產生流行不已之作用。若將來氏

---

106 〈來瞿唐先生圓圖〉，《來註易經圖解》，總頁23。
107 〈來瞿唐先生圓圖〉，《來註易經圖解》，總頁23。

「主宰者理」理解為氣之上有理作為主宰，如此則本體之理與形質之氣流於二物，明顯悖於來氏所言理之作用於生生不已之氣機中彰顯。

來氏認為其自創的太極圖可說明聖人未畫卦之前的思想，一方面觀察萬象所呈現「對待」、「流行」之理，另方面思索如何藉由符號表現萬象之理，故稱此圖為作《易》之原。既然來氏認為伏羲、文王的卦圖是表現畫卦之後的想法，遂將自己所揣摩聖人作《易》前思想的圖置之於各圖之前。至於河圖、洛書，雖然〈繫辭傳〉稱「河出圖，洛出書，聖人則之」，可能是來氏據個人研究判斷，認為與伏羲、文王畫卦並無直接關聯，遂將之置於卷末。

由此可發現，來氏認為《易經》卦畫及經傳所傳達的核心思想是對待與流行，而《易》又是聖人仰觀俯察後所得出的心得，而來氏太極圖所欲模擬者便是天地間對待與流行之理。

此外，來氏於伏羲、文王之卦圖後，列入個人以錯綜說解釋伏羲圓圖及文王序卦圖所畫的「伏羲文王錯綜圖」；其後又依八卦及六十四卦形成先後，分別列入「孔子太極生兩儀四象八卦圖」及個人所畫之「八卦變六十四卦圖」；在「八卦變六十四卦圖」之後，列入個人所畫之「八卦正位圖」，繼而載入個人以錯綜說解釋六十四卦關係之解說圖數篇——「八卦所屬相錯圖」、「八卦六爻變自相錯圖」、「八卦所屬相綜圖」（文王序卦正綜）、「八卦四正四隅相綜圖」（文王序卦雜綜）、「八卦次序自相綜圖」。

從上述採圖可透顯出，來氏的用意是將圖作為理解卦畫

及經傳之羽翼。而來氏自創諸圖的靈感得自伏羲文王的卦圖，及從〈序卦傳〉、〈雜卦傳〉所得出的錯綜觀，以此作為諸圖一以貫的核心思想，藉圖式方式呈現八卦與六十四卦的錯綜變化。

　　來氏透過「錯」與「綜」分別解釋伏羲、文王的卦圖。首先，來氏認為「伏羲八卦方位之圖」、「伏羲圓圖」可以「錯」解釋之。來氏言道：「此伏羲之《易》也，易之數也，對待不移者也。故伏羲圓圖皆相錯，以其對待也。」[108]所謂「易之數」是指乾一、兌二、離三、艮四、巽五、坎六、艮七、坤八而言。來氏雖以「數」稱之，然數與象實相關也，任何象皆有定數存焉，故來氏云：「所謂象者、卦者皆儀也。故天地間萬事萬物，但有儀形者，即有定數存乎其中。」[109]而「對待不移者」，對待是指陰陽相對，一陰對一陽，二陰對二陽，三陰對三陽，故乾一對坤八，兌二對艮七，離三對坎六，艮四對巽五；而「不移」是指此兩兩相對之數是必然而不可變者，例如，乾一必對坤八，艮四必對巽五。除此，「不移」亦可理解為乾一與坤八、兌二與艮七、離三與坎六、艮四與巽五其數皆同，兩兩相加數皆九也。來氏云：「天一地八乃天地自然之數也，乾始于一，坤終于八。今兌至艮七，亦一八也；震四與巽五，亦一八也；八卦皆本于乾坤，於此可見。」[110]

108　〈伏羲八卦方位之圖〉，《來註易經圖解》，總頁 25。
109　〈伏羲八卦方位圖〉，《來註易經圖解》，總頁 49。
110　〈伏羲八卦方位圖〉，《來註易經圖解》，總頁 52。

伏羲八卦方位之圖

依「伏羲八卦方位圖」所畫八卦與方位的關係——乾南、坤北、離東、坎西、震東北、兌東南、巽西南、艮西北,來氏研究發現八個方位相對之卦呈現出「錯」之關係,如乾與坤錯、坎與離錯、兌與艮錯、巽與震錯。即使「伏羲六十四卦圓圖」,來氏將伏羲六十四卦圓圖將左半部,依乾一、兌二、離三、艮四、巽五、坎六、艮七、坤八之次,由乾至復逆行,與右半部,由坤至姤順行,兩兩對應,認為六十四卦間呈現「錯」之關係,六十四卦共錯成三十六卦;故來氏以「對待」解釋伏羲卦圖。關於「錯」,來氏言道:「一左一右謂之錯。」[111]此說明必須是兩卦並言方能言「錯」。

關於來氏對「伏羲八卦方位圖」的解釋,可配合來氏對〈說卦傳〉「天地定位,山澤通氣,雷風相薄,水火不相射。」的解釋:

---

111 關於來氏此語及整理之圖見於〈伏羲圓圖、文王序卦圖〉《來註易經圖解》,總頁 27。

相錯者，陽與陰相對待。一陰對一陽，二陰對二陽，三陰對三陽也。故一與八錯，二與七錯，三與六錯，四與五錯。八卦不相錯，則陰陽不相對待，非易矣。宋儒不知「錯綜」二字，故以為相交而成六十四卦。殊不知此專說八卦逆數，方得相錯，非言六十四卦也。……數往者順，數圖前四卦乾一至震四；……知來者逆，知圖後四卦巽五至坤八。……是故易逆數者，言因錯卦之故，所以易逆數，巽五不次于震四，而次于乾一。[112]

　　來氏所稱宋儒將此篇與「伏羲八卦方位圖」配合說明八卦相交成六十四卦。此主要是指朱子採邵子之說而言。《本義》釋此章引邵子之說：「於是八卦相交而成六十四卦」，進而朱子言道：「《易》之生卦，則以乾、兌、離、震、巽、坎、艮、坤為次，故皆逆數也。」[113]朱子承邵子主張〈說卦傳〉此章所言即「伏羲八卦方位圖」與「伏羲六十四卦圓圖」，其方式是八卦分別依乾、兌、離、震、巽、坎、艮、坤為次相重。如，圓圖中乾至履，其下體之卦皆為乾，其上體之卦則為乾、兌、離、震、巽、坎、艮、坤；兌至革，其下體之卦皆為兌，其上體之卦亦為乾、兌、離、震、巽、坎、艮、坤；整個圓圖其下體之卦亦以乾、兌、離、震、巽、坎、艮、坤為次。

　　來氏的觀點異於朱子，認為「伏羲八卦方位圖」可單獨

112　《易註·說卦傳》，總頁486。
113　《易註·大過》，總頁268。

看待，無須關聯「伏羲六十四卦圓圖」。來氏認為〈說卦傳〉與「伏羲八卦方位圖」是言逆數，乾一至震四，繼言巽五至坤八；同時指出八卦間存在兩兩相錯關係，即乾一與坤八錯，兌二與艮七錯，離三與坎六錯，震四與巽五錯。

　　從來氏發現「伏羲八卦方位圖」兩兩相錯，亦意味著乾與坤、坎與離、兌與艮、巽與震兩兩相互作用以成其功。以〈說卦傳〉第四章：「雷以動之，風以散之，雨以潤之，日以烜之，艮以止之，兌以說之，乾以君之，坤以藏之。」為例，來氏解釋道：「震巽相錯，動則物萌，散則物解，此言生物之功；……坎離相錯，潤則物滋，烜則物舒，此長物之功也；……艮兌相錯，止則物成，說則物遂，此則成物之功也。……若乾則為造物之主，而于物無所不統；坤則養物之府，而于物无所不容。」[114]來氏認為震與巽相互作用成就生物之功，震以生物，巽以散物；坎離相錯，坎以潤物，離能使物乾爽，助於萬物成長；以艮兌相錯，艮使物成，兌使物遂心，二者行成物之功也，至於乾坤則成就生養萬物之大功。

　　其次，關於「文王八卦方位之圖」，來氏言道：「此文王之《易》也，易之氣也，流行不已者也。自震而離而兌而坎，春夏秋冬，一氣而已。故文王序卦，一上一下相綜者，以其流行而不已也。」[115]來氏以文王卦圖之四正卦——震、離、兌、坎分別代表春、夏、秋、冬四季，將震至離的次序，解釋成四季的變化。

114　《易註·說卦傳》，總頁487。
115　〈伏羲八卦方位之圖〉《來註易經圖解》，總頁25。

來氏於此似乎僅是簡單說明四季之流行，而無法見出卦畫相綜與四季流行之關聯，尚須對照來氏對〈說卦傳〉第六章之解釋，方能見出卦綜與四季流行之關聯。來氏曰：「曰動萬物者，春也；曰撓萬物者，春夏之交也；曰燥萬物者，夏也；曰說萬物者，秋也；曰潤萬物者，冬也；曰終始萬物者，冬春之交也。」[116]來氏於四卦外另加入巽與艮二卦，以巽代表春夏之際，艮代表冬春之際。若將巽、艮與震、離、兌、坎所代表春、夏、秋、冬結合，震與巽相綜，代表從春到春夏之際的變化；而兌與艮綜，說明從秋到冬春之際的變化；而艮與震綜，說明從冬春之際到春季之變化，即此方能明確說明八卦之相綜關係與四季流行義之關聯。

　　或許因來氏認為「文王八卦方位之圖」無法充分呈現流

116　《易註・說卦傳》，總頁 490。

行義，故於文王卦圖後，特別另畫「文王序卦圖」，以與伏羲圓圖相對應。來氏此圖根據〈序卦傳〉、〈雜卦傳〉所畫，來氏認為文王序卦主要是依據「相綜」原則，共有二十八組相綜卦，不包含乾與坤、坎與離、大過與頤、中孚與小過，此四組卦屬錯卦。此外，來氏指出：「雖四正之卦如否、泰、既濟、未濟四卦，四隅之卦如歸妹、漸、隨、蠱四卦，此八卦可錯可綜，然文王皆以為綜也。」[117]來氏說明文王序卦圖的相綜時，並引孔子〈雜卦傳〉文字作附加說明，解釋兩兩綜卦的關係。來氏並指出《易經》上下經分篇與文王序卦之相綜有關。來氏言道：「所以上經分十八卦，下經分十八卦，其相綜自然而然之妙，亦如伏羲圓圖相錯自然而然之妙，皆不假安排穿鑿，所以孔子贊其為天下之至變者以此。」[118]

既明伏羲、文王卦圖各自表現對待與流行義外，其實更重要的是，來氏認為認為流行與對待須相與並作，故二圖不可分先天、後天。來氏云：「蓋有對待，其氣運必流行而不已；有流行，其象數必對待而不移。故男女相對待，其氣必相摩盪；若不相摩盪，則男女皆死物矣，此處安得有先後，故不可分先天、後天。」[119]來氏認為有陰陽對待，便有陰陽變化；而陰陽所以流行不已者，有陰陽對待之故也。故前指出，對待乃流行之體，流行乃對待之用，有體即有用，即

---

117 關於來氏此語及相關圖見於〈伏羲圓圖、文王序卦圖〉《來註易經圖解》，總頁27~28。

118 〈伏羲圓圖、文王序卦圖〉《來註易經圖解》，總頁28~29。

119 〈伏羲八卦方位之圖〉《來註易經圖解》，總頁26。

用而顯體。

來氏論伏羲、文王卦圖時分別言道：「所以上經首乾、坤。乾、坤之兩列者，對待也。孔子〈繫辭〉『天尊地卑』一條，蓋本諸此。」[120]「所以下經首咸、恆，咸、恆之交感者，流行也。孔子〈繫辭〉『剛柔相摩』一條，蓋本諸此。」[121]來氏以上經之首卦──乾、坤與下經之首卦──咸、恆分別代表對待及流行之理，然並非指上經皆言對待，下經皆言流行，而是指《易》於經首便揭示對待與流行二組重要概念，依來氏看來整部《易》便是對待與流行二組重要概念的展現。

來氏認為伏羲、文王卦圖可會通為一，遂致力繪出會通二圖的太極圖。在來氏諸圖中，最具獨創性的便屬來氏太極圖。來氏之圖結合伏羲圖及文王圖對待與流行之理，其中，圖中間一直線，左右呈現對待狀態，而黑白螺紋代表流行狀態。

來氏自言作此圖時曾得自復䷗卦卦辭之啟發，言道：「畫此圖時，因讀《易》『七日來復』，見得道理原不斷絕，往來代謝是如此。」[122]明言從復卦「七日來復」所得的重要啟發即是循環往復之理。彼言道：「世道之治亂，國家之因革，山川之興廢，王伯之誠偽，風俗之厚薄，學術之邪正，理學之晦明，文章之淳漓，士子之貴賤，賢不肖之進退，華夷之強弱，百姓之勞逸，則（案：財之誤也）賦之盈

120 〈伏羲八卦方位之圖〉《來註易經圖解》，總頁 26。
121 〈伏羲八卦方位之圖〉《來註易經圖解》，總頁 26。
122 《太極圖》《來註易經圖解》，總頁 45。

虛，戶口之增減，年歲之豐凶，舉辟之詳略，以至一草一木之賤，一飲一食之微，皆不外此圖。」[123]來氏認為此圖所表現一氣流行所呈現對稱、消長之理，足以涵蓋人事及自然萬象的變化。依來氏所言，自然人事皆有流行變化，而非靜態死物。以錯綜論之，「治亂」、「興廢」、「厚薄」、「晦明」諸語詞，即所謂陰陽之錯也，而「治亂」、「興廢」、「厚薄」、「晦明」等之循環往復現象即陰陽之綜也，亦即萬象皆可以陰陽錯綜之理涵蓋之。故來氏認為此圖雖未以文字說理，然卻包含豐富之哲理。來氏云：「觀此圖者，且莫言知造化性命之學，且將黑白消長，玩安危進退四箇字氣象，亦已足矣。了得此手，便就知進知退，知存知亡。」[124]

來氏又以其所作圓圖解釋伏羲六十四卦圓圖。主要關切的議題有二，一是從姤☰至夬☰陽消陰長的變化，及從復☷到夬☷陽長陰消的狀態。二是從坤☷到復☷，及乾☰至姤☰的差別。關於前者，來氏言道：「白路者，一陽復也，自復而臨而泰而壯而夬，即為乾之純陽。」「黑路者，一陰姤也，自姤而遯而否而觀而剝，即為坤之純陰。」[125]「復者，天地之生子也，未幾而成乾健之體，健極則必生女矣，是火中之一點水也。姤者，天地之生女也，未幾而成坤順之功，順極則必生男矣，是水中一點火也。故乾道成男，未必不成女；坤道成女，未必不成男。」[126]至於後者，來氏言

---

123 〈伏羲卦圖〉，《來註易經圖解》，總頁 46。
124 〈伏羲卦圖〉，《來註易經圖解》，總頁 47。
125 〈伏羲卦圖〉，《來註易經圖解》，總頁 47。
126 〈伏羲卦圖〉，《來註易經圖解》，總頁 47。

178

道：「坤而復焉，一念之醒也，而漸至于夬，故君子一簣之土，可以成山。」[127]「乾而姤焉，一念之差也，而漸至于剝，故小人一燼之火，可以燎原。」[128]此二點乃來氏藉太極圖以說明天道、人道變化之理，若能深悟，便能達至來氏所謂「知進知退，知存知亡」矣。

七、結論

　　若欲恰當評價來氏象數《易》學的價值，有必要揭示來氏《易》學所呈現的精神。其重要精神在於，將過去《易》學家所努力追求《易》本義及四聖作《易》的理想扭轉，轉向成讀者以尊重文本的態度，與文本進行對話交流，透過不斷對話過程，將豐富義涵彰顯出來。如此方能理解，來氏《集註》為何有如此多自創的圖式，甚至將自創的太極圖列於伏羲、文王的卦圖前，此乃宋元儒少有也，甚至後世《易》學家亦不多見；也因此方能理解何以來氏如此重視其錯綜說，更能見出來氏以錯綜說貫串整部《易》的《易》學特色。

　　來氏認為：「一部《易經》不在四聖而在我矣」[129]，四聖作《易》，若無後人研究之，則《易》只是一部靜態的作品；若有人對《易》進行研究，則《易》便有了命力。因此

127　〈伏羲卦圖〉，《來註易經圖解》，總頁 47。
128　〈伏羲卦圖〉，《來註易經圖解》，總頁 47。
129　〈來瞿唐先生圓圖〉《來註易經圖解》，總頁 23。

《易經》之意義並非只是《易經》本身，而是透過歷代《易》學研究，豐富了《易經》的義涵。而來氏便認為《易經》之意義並不在四聖，而在研究者。

其實，來氏的說法與「聖人先得我心之所同然」，「此心同，此理同」諸觀點是一致的，從來氏說明自創太極圖之一段話可印證之。來氏言道：

> 或曰：「伏羲、文王有圖矣，而復有此圖，何耶？」
> 德曰：「不然，伏羲有圖，而文王之圖不同于伏羲，
> 豈伏羲之圖差耶？蓋伏羲之圖，易之對待；文王之
> 圖，易之流行，而德之圖不立文字，以天地間理氣、
> 象數不過如此，此則兼對待、流行、主宰之理而圖之
> 也，故圖于伏羲、文王之前。」[130]

來氏認為文王卦圖雖後於伏羲，然二圖各有所見。來氏自言所創畫的太極圖，乃結合伏羲、文王卦圖所表現對待與流行之理，並加入主宰之理，創畫出一氣流行不已之太極圖，藉以見出天道、人道之理。

來氏認為《易經》研究者若能本於《易經》文本，而從中作深刻體悟，自能從中開掘出豐富義涵。雖然《易經》成於四聖之手，然其意義則須靠讀者與經典進行對話。此態度與近世德國哲學詮釋學家漢斯——格奧爾格・加達默爾（Hans-Georg Gadamer）之部分主張近似。加達默爾指出：

---

130 〈來瞿唐先生圓圖〉《來註易經圖解》，總頁23。

「理解一個問題，就是對這個問題提出問題。理解一個意見，就是把它理解為對某個問題的回答。」[131]又言：

> 我們這些尋求理解的人，必須通過我們自身使它講話。但是我們卻發現這樣一種理解上的使文本講話，並不是一種任意的出於我們自己根源的做法，而本身就是一個與文本中所期待的回答相關的提問。期待一個回答本身就已經預先假定了，提問題的人從屬於傳統並接受傳統的呼喚，這就是效果歷史意識的真理。經驗歷史的意識由於放棄完全領悟的幻想，所以它對歷史經驗是敞開的。我們把它的實現方式描述為理解視域的交融，這就是文本和解釋者之間起作用的東西。[132]

依來氏所言，其《易》學目標不再重構或還原四聖的原意，而是經由「對話」方式從文本中開掘出意義。來氏以錯綜說畫太極圖並解釋伏羲文王卦圖，且以錯綜說解釋《易》經傳，皆是個人透過與《易》文本對話而得出的重要思想。

然來氏的思想並非獨自創發，仍是如加達默爾所言「提問題的人從屬於傳統並接受傳統的呼喚」即所謂「效果歷史意識」。

來氏《易》學，本於重視《易》象，並認為《易》象是可以理解的，藉著各種體例加以解釋；並且認為整部

---

131 《真理與方法》（臺北：時報出版社，1995 年），頁 485。
132 《真理與方法》，頁 488。

《易》──包含《易》圖、卦爻象、卦爻辭皆為模寫自然界
與人事「對待」與「流行」之理,故視「錯綜說」為整部
《易》的核心精神。雖然朱子亦論及「對待」與「流行」的
觀念,然來氏卻將此觀念徹底貫穿《易》圖及《易》經傳
者,這正是來氏《易》學的獨創性所在。

李光地之卦主理論及
卦主釋《易》論析

一、前言

　　清李光地（字晉卿，又字厚庵，人稱安溪先生，1642-1718），《易》學專著有《周易通論》四卷、《周易觀象大指》二卷、《周易觀象》十二卷。此外尚有《榕村集》卷九有〈象數拾遺〉一卷，《榕村語錄》卷九-十一有〈周易〉三卷，《榕村語錄續集》卷三亦論及《易》。至於成書時間，《周易通論》成於李氏 71 歲，《周易觀象》成於 73 歲；而奉命承修之名作《御纂周易折中》[1]，於 72 歲始修，74 歲完成。

　　《易》學界對李氏《易》學相當重視，劉大鈞先生曾針對《周易折中》指出，李氏雖重程、朱《易》學，然卻不固守舊說，而能「折中」程、朱之說。[2]曾春海先生則提出李光地《易》學的五點基本思想：「1. 兼容並蓄諸家易學，在折中其間，崇宋易、重程朱。2. 定位的陰陽與流行的陰陽；交易與變易。3. 由乾、坤的體性言天心天德，以昌明《周

1　以下簡稱《周易折中》或《折中》。

2　劉大鈞先生言道：「《折中》釋《易》，雖奉旨『以本義為主，次及程傳』，在輔以『集說』、『總論』、『案語』等。但李光地在『集說』、『總論』中尤能博采眾家之說，以『折中』商榷程朱之言，這點正是『力學慕古』的李光地總裁《折中》一書最為可取之處。」《折中》一書確能兼容並蓄眾家之說，時時以『集說』、『案語』、『總論』的方式，提出與程朱不同的學見，有時甚至稱程朱之說為『世儒』之說，而批評反駁之，因而使《折中》的確起到了『融分朋立異之見』的作用。」〈讀《周易折中》〉，《周易研究》第 2 期（1997 年），頁 16。

易》的天道觀。4. 以乾坤之德倡聖賢心學。5. 融易理於政
事，以成實用之實學。」[3]汪學群先生則分別從五方面論
述：「折中於朱熹」、「準天之道推生民之用」、「言《易》窮
理盡性至命」、「君臣交以實心」、「鼎在廟之中」。[4]鍾彩鈞先
生於〈李光地易學方法論〉一文，從義理《易》學之角度論
李氏治《易》方法，提出「貫通」的觀念，而貫通分別表現
在「卦與爻的貫通」、「經與傳的貫通」、「儒家義理的貫通」
這三方面。[5]此外，亦有數部研究李光地《易》學之學位論
文，[6]以及一篇研討會論文。[7]大陸方面曾於 1992 年 9 月，

3　在結論部分則提出李氏《易》學之重要性有二：其一，「值得吾人肯定
　　者，李光地不但承程朱以義理之得失言卦爻辭之吉凶，且更進一步地進
　　行六十四卦、三百八十四爻之卦爻象與卦爻辭的全面具體分析，以歸納
　　分析所得的結論，證成伊川『中』之善甚於『正』之善。他也踏實的運
　　用這一方法來印證前人對《易》書『時』、『位』、『應』、『比』的吉凶原
　　理。他的卦主說，不但論述成大業者必歸之有德有位之人，且指點出每
　　一卦卦理之全體大用的關鍵所在。」其二，「他為宋明的理學易注入了通
　　經致用的務實性，開展了通經致用的外王實踐路數，這也是值得推許
　　處。」至於限制則在於「對程朱的吸收和轉化精進的工夫不足」，「未能
　　發展及完成自己的一套成熟理論來。」〈李光地的易學初探〉，《清代經學
　　國際研討會論文集》（臺北：中國文哲所編委會編，1994 年），頁 205
　　～212。

4　第四章「清廷的程朱《易》學」，《清初易學》（北京：商務印書館，
　　2004 年），頁 449～484。

5　該論文出自彭林主編《清代經學與文化》（北京：北京大學出版社，
　　2005 年），頁 9~26。

6　一、康全誠，《清代易學八家研究》（臺北：中國文化大學中國文學研究
　　所博士論文，2002 年）。論文第六章討論李光地《易》學，分別由三方面
　　進行說明：其一，李光地釋《易》之方法：時、位、德、應、比、卦
　　主；其二，李光地之易學思想：1. 博采眾家、尊崇宋易、折中求本、自
　　成一家，2. 以易學致用、融易理於政事以成實學，3. 相生相對之矛盾觀─
　　─對待之陰陽（交易）與流行之陰陽（變易）；其三，李光地之易學識

在李光地的家鄉福建省安溪縣，舉行首屆李光地學術討論
會。[8]綜合上述研究論著，對於李光地《易》學之研究，著
重分析《折中》的「案語」、「義例」及《周易通論》、《周易
觀彖》中之重要觀點，考察李光地如何折中程、朱《易》

見：1. 處理經傳分合問題，恢復朱子本義原貌，2. 探研周易參同契，
3. 以性理說易。二、李梅鳳，《李光地《周易折中》案語研究》（彰化：
彰化師範大學國文學系碩論，2002 年）。論文將《周易折中》之「案語」
一一說明分析，並於第六章《周易折中》案語特點證論，指出兩大特
色：折中諸家，兼容並蓄；以及見解獨創，別出心裁。三、鄭雅竹，《李
光地易學研究》（高雄：高雄師範大學國文學系碩論，2003 年）。該論文
指出李光地易學具有「兼容並蓄，折中義理、象數之特點，並能另闢蹊
徑，以性理解易，由陰陽、動靜之體用關係，提出變易、交易、互宅、
互根等概念，進而論及心性修養工夫，實際運用於為政處世哲學，甚至
結合西方科技做成新詮釋，其突破創新處頗值得研究。」

7　林世榮，〈李光地《周易折中》發微——以乾坤二卦為示例的探討〉，「第
一屆青年儒學國際會議」論文（中壢：中央大學文學院儒學研究中心，
2003 年。）。該文指出李光地《易》學不受後人重視的原因：「李氏於
《易》既如此真積力學，《折中》亦如此重要，然卻頗受忽略。究其實，
或因卷帙浩繁，薈萃三百餘家之說，分別異同，再加案語，共二十二卷
之多，誠難以足睹；或因此乃奉命承修，與《朱子全書》、《性理精義》
等，皆為官方定版，實無足多觀；或因此以伊川《易傳》、朱子《周易本
義》（後簡稱《本義》）為主，而李氏為程朱後學，故多折中於此，而無
己意在，洵亦無足觀。而最要者，莫過於李氏『人品卑下，言行不一』
之說。」通篇重心是以《周易折中》乾、坤之經傳解釋見出其《易》學
特色。

8　該論文集與李光地《易》學有關之論文有：詹石窗，〈李光地與《易》
學〉，陳存廣，〈「互宅」、「互根」，「唯變所適」——淺談榕村易學及其經
世致用〉，楊流、陳伯欽，〈李光地的易學成就與周易折中〉，陳進坤，
〈周易折中「明本義」而「知大義」的易學思想〉，牛力達，〈榕村易學
的時代意義〉。海外部分，目前僅見韓國學者林亨錫，〈李光地易學思想
及《周易通論》〉，《儒教文化研究》第 4 期（1994 年），頁 109~122。均
值得參考。

學，及重要易例的提出，並結合理學思想以釋《易》，以及以經世致用觀點治《易》這四大方面。

以下將在上述研究成果的基礎上，進一步以李光地的卦主理論為切入點，考察李氏如何以卦主解《易》。

二、李光地以「折中」法治《易》

研究李光地《易》學，不免會出現這樣的疑問，李氏是否僅是承襲舊說，而無個人創見。關於此問題，可先由李氏自己的說法加以考察。李氏嘗自言治《易》之方式及歷程：「公嘗曰：『二十時，手纂《周易》一部；於諸家同異，條分縷析，用為熟研罩思之地，終身得力，此實根基。』」[9]亦即自李氏二十歲完成《周易解》起，彼治《易》方式便是鑽研眾家《易》解，分析異同，故能於眾說中抉擇出較適當的說法。

深究李氏《易》著後亦發現，確實如李氏所言，其治《易》方式是綜合眾說，進而加以分析、比較。此處試以《周易折中》論之。該書體例安排，在解釋各卦辭、爻辭及傳文時，先立朱子《本義》，次列程《傳》，再列諸子「集說」，此編排之理由在於：「列朱《義》於前者，易之本義，朱子獨得也，程《傳》次之者；易之義理，程子為詳也。」「其餘漢、晉、唐、宋、元、明諸儒，所得有淺深，

9　此見於《文貞公年譜》二十歲條，《文貞公年譜》（臺北：廣文書局，1971 年）。

所言有粹駁，並採其有益於經者，又系朱、程之後。」[10]李
氏明確指出該書之編撰是為了解經，故重《本義》；至於採
程《傳》，則說明該書重義理。至於漢、晉至元、明諸儒之
說，亦選擇有益於解經者。既然是以解經為宗旨，自非為標
舉朱子學而作，故對於眾家說法與朱、程之意不合者，仍羅
列之，其意在於擴充見聞，[11]不僅《折中》廣採眾說，《觀
象》、《通論》、《折中》亦多採前賢說法。不同的是，《折
中》明確標出某家所說，而《觀象》、《通論》則未標明出
處，僅展現融攝諸說的經傳之解釋與《易》學觀點。李氏嘗
自言：「某之解《易》，無一句不是程、朱說的道理，不過換
換部位而已。」[12]

　　李氏治《易》不同於虞翻、王弼、程、朱、船山諸子，
虞翻於《易》象解釋有其特色，王弼以玄理解《易》，程子
以儒理解《易》，朱子將《易》定位為卜筮之書並重《易》
本義，船山的乾坤並建說，均具有鮮明創新意義。李氏的作
法不在提出驚人新解，而是在前賢的研究成果上，加以費心
整理、分析、比較，作出抉擇。故李氏並非全承舊說，亦非
僅守朱子一家之言，而是能折中眾說的《易》學家。因此，
欲探究李氏《易》學，可以「折中」作為切入點，考察彼如
何出入眾家而能折中眾說。

---

10 《周易折中·凡例》（臺中：瑞成書局，2001 年據康熙 54 年武英殿原刊
　　本影印）總頁 37。

11 〈凡例〉：「其或所言與朱程判然不合，而亦可以備一說，廣多聞者，別標
　　為附錄以終之。稽異闕疑，用俟後之君子，是亦朱子之志也。」《折
　　中》，總頁 37。

12 《榕村語錄、榕續語錄》（北京：中華書局，1996 年），頁 153。

關於李氏的「折中」法，在前面所引今人的相關論著中，劉大鈞先生提到的是折中程、朱，曾春海先生則言及折中眾說，汪學群先生則指出折中朱子。此三說又可歸結為兩類：一類指折中眾說，眾說包括程、朱在內；一類是指面對眾說分歧，而「折中於」朱子，即以朱子觀點作為抉擇依據。

關於李氏對折中法之說明，可見於《折中》〈凡例〉云：「今經傳之說，先以《本義》為主，其與《程傳》不合者則稍為折中其異同之致。」「《傳》、《義》之外，歷代諸儒各有所發明，足以佐《傳》、《義》所未及者，又參合而研覈之，並為折中以系於諸說之後。」[13]即此可見，無論《程傳》、《本義》或歷代眾說，皆為李氏所參考並折中其間異同。

至於後者「折中於」朱子這部分，亦見於〈凡例〉：「後之學者，言理義、言象數，但折中於朱子可矣。」[14]李氏認為專以象數解《易》或單以義理解《易》，皆有所偏，故主張折中於朱子，因朱子兼取程子、邵雍兩家之說，象數、義理並存，故主張以朱子解《易》作法為依據。

至於李氏折中法之具體運用，可以《折中》之「案語」考察之。[15]以蒙䷃六三「見金夫不有躬」為例，李氏云：

---

13 《折中‧凡例》，總頁 39。

14 《折中》，總頁 38。

15 關於「案語」是否確為李光地所作，劉大鈞採較保守的說法，於〈讀《周易折中》〉指出：「此『案語』估計大部分為李光地所加，或至少代表著他本人的學術思想。」《周易研究》第 2 期（1997 年），頁 16。汪學群亦指出：「李光地是組織者，同時撰寫〈綱領〉三篇，書中的『案』，大

「『金夫』《本義》不黏爻象，《程傳》以為九二。然九二發蒙之主，若三能從之正合彖辭『童蒙求我』之義，不應謂之不順，蓋易例陰爻居下體而有求於上位者皆凶，王氏之說近是。」李氏認為朱子並未言及「金夫」是指何爻，僅言「六三陰柔，⋯⋯見金夫而不能有其身」。對於程子所說「金夫」指九二，李氏不贊同，因九二為啟發童蒙之大人，若九三順承之，當言吉而不應稱無所利；故認同王弼所說，以「金夫」為六三相應之上九，「陰求於陽，⋯⋯六三在下卦之上，上九在上卦之上，男女之義也。上不求三，而三求上，女先求男者也。」李氏更根據「易例」，指出「陰爻居下體而有求於上位者皆凶。」[16]

再以大有䷍上九「自天祐之，吉无不利」為例，李氏案語：「《傳》、《義》皆以履信思順尚賢為上九之事，然《易》中以上爻終五爻之義者甚多，如師之『大君有命』、離之『王用出征』、解之『公用射隼』皆非以上爻為王公也，蒙五爻而終其義爾。郭氏、鄭氏、王氏之說皆與卦意、爻義合。胡氏最為恪守《本義》者，於此獨從郭氏諸說，則亦未允於心故也。」[17]程、朱均將上九釋為尚賢之君，郭雍、鄭汝諧、王宗傳、胡炳文則不採程朱之說，而以六五為尚賢之君，上九為君所尚之賢人。對於此二說法之歧異，李氏從經文中找出通例，認為卦爻辭言君位多指五而言，未有以上爻

都出自他之手。」《清初易學》，頁 449。個人以為，將「案語」與《周易觀象》對照觀之，便知「案語」出於李氏之手，當無可議。

16 此段所引原文見於《折中》，總頁 188、189。

17 《折中》，總頁 300。

為君位者；故不取程、朱之說，而採郭、鄭、王、胡之說法。

即此觀之，李氏《周易折中》折中眾說之具體作法，若《本義》、《程傳》或眾說之說法無異義者則不須折中之，若《本義》、《程傳》及眾說間有歧出者，先針對程、朱或諸子為何如此說，提出其立論點，進而依據該卦卦義、爻義，以及整部《易》之通例，論斷各說法之是非，最後提出抉擇結果。關於結果之認定，有如前二例，於二說間擇一者；亦有諸說應存者，如屯六二「匪寇婚媾」，李氏最後決定「《本義》與《程傳》說不同，學者擇而從之可也。」[18]

此處僅就折中法作簡要說明，[19]然透過此以明確見出李氏折中法最終是以理解《易》經文為目的，為經文找出最恰當的解釋。雖然李氏自覺以「折中」為治《易》之方法學，然若不輔以李氏較為獨特之見解，恐難顯李氏《易》學特色。故有必要於李氏折中眾說之作法中，找出李氏最強調且個人見解發揮最多者，以此考察李氏如何於此折中眾說並加以改造，進而用於解經。

深入研讀李氏《易》著發現三點著力最多的觀點，第一個發現是《折中》之〈義例〉，其內容包括「時」、「位」、「德」、「應」與「比」、「卦主」。此五義例，皆前有所承，「時」、「位」、「德」乃以定義方式的解釋其名義，「應」與「比」重在統計六十四卦比應關係所關聯占辭之吉凶。而論

---

18 《折中》，總頁 175。

19 李氏折中法之具體作法，值得再深入探究，本文以卦主之探討為主，故不詳述，待日後再行研究。

述分量較重者當屬「卦主」，一方面對成卦之主與主卦之主作定義式說明；另方面明確指出六十四卦之成卦之主，及指出部分有主卦之主的卦，並說明如何認定成卦之主與主卦之主。此外，《折中》之「案語」，亦屢用卦主觀念。

第二個發現則為《通論》中的〈論卦有主爻〉一節，對個人見解多所陳述；第三個發現則是《觀象》釋卦爻辭部分，有多處出現卦主一詞，足見李氏常以成卦之主釋經。由此三點，經過深入研析，筆者斷定出「卦主」為李氏《易》學重要成果之一。

所謂卦主，是指一卦之主爻，即一卦成卦之主。最早提出此概念者當屬京房（字君明，前 77-前 37），京房云：「定吉凶只取一爻之象」。[20]其後王弼（字輔嗣，226-249）亦指出：「故六爻相錯，可舉一以明也；剛柔相乘，可立主以定也。」[21]後世論卦主者多順京、王二子而發展，李氏亦然。

據前所介紹關於李光地《易》學之研究論文，或僅重李氏之義理《易》，或僅將「卦主」作為李氏眾多觀點之一加以介紹，如此雖能廣泛見出李氏《易》學所涉及之觀念及釋經作法，然卻無法明確見出李氏《易》學之特色所在。有鑑於此，本文便以卦主為立論核心，考察李氏如何以折中法辨析舊說，並加以改造，進而考察李氏在釋經時如何運用卦主說，即此提出李氏《易》學重要特色之一——以卦主釋經，

---

20 京房著、陸績注，《京房易傳》（臺北：臺灣商務印書館，1991 年《影印文淵閣四庫全書》），總頁 441。

21 樓宇烈校釋，《周易略例‧明象》，《老子、周易王弼注校釋》（臺北：華正書局，1983 年），頁 591。

作為理解李氏《易》學的一個考察點。

三、折中歷代卦主理論

李氏雖未明言其卦主理論之淵源，然細分析之，實與京房、王弼、朱子（字元晦，1131-1200）、吳澄（字幼清，1249-1333）之卦主理論關係密切。京房卦主理論之內容，今人劉玉建先生將之區分為四大類：一、五陽一陰之卦以一陰為主，五陰一陽之卦以一陽為主；二、以第五爻為卦主者，三、某些消息卦以所變之爻為主，四、某些卦以世爻為主。[22]

王弼繼承京房卦主理論之兩原則：「定吉凶只取一爻之象」、「少者為多之所宗」，前者是就卦主之定義作說明，後者則說明卦主之認定原則，而前者更成為歷代卦主論之通則。王弼認為卦主之作用在「統論一卦之體，明其所由之主者也」。至於「多以少者為主」，王弼言道：「夫古今雖殊，軍國異容，中為用，故未可遠也。品制萬變，宗主存焉，〈彖〉之所尚，斯為盛矣。」又：「夫少者，多之所貴也；寡者，眾之所宗也。一卦五陽而一陰，則一陰為之主矣；一卦五陰而一陽，則一陽為之主矣。」此外，並承繼京房以第五爻為卦主之說法，並將之擴充為「中爻」─含二與五之位，王弼言道：「是故雜物撰德，辯是與非，則非其爻，莫

---

22 劉玉建，《兩漢象數易學研究・京房易學》（南寧：廣西教育出版社，1996年），頁 227~232。

之備矣」。

王弼《周易注》明確指出卦主者，據筆者統計共三十五卦，以中爻為卦主者，即以二或五為主爻者，共二十六卦；其中與「多以少者為主」之原則重疊之卦有師☷、比☵、同人☲、大有☰四卦；亦有當依「多以少者為主」之原則卻採中爻者，有剝☶與夬☱兩卦。而其他採「多以少者為主」為原則者，共有小畜☴、履☲、謙☶、豫☳四卦。剩下大畜☶、頤☶、明夷☷、井☵、震☳五卦，其中大畜、頤、震以卦體陰陽結構認定，明夷與井則據卦義認定卦主。

朱子《周易本義》在釋經時部分亦運用王弼之卦主觀點，朱子認定為卦主者多為九五之爻，如需☵、觀☴、姤☴、萃☱、革☱、中孚☴，此則就九五陽剛而居尊位而定為卦主[23]；賁卦☶卦主亦為五[24]，但為柔居尊位，此亦屬以位尊來論卦主，此則類似王弼以中爻論卦主之條例，不過朱子更明確就九五而言。

朱子對卦主之認定，少數與王弼一致，多為個人之見。例如，師卦☷卦主，朱子認定在六五，「六五用師之主，柔順而中，不為兵端者也。」[25]此則與王弼所謂「多以寡者為主」、「中爻為主」之例不同。王弼以六爻獨九二為陽爻且九二剛健中正，而朱子從師卦義理的角度，解釋六五以柔居尊位，非尚武之人，故以此為用師之主。

---

23 《周易本義》（臺北：大安出版社，1999 年據〔清〕同治間尚志堂四卷本及〔朱〕咸淳間吳革十二卷本），頁 53、98、172、175、186、222。

24 《本義》，頁 106。

25 《本義》，頁 61。

　　朱子除以第五爻論卦主外，亦常將上、下二體分開論卦主。例如，蒙☶九二「內卦之主」，訟☰九二，「九二陽剛為險之主。」隨☱初九「震之主」，无妄☰初九，「九自二來居於初，又為震主，動而不妄者也。」「以剛在內，誠之主也。」恆☴初六「巽之主」、革☲六二「文明（離）之主」、歸妹☱六三「說（兌）之主」、巽☴初六「巽之主」[26]。

　　吳澄自覺地提出具系統的卦主理論，彼先以王弼「每卦以一畫為主」為基礎，進而區分「小成之卦」與「大成之卦」，前者是指三畫八卦，後者指六十四卦；因為六十四卦是由三畫八卦之相重或相合而成，遂以「小成之卦」為基礎來解釋「大成之卦」之卦主。[27]

　　「小成之卦」以兩種方式形成，一是基於乾、坤交易，一是成於陰陽消長。以交易方式形成者，震、巽以下畫為主，坎、離以中畫為主，艮、兌以上畫為主；以消息方式形成者，震有一陽、巽有一陰，以下畫為主；兌有二陽、艮有二陰，以中畫為主；乾有三陽，坤有三陰則以上畫為主。

　　從「小成之卦」擴大為「大成之卦」，整個六十四卦可以六子相重、六子相合來解釋，但其中的十二卦又可以消息卦方式來解釋。復☳、姤☴一陽一陰，卦主在初爻；臨☱、遯☶二陽二陰主於二，泰☱、否☷三陽三陰主於三，大壯☳、觀☷四陽四陰主於四，剝☶、夬☱五陽五陰主於五，乾

26　《本義》，頁 51、57、90、113、135、185、202、209。

27　關於王弼與吳澄卦主理論，礙於篇幅及論文架構，不宜著墨太多，詳細內容可參見拙著「吳澄《易經》解釋與《易》學觀」（中壢：中央大學中研所博士論文，2000 年），頁 137~149。

、坤☷六陽六陰主於上。此十二卦無論由六子之合或由消息卦解釋，所得之卦主是一致的。此十二消息卦是以變動之爻為卦主，此承繼京房之「世爻」理論而來。至於乾、坤二卦所以主上畫，是因二卦為純陽、純陰之卦，剛柔之畫自初而上，至上極之後，方能見出純剛、純柔之特質。

整個由三畫卦六子所組成的六十四卦，可區分為兩個層次，坎、離一組與震、巽、艮、兌一組，坎、離之層次高於後四子，其理由有二，一者因坎、離是乾、坤二體之發用，再者，吳澄指出基於「貴中」思想，「中」為《易》之重要概念，坎、離之主爻在中爻，故能統轄其他四卦。因此凡六畫卦中有坎、離者，必以坎、離為主；若無坎、離者，方以震、巽、艮、兌為主。

吳澄整理出由乾、坤、坎、離四正不易之卦與震、巽、艮、兌二變反易之卦所統領的諸卦。所謂不易之卦指此四卦無反卦關係，反易之卦指震、艮互反，兌、巽互反。其內容如下：（1）以乾為主者一：泰☷，（2）以坤為主者一：否☰，（3）以坎為主者十四：坎☵、屯☵、需☵、比☵、蹇☵、井☵、節☵、蒙☵、訟☵、師☵、解☵、困☵、渙☵、未濟☵，（4）以離為主者十四：離☲、鼎☲、晉☲、大有☲、睽☲、噬嗑☲、旅☲、革☲、明夷☲、同人☲、家人☲、賁☲、豐☲、既濟☲，（5）以震為主者八：震☳、復☳、大壯☳、小過☳、豫☳、无妄☳、恆☳、隨☳，（6）以巽為主者八：巽☴、姤☴、觀☴、中孚☴、小畜☴、升☴、益☴、蠱☴，（7）以艮為主之卦八：艮☶、遯☶、剝☶、頤☶、謙☶、大畜☶、咸☶、漸☶，（8）以兌為主之卦八：兌

䷒、臨䷒、夬䷪、大過䷛、履䷉、萃䷬、損䷨、歸妹䷵。28

李氏論卦主，較特殊處在於，將前賢結合二五之位及一爻為主之作法，依合於卦義之主爻及二、五之位者加以區隔，分別提出成卦之主與主卦之主。李氏認定成卦之主是指「卦之所由以成者，無論位之高下，德之善惡，若卦義因之而起，則皆得為卦主」。至於主卦之主，李氏指出「必皆德之善而得時得位者為之，故取於五位者為多，而他爻亦閒取焉。」29成卦之主強調一卦所以成立之關鍵，而主卦之主則加入了德與位之考量。

關於成卦之主，雖然朱子《本義》已用此詞語，如釋屯䷂卦辭「利建侯」言道：「又初九，陽居陰下，而為成卦之主，是能以賢下人，得民而可君之象。」30但李氏對各卦成卦之主之認定，有別於朱子。

李氏論成卦之主，明顯異於京房、王弼、朱子、吳澄者有二，其一，諸子以一爻為卦主，而李氏成卦之主有二爻同為卦主者。

其二，李氏將成卦之主與主卦之主加以區分，此作法化解了京房、王弼、朱子三子將卦義與德、位相混致使卦主判定原則難以單純化之難題。雖然二、五於六爻中分別為上、下卦之中位、尊位，然未必與各卦之所成有關聯，故李氏之作法一方面可說明各卦之成因，同時可單獨見出二、五之位

---

28 《易纂言外翼·卦主》（臺北：成文出版社，1976 年「無求備齋易經集成」第 149 期，據民國五年刊「豫章叢書」本影印，頁 22~29。

29 《折中·義例》，總頁 114。

30 《本義》，頁 46。

在該卦中的作用。

對於成卦之主與主卦之主的關聯，若成卦之主即主卦之主者，成卦之因乃基於二、五爻之德善與時位；若成卦之主與主卦之主不同，必因成卦之因與二、五之德與時位不相當所致。就一卦而言，有一主與二主之別，一主出現在成卦之主即主卦之主則為一主，二主之情況有三：有成卦之主亦有主卦之主、其成卦兼取兩爻、其成卦兼取兩象。

四、成卦之主與主卦之主的認定原則

李氏認為聖人作《易》實將六畫卦體與內、外之體，及成卦之主統體觀之，更指出其中尤以卦主——成卦之主更為重要。李氏言道：「聖人繫彖之時，雖通觀其卦象、卦德，以定名辭之義，然於爻位尤詳焉。」據此可見，李氏宣稱聖人定卦名、作卦辭已運用成卦之主的觀念，故成卦之主非後起的理論，李氏則是進一步指出各卦成卦之主為何，以及聖人如何以成卦之主定卦名、作卦、爻辭。

李氏更指出考察卦名或卦辭，便可見出成卦之主。「蓋有因爻位以名卦者，師、比、小畜、履、同人、大有、謙、豫、剝、復、夬、姤之類是也。有名雖別取，而爻位之義發於辭者，屯、蒙之『建侯』、『求我』指初、二，訟、蹇、萃、巽之『大人』指九五之類是也；是二者皆謂之卦之主

爻。」31

李氏又指出，爻辭之義理與占辭亦可說明某爻所以為成卦之主，知成卦之主便知何以得此卦名。彼言道：「至六爻之繫，則辭有吉凶，義有輕重，而名辭之意，因以可見。」李氏又進一步說明某爻及其爻辭與卦名之關聯，如師九二之長子、比九五爻辭『王』、謙九三爻辭『勞謙』、豫九四爻辭『由豫』、剝上九爻辭『碩果』、復初九爻辭『不遠復』，皆說明卦名之所由。32

此外，李氏亦由卦辭、爻辭之關聯性，即此說明由卦辭以見出成卦之主。彼指出屯卦辭「利建侯」是因初九爻辭有「利建侯」之故，蒙卦卦辭「求我者」乃六五爻辭之「童蒙」；另外，訟、蹇、萃、巽之成卦之主爻辭均與卦辭「大人」相關。33

綜合上述，李氏更明言「卦爻相求，則所謂主爻者得矣」。34針對卦名、卦辭及爻辭作整體考察，便能斷定各卦成卦之主。既明李氏關於成卦之主之來由，以下進一步分析成卦之主之各種類型。

關於一爻為卦主者，王弼、朱子等著重在一陰一陽之卦，並依據「多以少者為主」之原則來論卦主。李氏全面確認各卦成卦之主，成卦之主或為一爻，或為二爻。其中以一爻為成卦之主者，此處略去與前賢近似的一陰一陽之卦不

---

31 《周易通論》（臺北：廣文書局，1991 年據慎厥堂藏本影印），頁 26。

32 《通論》，總頁 26~27。

33 《通論》，總頁 27~28。

34 《通論》，總頁 28。

論，將李氏依卦義而斷定一爻為成卦之主者，再細部依不同認定原則區分為四大類說明之。

第一類八純卦之乾、坤二卦，分別以五之天位及二之地位為成卦之主：

1.1.1 乾☰九五居天位，又有聖人居尊位之義，故為成卦之主。[35]

1.1.2 坤☷六二柔正中順，具坤之純德，故為成卦之主。[36]

第二類以九五或六五為善處時或濟時之大人，認定為成卦之主：

1.2.1 需☵有待、養及飲食之義。九五以有孚、中德、居正且居天位，為養人之主，故能成大功，為需道之極善。[37]

1.2.2 訟☲有爭訟之義。爭訟源於上以威治民，民以詐應之；訟端則在內險外健，加以上下相違而成訟。既成訟，則需九五中正之爻，為聽訟者也，餘爻則取訟義。[38]

1.2.5 蠱☶以敝壞、振敝取義。六五以柔中之德，治蠱而得譽，故治蠱至此而成，故六五為成卦之主。[39]

1.2.6 晉☲之取義以明出地上，光耀萬物；內恭順而外顯功名，且一陰升居五位，皆有晉升之義。六五為明之

---

35 《周易觀象》（臺北：廣文書局，1991 年），總頁 4。

36 《觀象》，總頁 33。

37 《觀象》，總頁 62、63。

38 《觀象》，總頁 68、69、70。

39 《觀象》，總頁 148、153。

主，又有人臣升居公侯高位之意，故為成卦之主。[40]

1.2.7 蹇☶取險阻之義。處蹇險之時，必見九五之大人，與之共濟時艱，方有大功。[41]

1.2.8 井☴以水井、養民取義。〈義例〉云，井以水為功，又以養民為義，九五為上卦坎之主，又為養民之君，故為成卦之主。

1.2.9 革☲以變革取義，九五有德有位，當革之時，行革之事之大人也，[42]故九五為成卦之主。

1.2.10 豐☲取陽氣極盛為義。處陽極盛之際，六五居尊，有虛中之美，故能得賢者以輔之，[43]故以六五為成卦之主。

1.2.11 旅☶以行旅寄於外取義。旅以柔中為尤善，六五以柔得中而順乎剛，處旅之際，能依強輔，內止外明，既安所處，又能明察幾微，處旅之正理也，[44]故六五為成卦之主。

1.2.12 渙☴以離散及能濟渙散為義。處渙之時。九五以剛中居尊，象徵王者開誠布德，則能濟渙也，[45]故以九五為成卦之主。

1.2.13 節☵以能止能行，及王者立制度以節天下取

---

40 《觀彖》，總頁 261、266。

41 《觀彖》，總頁 287、293。

42 《觀彖》，總頁 361。

43 《觀彖》，總頁 398、403。

44 《觀彖》，總頁 405、406。

45 《觀彖》，總頁 422、426。

義。九五有剛中之德且當位，乃以制度節天下者也，[46]故以九五為成卦之主。

1.2.14 未濟䷿取水火不交為義。六五居尊位，且有柔中之德，故能以敬慎之心，以濟時亂，[47]故以六五為成卦之主。

第三類以二為下位之大人，而為成卦之主：

1.3.1 否䷋以上下不交取義。六二陰柔居中，為斂德避難，身否而後道通之大人，[48]以六二為成卦之主。

1.3.2 既濟䷾取水火之用交為義。既濟之時，始治終亂，六二處濟之初，有柔順中正之德，且有應於上，故吉也，[49]故以六二為成卦之主。

第四類卦以事取義，以合於卦義認定為成卦之主者：

1.4.1 大壯䷡以陽長而過中取義，而至四為陽之極盛，[50]故以九四為成卦之主也。

1.4.2 明夷䷣以明入地中及聖賢被傷害取義，上六指傷人之明者，因不修德，致使德晦故傷聖賢，使天命得而復失，與明入地中之卦義相合[51]。

綜合上述，足見李氏所認定一爻為成卦之主者，乃以此爻為此卦得義之關鍵，或言其事，或言濟事，而濟事者多以

---

46 《觀象》，總頁 427、429、431。
47 《觀象》，總頁 453、454、458。
48 《觀象》，總頁 109、112。
49 《觀象》，總頁 448、450。
50 《觀象》，總頁 255、259。
51 《觀象》，總頁 268、272。

五為主，52少數以二為主，以濟事者必有其德與位之故也。

李氏論成卦之主，最特別者當屬一卦有兩個成卦之主者。對照朱子《本義》，除以上下二體各別言主爻者，各卦之卦主皆只有一爻。然李氏卻有二爻為卦主之說法。例如師卦䷆，朱子以九二為師之主，53李氏雖亦主九二為成卦之主，「一陽居下，得應於上，而統群陰，將之相也。」54然亦視相應之六五為另一成卦之主。又如同人卦䷌，朱子以六二為同人之主，55李氏亦主此，「一陰在內而虛中，虛則無我，中則不偏，外同於人，人無不同。」56然亦認為與六二相應之九五為成卦之主。以下將就李氏二爻為卦主之就其認定原則歸納為七類，分別說明之：

第一類強調二、五居中且陰陽相應，以為成卦之主者：

2.1.1 蒙䷃以發蒙取義。該卦以九二為師，六五為受教之童子，57以說明師訓蒙之義。

2.1.2 師䷆以一陽統群陰及藏兵於民取義。該卦乃為君者以長子領軍，然全權授於九二之將帥，58異於王弼、朱子等僅以九二為卦主，而以六五、九二為成卦之主，即此說明長子率師而授權於將之義。

2.1.3 同人䷌六二以一陰為卦主，而五陽應之而與之

52 李氏云：「凡卦大人多取九五之象。」《觀象》，總頁 293。
53 《本義》，頁 59。
54 《觀象》，總頁 74。
55 《本義》，頁 77。
56 《觀象》，總頁 114。
57 《觀象》，總頁 59、61。
58 《觀象》，總頁 76、78。

同，亦為卦主，此異於王弼、朱子僅以六二一爻為卦主。59此卦雖為五陽同於一陰，然九五居尊且與六二相應，為眾陽之主，故二爻皆為成卦之主。

2.1.4　泰䷊之卦名取自天地交。九二為在下能尊賢容眾之臣，為上交之主；六五則為貴而下賢之君，為下交之主，60即此說明君臣上下相交之義。

2.1.5　恆卦䷟以人事、天地恆久之道取義，九二既剛且中，故能極恆德；六五居中且居尊位，然卻為陰柔之質，故僅能固守恆德而不能充盡之，二者雖皆為成卦之主，然六五不如九二為善。61

2.1.6　家人䷤取義為男女正位及風化自家而出，62故〈義例〉以六二、九五為成卦之主，以象女正位於內，男正位乎外。然考察《觀象》卻僅言五為卦主，63雖未言二亦為卦主，然就卦辭「立女貞」，〈彖傳〉「女正位乎內，男正位乎外」，六二爻辭「在中饋，貞吉」，且二、五相應，便可得出成卦之主當在六二與九五。

2.1.7　睽䷥取義於水火不交，上下之情不通。九二處睽之時，能正己不失，謙遜行事；六五處睽時而居高位，然為文明之主，柔而得中，有德故能無悔，九二上合於五，五未噬之且與之相合，64故二爻皆為成卦之主，說明

59　《觀象》，總頁 117。
60　《觀象》，總頁 100、103、106。
61　《觀象》，總頁 243、244、247、249。
62　《觀象》，總頁 273。
63　《觀象》，總頁 278。
64　《觀象》，總頁 280、283、285。

處睽之時，當守分謙遜，相助而不相害。

2.1.8 解☷以動而出險及解散取義。九二以剛除惡，因居中位，故能不傷己；六五居尊得中且質柔，故能解散小人，且亦不傷己。65此說明處解散小人之時，無論手段以剛或以柔，皆當以中為原則，方能除惡而不傷己。

2.1.9 漸卦☶以漸進、女歸取義。六二以陰應陽，合於女歸之義，且具中正之德，故能進而得其所安；九五有剛中之德，居尊位，與六二相應，然處漸之時，九五亦指婦象，然婦陰而五以陽，故反其常，而有三歲不孕之象。66此二爻均合女歸之義，皆能守其中道。

2.1.10 小過☳以小事過取義。此卦之過因過於柔也。67〈義例〉云六二、六五以柔而得中，故能當過之時而不過也。故此二爻以柔能居中，示處小過之義也。

此處尚須補充一點，同樣以二、五為成卦之主，然卻不以陰陽相應為義者如大過與困二卦。大過☱以大事之過取義，九二剛中，九五以剛居剛而處尊位，處過之時，為剛而得中者能濟之，此二爻不為時所錮，故為卦主。68困☵以剛為柔所限取義，九二居下卦，為困之初，君子以飲食、朱紱行祭祀，以感格於上；九五為陽困之極，然仍藉由祭祀，以精誠之心感格於上。69此卦九二、九五皆以陽剛為陰所抑，然皆處中，積誠以祭祀，而得無咎與悅也。

---

65 《觀彖》，總頁 295、298、300。

66 《觀彖》，總頁 386、388、390。

67 《觀彖》，總頁 441。

68 《觀彖》，總頁 215、218、219、220。

69 《觀彖》，總頁 342、345、347。

第二類同以養賢為義，以六五、上九為成卦之主者：

2.2.1　大畜☰取義於艮畜乾及六五之君畜君子以制小人，六五為尊位之君與上九「剛上而尚賢」，皆合大畜尚賢之義，君子進而小人止。[70]

2.2.2　頤☰以養賢、養民之正理取義，六五乃居尊位以養賢、養民，而上九雖非居其位，然為六五所尚，雖危，然合於養之時，故能吉也，此二爻皆合於養賢、養民之義，而為成卦之主。[71]

2.2.3　鼎☰以鼎象、烹飪、養賢取義，以養賢之義言之，六五虛中之君尚上九之賢，[72]以六五、上九為成卦之主。

第三類以上、下卦同爻位之兩爻為成卦之主者：

損、歸妹以三與上分別為上、下卦之上爻，以此成卦之主；益以初與四，位相同，而為成卦之主。

2.3.1　損☰取義於損所當損，〈義例〉云「損下卦上畫益上卦上畫為義」，六三最近上卦，爻辭又云「三人行則損一人」，下卦損此一陰爻，為卦之所以為損也；上九為受益之極，故爻辭極論受益之道。[73]李氏強調損當有節制，不可一味損下益上，損六三之陰，益上九之陽，即此成損之義。

2.3.2　歸妹☰取義於女不待禮而歸，六三為下卦兌之

70　《觀象》，總頁 201、207。

71　《觀象》，總頁 208、209、213、214。

72　《觀象》，總頁 363、369。

73　《觀象》，總頁 303、306、308。

主，不中不正，且不應於上，象自歸而失禮女；上六爻辭「承筐无實」、「刲羊无血」指士女相欺無實，未依禮結合也。[74]此二爻皆合於卦義男女失婚姻之禮，故為成卦之主。

2.3.3　益䷩之取義與損相反，以進益為義，〈義例〉云：「損上卦下畫益下卦下畫為義」，初九爻辭云以才德過人受益，故居上者用之，然須正己方得大吉。六四居人臣之位，爻辭云循中道稟命而從以益下也。[75]故處益之時，四承君命以重用才德之士，才德之士以自身優秀條件受到重用，此乃處益之正理也。

第四類強調初始、及居尊且中，而以初及五為成卦之主者：

2.4.1　隨䷐以剛能下柔，降尊屈貴取義，初九以剛下於六二之柔，九五以剛下於上六之柔，[76]初九、九五皆合於剛能下柔之義，故均為成卦之主。

2.4.2　无妄䷘以天德取義，初九以一陽為震之主，陽動之始也；九五以「動而健，剛中而應」為天德之動不息，[77]二爻分別代表天德之初動及健動，皆合无妄之義。

2.4.3　升䷭以上升、登進取義，初六為一陰始生，又

74　《觀象》，總頁 392、395、397。

75　《觀象》，總頁 309、311、313。

76　《觀象》，總頁 141、143。

77　《觀象》僅言初九為无妄之主，然《續語錄》云：「『剛自外來』一句，是名卦第一義；『動而健，剛中而應』，是亦所以為无妄也。……舊　延襲不是，須改正。」此說與〈義例〉所言相同。《榕村語錄、榕續語錄》（北京：中華書局，1996 年），頁 586。

象木之根，故為升之始；六五以柔居中，為升之極高，即〈彖〉「柔以時升」，[78]故當升之時，當以柔順處之。

第五類以上、下卦之主爻為成卦之主者：

2.5.1 屯䷂以有動乎險中取義，故初九為震之主，九五為坎之主，此二爻為動為險之主，而為成卦之主。[79]

2.5.2 賁䷕乃以文文質而有所節制取義，六二為離明之主，附於初、三之剛；而上九為艮之主，為文窮返質之義，[80]六二取以文文質之義，而上九取文窮反質之義，皆合於賁之道，故皆為成卦之主。

第六類以卦畫結構與卦義相符來決定成卦之主者：

2.6.1 臨䷒以陽盛於下，而物下從之取義。臨之義不專取於君，二陽浸長，理足以服物，有臨人之責者皆可當之，[81]故成卦之主在初九、九二。

2.6.2 觀䷓取以下觀上，及以上觀下為義，以陽為陰所觀，[82]故以九五、上九為成卦之主。

2.6.3 遯䷠取二陰浸長而陽當避為義，[83]故以初六、六二，二陰漸長為成卦之主。

2.6.4 萃䷬取義於止而滿為萃聚之象，九五以德居尊位，且與六二相應，為以德與位萃天下之君；九四為輔君

---

78 《觀彖》，總頁 335、338、341。
79 《觀彖》，總頁 51、54。
80 《觀彖》，總頁 174、177、180。
81 《觀彖》，總頁 155。
82 《觀彖》，總頁 162。
83 《觀彖》，總頁 250。

之大臣，得初之應，負萃天下之責。[84]九五、九四陽爻有應，分居君、臣之位，而為萃成卦之主。

2.6.5 中孚☲指氣自外入，形從中感，以內外之感取義。中孚以虛為本，虛故能無物不感，六三不中不正，有應於上爻，因繫於外物而無實德；六四雖下應初九，然中孚不取應為義，四因近九五，故能上比五而棄初也。[85]六三、六四以陰虛而感為成卦之主。

第七類六純卦之成卦之主：

2.7.1 坎☵以陷、險、水取義，唯九二、九五兩爻有剛中之德，能習坎者也。九二居內卦之中，涉險方始；九五居至尊之位，為天下最險者，然五剛而中，其德充實圓滿，故能居險而不危。[86]九二、九五以剛中而善處險也。〈義例〉又云五尤為主，為水之盈滿也。

2.7.2 離☲以明、火取義，六二、六五以柔而居中位，因具中德，故明也。[87]〈義例〉又云二尤為主，為火始燃而明，若久則趨暗淡矣。

2.7.3 震☳以震、雷取義，震之義乃一陽在下，二陰壓之，初九之陽必奮發上達。李氏強調震發於內、形於中，故不從前賢以震由外而至為訓，以八純卦皆言人心之德，故重其內。就震而言，雖發於中，然亦感於外，故卦辭無內外之分。[88]震有二陽，所以取初九而非九四，蓋以

---

84 《觀象》，總頁 328、333、334。

85 《觀象》，總頁 433、437。

86 《觀象》，總頁 223、225、228。

87 《觀象》，總頁 229、233。

88 《觀象》，總頁 372。

震強調陽動於下之故。

2.7.4 艮☶以止、山取義，陽上陰下，艮以止為義，雖有二陽，卻強調陽止於上，且有敦厚之義，故能有無窮之用。[89]以陽止於上為義，故以上九為成卦之主。

2.7.5 巽☴以陰伏於下，陽散於上取義，初六、六四以柔居上卦、下卦之下，能入而不能斷，為成卦之主也。[90]

2.7.6 兌☱取義於剛中柔外有悅之義，悅之道，以剛為正，以柔為邪，故四陽皆善，二陰皆惡，六三為陰柔不中不正，凡可悅之物，無不感之而來；上六亦不中正，又居外卦，象為物所遷也，[91]故以六三、上六為成卦之主，以說明悅之現象。

除上述七類以兩爻為卦主之用例外，尚有一孤例即咸卦☶是也，咸卦依卦義而以四、五為成卦之主。咸以相感取義，九四以陽居三陽中，且居六畫之中，正當心位，而感應乃心之發用；九五與上六陰陽相感，然九五有陽剛中正之德，又居背之位，故能不為物所遷，此乃感之正理也。[92]故以九四、九五為成卦之主，以明感發於心及感而不為物遷之道也。

李氏論主卦之主者有十四卦，除泰卦成卦之主即主卦之主外，其餘十三卦主卦之主異於與成卦之主。李氏據〈彖傳〉論主卦之主，是以有德有位善處時遇者為主。

---

89 《觀象》，總頁 377、383、385。
90 《觀象》，總頁 410、413、414。
91 《觀象》，總頁 419、420、421。
92 《觀象》，總頁 237、241、242。

其一，主卦之主為九五一爻，以其具剛中之德與尊位：

1.1 小畜☴以畜、止取義，言一陰畜陽也，故以六四為成卦之主。何以又以九五為卦主？李氏云此非指陰雖畜陽，陽猶可亨，而是九五有剛中之德，居位而志行，此所以畜而能亨也。彼強調因九五與六四相比，故能助四；且居高位有剛中之德，以成畜之功。[93]

1.2 履☱以履危取義，以六三為成卦之主，然天下最難履者莫如君位，故九五乃履道之成也，[94]故以九五為主卦之主。〈義例〉指出居尊位尤當以危懼存心，故爻辭云貞厲。此說明履六三以陰乘陽，又有三陽在前，合於履危之卦義；而九五則以處最難居之位，以說明履危當以危懼之心處之，敬慎其事，方能不疚。

1.3 否☷前已言以上下不交取義，九五為休否轉泰之大人，故以九五為主卦之主，[95]否極則泰來，然唯有剛中之德且居高位者，方能於時代轉換之際，當此大任。

1.4 遯☶既以陰長而陽當避，九五以居尊當位，且下應之，當遯之時為嘉美者也。[96]所以為美善者，以其功多權重卻不自居，身退而不戀棧，故〈義例〉引〈象〉「剛當位而應與時行」，而以此爻為處遯之盡善者。而稱為主卦之主。

1.5 夬☱取義於決，此卦為五陽決一陰於外，九五居

---

93 《觀彖》，總頁 86、88。

94 《觀彖》，總頁 94、98。

95 《觀彖》，總頁 109、112。

96 《觀彖》，總頁 254。

眾陽之上，身居尊位，故有實權；且決小人之時，必自修
其身，[97]此爻剛健中正，故為主卦之主。

1.6 巽☴〈彖〉云「申命」，故〈義例〉進一步指出申
命行事，非居尊位者不可。九五以剛中正而處尊位，是處
巽而得其正者，[98]故主卦之主為九五。

其二，主卦之主為六五一爻，強調虛中居尊的德與位：

2.1 損☶乃損下益上，六五居君位，虛中而受益，有
德而受益乃天所祐，非人所為，為益之盛者也，[99]故主卦
之主在六五。

2.2 歸妹☳此爻以女自歸而失禮取義，然六五居尊有
應，象尊位之女，有中德，能謙虛儉約，為歸妹之
善，[100]故主卦之主為六五。

其三，主卦之主九二、九五兩爻：

3.1 姤☴取義於一陰先倡而與陽遇，而九二以剛中而
遇初陰，故能制服之；九五為群陽之主，而以尊位以上制
陰，[101]故主卦之主九二、九五。

3.2 兌☱以悅為義，九二近六三之陰，以剛中之德相
感而悅；九五與上六相比，以居尊位而剛正與之相
感，[102]皆悅之正理也，故主卦之主九二、九五。

3.3 中孚☴成卦之主取中虛之義，然孚則虛以中實為

---

97 《觀象》，總頁 320。
98 《觀象》，總頁 415。
99 《觀象》，總頁 307。
100 《觀象》，總頁 396、397。
101 《觀象》，總頁 324、326。
102 《觀象》，總頁 419、421。

貴，故九二剛中有實德，雖無上應，而誠心必孚；九五亦剛而中且居尊位，有化邦之任，乃孚之重也，[103]故九二、九五以中實之德為孚之本而為主卦之主。

其四，主卦之主為六二、九五者：

4.1 益☶以損上益下為義，六二有虛中之德，處受益之時；九五居尊，且有信實惠下之心，為益下之主；[104]六二、九五分別以虛中受益、以實德居尊惠下為主卦之主。

其五，主卦之主為六二、六五者，取中順之德為義：

5.1 明夷☷以明而見傷為義，〈義例〉云六二、六五均有中順之德，為明而見夷者，異於成卦之主言夷人之明者，此合於〈彖傳〉言文王箕子之事，文王在商末為諸侯，故以二象在下之大人；箕子為紂王之叔父，以五近上六傷人之君，象在上位之君子。

上述諸卦，主卦之主與成卦之主相異，以德與位言處卦時之道。以德言，或重其虛中，或重實中；以位而言，或為上位之大人、下位之大人，即此指引處時之道。李氏指出，主卦之主重五之位，重中爻，蓋因《易》為成大業之書，成大業必歸有德有位之人。[105]無德則無法得眾人信服，不足以承擔大任，面對危難；無位則不得行使權利，推行大業，或振衰起敝；除此尚須識時，唯能深刻洞察時勢，方能與時順處，進退有節。故李氏主卦之主，便是考察各卦德、位、

---

103 《觀象》，總頁 436、438。

104 《觀象》，總頁 312、314。

105 《觀象》，總頁 128。

時三者間之深義，直探聖人作爻辭、〈象傳〉之用心，以為時人及後人行事之準則。

最後值得思考的是，李氏提出成卦之主與主卦之主，其背後的深義何在？雖然李氏強調卦、爻辭所指之事不止一端，既然不止一端，則卦主在各卦之意義亦不止一解。此處暫就《折中》的卦主義例考察之。

考察後可發現許多卦偏向從君王治國上解釋成卦之主的意義。首先，以一爻為成卦之主者，如乾卦☰側重君道，成卦之主九五在君位；坤卦☷偏重在臣道，成卦之主六二在臣位。以王道釋需卦☵，指出九五能成就需養之道；以虛中居尊釋大有☲，認為六五虛中大人能成就大有之道。再者，以二爻為成卦之主者，如屯卦☵以九五為君，以初九為侯，說明君王能建侯安民；蒙卦☶則以六五之君能尊在下九二之師，以見為君者尊師重道的表現；師卦☷重在說明六五之君能用九二之丈人帥師，而泰卦☷則說明君臣上下和諧相交之理，以六五為盡君道善下賢之君，九二為能盡臣道以上交之臣。

以上數例，可見出李氏以君臣用世之道來解釋諸卦，並說明諸卦的成卦之主在該卦中的意義，此種具政治義涵的說法為李氏眾多觀點中的其中一種。

至於主卦之主，重視德與位，誠如前所引李氏所言「《易》者成大業之書，而成大業者，必歸有德有位之人」，此說法具有鮮明的政治義涵，重視君之德與治。如小畜卦☴雖然成卦之主在六四，而主卦之主卻在九五，即此強調九五之君與六四之臣相合以成就畜之道。履卦☱六三為成卦之

主，主卦之主在九五，強調為君者居尊位更當戒慎恐懼。

綜合觀之，李氏主卦之主的政治義涵較成卦之主濃厚，故而格外標舉德與位。然必須留意的是，雖然在成卦之主與主卦之主的解釋與運用上有政治義涵的部分，但決非全部，不可全面作此理解；而且必須著意《折中》與《觀彖》在解釋存在殊異性，前者政治義較強，後者較以解經為主，不可不查。至於對該議題更全面而深入的探討待日後論析之。

五、李氏以成卦之主釋卦名

前已詳述李氏卦主理論之內容，李氏之卦主並非獨立《易》經文之外，而是與經文解釋密切相關，《觀彖》雖非六十四卦皆以卦主釋經，然卻有四十八卦明確運用卦主釋經，與王弼、朱子、吳澄相較，比重明顯偏高，可說明李氏之卦主對釋經極為重要。此處將進一步探究李氏《觀彖》以卦主釋卦、爻辭之具體作法。

正因李氏考察卦名、卦辭有多處與卦主相關，筆者深入考察《觀彖》後，確實發現，李氏釋卦名多運用卦主理論，而李氏運用卦主者可分二類，一類指成卦之主；另一類指上、下二體之卦主。

關於以上、下卦之卦主釋經，李氏與《本義》作法並無二致，朱子指出蒙☶九二為內卦之主，訟☰九二為險之主，隨☳初九為震之主。而李氏釋屯☵、頤☶諸卦亦用此法，如

屯初九：「初九動之主。」106頤初九「初有剛德，能養人者，以居下位，為動之主。」107咸䷞九五「上六陰柔說主。」108恆䷟初六「初為巽主。」109睽䷥六五「五為文明之主。」110漸䷴九三「九三過剛，又為止主。」111依李氏之用法，除恆卦、家人、巽卦逕稱巽主，112及隨卦初九稱震主，113直接以三畫八卦之名稱之外；其餘幾以卦德稱之，如說主、文明之主、動主、止主、險之主；至於朱子所使用內卦之主、外卦之主，《觀象》則未之見。

　　至於李氏所標舉卦名與成卦之主密切關聯的說法，考察《觀象》後發現有二十七例是以成卦之主釋卦名者。為彰顯出李氏釋卦名之特殊處，故以朱子《本義》作為對照，畢竟李氏自認承繼朱子觀點處甚多，藉由對比，以見出創見所在，以下將進一步作歸納比較。

　　第一類為一陽一陰之卦，師䷆、比䷇、小畜䷈、履䷉、同人䷌、大有䷍、謙䷎、豫䷏、剝䷖、復䷗、夬䷪、姤䷫共十二卦。此十二卦中，除師成卦之主在九二、六五，同人成卦之主為六二、九五，其餘諸卦皆以一陰或一陽為卦主。然李氏在釋卦名時，對師、同人二卦，僅以一成卦之主釋之。

---

106 《觀象》，總頁 51。

107 《觀象》，總頁 210。

108 《觀象》，總頁 242。

109 《觀象》，總頁 247。

110 《觀象》，總頁 285。

111 《觀象》，總頁 389。

112 家人卦，《觀象》，總頁 278；巽卦，《觀象》，總頁 413。

113 《觀象》，總頁 143。

如師卦僅論及九二「一陽居下，得應於上，而統群陰，將之相也。」[114]同人卦僅及於六二，「一陰在內而虛中，虛則無我，中則不偏，外同於人，人無不同。」[115]綜觀李氏對此十二卦以卦主釋卦名，與朱子《本義》所論，並無不同。

第二類為二陽、二陰之卦，除六子卦震、艮外的臨▤、觀▤、大畜▤、遯▤、晉▤、萃▤、中孚▤七卦。其中臨、觀、大畜、遯、萃、中孚皆有兩成卦之主可歸於一類，晉僅六五一爻為卦主。與《本義》相較，李氏對臨、大畜與晉、萃四卦有不同解釋。

朱子、李氏皆以臨卦之初、二兩陽爻為成卦之主，然解釋稍有不同，朱子解為「二陽浸長以逼於陰，故為臨」[116]，而李氏則不以陽侵逼或逼近陰為釋，而以陰自從陽、下陽為義，「惟二陽之卦，居內為主，而勢盛大，為主則物從之，盛大則物下之，臨之義也。」[117]大畜卦，朱子以卦體釋之，言「六五尊而尚之」，[118]李氏則以六五、上六兩成卦之主釋卦名，六五象尊賢之君，上六乃君所尊之賢人，「三陽自下上升以極於上，為六五所尊尚，有賢人登進重禮於君之象，亦所畜之大也。」[119]

至於晉卦，朱子以卦變釋之，言「其變自觀而來，為六

114　《觀彖》，總頁 74。

115　《觀彖》，總頁 114。

116　《本義》，頁 95。

117　《觀彖》，總頁 155。

118　《本義》，頁 115。

119　《觀彖》，總頁 201。

四之柔進而上行，以至於五。」[120]而李氏則以卦主釋之，既觀從靜態結構，又以動態歷程說明之，「一陰升居五位，為人臣自下漸進而履公侯之尊，皆履之義也。」[121]至於萃卦，朱子以二、五陰陽相應釋卦名，「九五剛中而二應之」，[122]而李氏九四、九五之陽萃聚四陰釋之，「比惟九五一陽，亦統於一之象，萃則四、五二陽，亦轉相聚之象。」[123]

　　第三類為三陽、三陰之卦，有賁☲、損☶、益☴、困☱四卦，此四卦皆有二成卦之主。其中，賁與困可歸一類，因其形式皆為某為某所文飾、某為某所掩蔽；而損、益又可自為一類，因其形式皆為損一陽以益陰。與朱子《本義》相較，二子對於困卦所見略同，朱子指出「九二為二陰所掩，四、五為上六所掩，所以為困」。[124]李氏說法之小異唯在於「九二為六三所掩」[125]，僅一陰爻，非二陰爻也。二子皆強調者乃陽為陰所掩蔽，受困而不能施展，故有困限之義。賁卦朱子釋為賁自損、既濟卦變而來。[126]而李氏則以六二、上九成卦之主說明柔文剛及剛文柔，即此而成賁飾之義，「離柔也，宜在外而居內，是柔來文剛，又卦畫六二之柔來文初、三之剛也；艮剛也，宜在內而居，是剛上文柔，又卦

120　《本義》，頁 143。
121　《觀象》，總頁 261。
122　《本義》，頁 172。
123　《觀象》，總頁 328。
124　《本義》，頁 178。
125　《觀象》，總頁 342。
126　《本義》，頁 104。

畫上九之剛上文四、五之柔也。」127

　　至於損、益二卦，朱子分別以泰、否卦變釋之，損卦為「損下畫上卦之陽，益上卦上畫之陰」，益卦為「損上卦初畫之陽，益下卦初畫之陰。」128李氏不言卦變，而由卦體解釋損下益上、損上益下，「以三陰三陽之卦，衰其一陽以相與，謂之損、益。然非損其近上者，則不達於上不至於上之上，亦未足以見其為益上也；非損其近下者，則不達於下，不至於下之下，亦未足以見其為益下也。」129李氏將損、益二卦皆視為陽損一爻以助陰，然為達助益之效，故損較近之陽爻，即此言損卦乃損下益上，益卦乃損上益下。

　　第四類為六子卦，有震☳、艮☶、巽☴、兌☱，李氏認為四卦之成卦之主乃上、下卦體之主爻，並以四卦之成卦之主說明震之德為震，其象為雷；艮之德為止，其象為山；巽之德為入，兌之德為說，130即此以說明四卦卦名之由。李氏之說法與朱子並無出入，故不再細論之。

　　綜合上述，據李氏成卦之主釋卦名之二十七卦，明顯見出李氏極關注卦體之陰陽結構及彼此之動態關聯，其中結構部分，一方面是指一陽、一陰或二陽、二陰及三陽、三陰，另方面則針對其所處之內、外之體，或六爻之位論之，如臨乃二陽在下，觀為二陰在上，或萃為二陽居四、五之位，中孚為二陰居三、四之位，……等。

127 《觀象》，總頁 174。
128 《本義》，頁 160、163。
129 《觀象》，總頁 301、302。
130 《觀象》，總頁 371、377、410、417。

至於動態關係則指陰陽爻間之互動，如賁乃陽文飾陰，陰文飾陽，損與益為損一陽爻以益陰，困指陽為陰所困掩之類。因李氏不言卦變，李氏嘗舉先儒（如朱子）卦變理論常舉二十卦〈彖傳〉之文為依據，指出「皆以內外體，取往來上下為義，不因卦變而取。」又曰：「卦變之說，於先儒無所折中，然不若古注直指卦體爻畫虛象之為愈也。」[131]

李氏考察《本義》以卦變釋卦名者，皆可以本卦內外二體爻畫之往來變化解釋之，無須牽涉他卦，使解釋複雜化，故而認為逕以本卦卦畫解釋〈彖傳〉剛柔、往來之義即可。至於卦名解釋亦然，直接以卦體之象的結構及爻畫之往來說明即可，李氏以成卦之主釋卦名其異於《本義》以卦變釋卦名者在於此。

六、以成卦之主釋爻辭之具體作法及依據

前已分析李氏以卦名、卦辭與成卦之主密切相關，而以成卦之主釋卦名，以下將考察李氏如何以成卦之主釋爻辭。

李氏釋爻辭，明確論及「卦主」（或稱成卦之主，或單言主）之名目者，以大類分之，可分為對成卦之主之爻辭解釋，與非成卦之主之爻辭解釋，以及將六爻爻辭作統體解釋兩大類，而兩大類又可再細分出幾種形式。

---

131 《通論》，總頁 98。

第一類，解釋成卦之主之爻辭：

（一‧一）釋成卦之主之爻辭，直接解釋何以該爻為成卦之主。此條例又可分為兩類，一是僅就唯一成卦之主之爻辭，言及成卦之主；二是就兩成卦之主之爻辭釋之，而此又可分為依需要僅於其中一爻辭，或二爻辭論及成卦之主。

僅釋唯一成卦之主之爻辭之例，如履卦䷉成卦之主為六三，李氏釋六三爻辭：「三以柔履剛，又為說主，以應乎乾，乃成卦之主也。」[132]復卦䷗成卦之主為初九，李氏認為「復之時主於陽復」，[133]故釋初九爻辭言道：「失而後有復，……一陽為卦之主，處卦之初，失之不遠而復者也。」[134]

至於兩成卦之主之爻辭，僅一爻論及卦主者，幾以其較為重要之故。如同人卦䷌有六二、九五兩成卦之主，然唯六二爻辭以成卦之主釋之，「六二以一陰為卦主，五陽應之，卦之所以為同人也。」[135]又如隨卦䷐以初九、九五為成卦之主，然僅釋初九爻辭言道：「初剛下於二柔，五剛下於上柔，此兩爻成卦之主。又震剛下於兌柔，初為震主，於義尤重。」[136]賁卦䷕以六二、上九為成卦之主，僅釋上九爻辭云：「剛上文柔，卦之主也。」[137]家人卦䷤以六二、九五為成卦之主，僅以成卦之主釋九五之爻辭：「九五卦主，故得

---

132 《觀象》，總頁 96。
133 《觀象》，總頁 190。
134 《觀象》，總頁 189。
135 《觀象》，總頁 117。
136 《觀象》，總頁 143。
137 《觀象》，總頁 180。

此占。」[138]又如无妄☳有初九、九五兩成卦之主，然僅釋初九：「初以一陽為主於內，无妄之主也；……卦惟此爻占吉，卦主故也。」[139]

關於一卦有兩成卦之主，而此二爻辭皆論及成卦之主者，如巽卦☴成卦之主為初六、六四，李氏釋初六爻辭：「初六，巽之主也，以柔居下能入而不能斷，故有進退之象。」又釋六四：「四亦為巽主，以陰居陰，宜有悔也。」[140]

（一・二）釋成卦之主之爻辭，以成卦之主說明該爻辭與卦義之關聯。

例如，乾☰成卦之主在九五，坤成卦之主在六二，李氏解釋何以乾九五爻辭為「飛龍在天」，坤☷六二爻辭為「直方大」，彼於坤六二〈小象〉案：「乾五為卦主，故五獨言天德；坤六二亦為卦主，故二獨言地道。」[141]

又如，豫卦☳之例，成卦之主為九四，爻辭為「由豫」，李氏釋九四爻辭云：「為卦之主，故曰『由豫』。」[142]

（一・三）釋成卦之主之爻辭，以成卦之主釋之，並指出該爻辭與卦辭密切相關。

例如，師卦☷以九二、六五為成卦之主，然唯六五爻辭言及卦主，「又必專任長子，乃合丈人之吉，居尊位為師之主，故用象義。」[143]強調雖由君王任命長子帥師，然長子

---

138 《觀象》，總頁 278。

139 《觀象》，總頁 278。

140 《觀象》，總頁 413、414。

141 《觀象》，總頁 34。

142 《觀象》，總頁 137。

143 《觀象》，總頁 78。

為虛位統帥，實際負責軍事調遣者為下位之丈人。

又如震卦☳成卦之主為初九，初九爻辭與卦辭重出，皆有「震來虩虩」、「笑言啞啞」，李氏云：「此爻為卦主，故其辭與象同。」[144]

再如晉卦☷成卦之主在六五，彼釋六六五爻辭：「柔進上行，為明之主，卦之所謂『康侯』者也。」[145]此例則說明卦辭「康侯」是據六五成卦之主而來，且說明該爻爻辭是針對康侯而言。

謙卦☷之例亦屬此，該卦成卦之主在九三，李氏云：「此爻卦之主，故其占與象同。」[146]

（一·四）釋成卦之主之爻辭，以成卦之主釋爻辭中的占辭。

例如，泰卦☷成卦之主為九二、六五，李氏釋六五爻辭之「元吉」言道：「此爻下爻之主，故占曰『元吉』。」[147]家人卦☲成卦之主為六二、九五，彼釋九五爻辭言道：「九五卦主，故其辭占如此。」[148]

第二類，是以成卦之主解釋非成卦之主之爻辭。

（二·一）指出該爻因非為成卦之主，故得此之爻辭。

例如，李氏釋臨卦☷六四爻辭：「以非卦主，又非尊位，故僅得无咎。」[149]

---

144 《觀象》，總頁 373。

145 《觀象》，總頁 266。

146 《觀象》，總頁 131。

147 《觀象》，總頁 106。

148 《觀象》，總頁 278。

149 《觀象》，總頁 159。

（二‧二）與成卦之主相「應」之爻，以成卦之主解釋其爻辭。

例如，頤卦☷六三與成卦之主上九相應，李氏解釋何以上九爻辭為「由頤」，而六三為「拂頤」：「上九為頤之主，而三應之，卦之得養，無如此爻者；然居動之極，不中不正，上交必諂，從欲維危，卦之拂乎養道，亦無如此爻者。」[150]

（二‧三）以該爻與成卦之主之關係解釋爻辭之吉凶。

剝卦☷以上九為卦主，李氏釋六五爻辭云：「此卦以一陽為主，三應而五比之，皆善也。」[151]以此說明何以六三言「无咎」，六五言「无不利」。

綜觀上述，無論第一類針對成卦之主之爻辭解釋，或第二類以成卦之主解釋非成卦之主之爻辭，其根本依據在於將六爻視為整體，標舉出成卦之主，並考各爻與成卦之主之關聯，亦即以成卦之主與他爻之關係對六爻爻辭作統整解釋。

李氏認為六十四卦之六爻皆與成卦之主之主有關。關於六爻間之關係，李氏依卦義將之區分為兩大類，一是視六爻為一體視之，僅取一義者；一是視六爻為二體，分取上、下（或稱內、外之義）。

關於後者，視六爻為二體，取上、下（內、外）二義者，如屯卦☵李氏云「屯有動乎險中之象」，成卦之主分別取決於上、下二體之主爻，故屯初九爻辭「初九動之主，則

---

150 《觀象》，總頁 211。

151 《觀象》，總頁 184。

卦之主也。」釋九五爻辭「當屯之時為險之主。」[152]需卦
☵李氏認為「六爻多取艱難之象」，六爻之象與上卦坎險之
象有關，九五為坎之主，故為成卦之主，釋九五爻辭「剛而
中正，且坎主天位」。[153]

至於前者將六爻視為一體而取一義者，如純陽、純陰之
乾、坤，李氏認為乾☰「乾爻皆有龍德」，[154]坤☷則是「以
見其自始至終，安行有常之意也。」[155]至於一陰、一陽之
卦前多論及，於此不贅述。而二陽、二陰之卦，晉卦☲六
爻，李氏認為「一陰升居五位，為人臣自下漸進而履公侯之
尊。」[156]而訟卦☲，李氏指出「卦為九五居尊，……取聽
訟為義，餘爻則取訟義。」[157]三陽、三陰之卦則如賁卦☲
六爻，李氏解釋為「六爻三陽有質素之德者也，陰所求也；
三陰則是依陽德以立者也。」[158]此類之卦，其成卦之主乃
由六爻整體論之，或為一爻，或為二爻，前已論及，於此不
贅述。

無論以一體視之或以二體視之，皆可見出李氏認為六爻
皆相互關聯，故釋六爻爻辭，多以成卦之主釋之。例如比☵
乃五陰親比一陽，小畜☴指五陽為一陰所畜，大有☲則為五
陽為一陰所有諸例，諸爻皆與成卦之主相關。比卦☵成卦之

---

152 《觀象》，總頁 51、54。
153 《觀象》，總頁 64、66。
154 《觀象》，總頁 2。
155 《觀象》，總頁 27。
156 《觀象》，總頁 261。
157 《觀象》，總頁 70。
158 《觀象》，總頁 177。

主在九五，李氏釋比六三云：「卦一陽為比主，二應而四承之，初居下未有所比，三處高位不與五承應，是『比之匪人』也。」[159]故李氏釋比六二、六三、六四、上六皆論及該爻與九五之關係。

李氏釋小畜卦☴，下三爻為「自畜者」也，上三爻為「畜人者」也，六爻皆有畜義，成卦之主在六四，李氏釋初九「上應六四」，釋九三「前有六四為畜之主，又不得遂其進。」九五為君位，[160]皆以成卦之主釋之。

又如大有卦☲，李氏指出「卦之六爻皆大有者也」，成卦之主在六五，六五為虛中之君，「兼有眾陽，有之極大者也。」[161]

至於萃☷指四陰為二陽所萃聚，諸爻皆與成卦之主相關。萃卦☷成卦之主在九五、九四次之。李氏釋六二「九五萃之主而二應之，是上有引援者也。」釋六三「卦為二陽為萃之主，而初、二應之，三無所應。」釋九四「九五萃之主而四輔之」，釋上六「居卦外而無應，無萃者也。」[162]

此數例皆可見出李氏釋爻辭多考察諸爻與成卦之主間的關聯性，作整體解釋，而此為李氏釋經之重要特色。

159　《觀象》，總頁 83~84。
160　《觀象》，總頁 89~91。
161　《觀象》，總頁 123~127。
162　《觀象》，總頁 331~334。

七、結論

　　李光地《易》學，在諸多觀點上承繼舊說，例如接受朱子《易》為卜筮之書的說法，在釋經部分則以義理為主，然不廢象數。正如汪學群先生所言：「他於《易》雖論象數，但終歸於義理，著重闡釋易學中的微言大義，期以通經致用。」163至於本文所談的卦主，亦承京房、王弼而來。可見李氏《易》學乃「折中」歷代《易》學家重要釋經說法，以卦義、爻義及整部《易經》「通例」觀點為抉擇依據，提出他認為較理想的經文解釋。

　　考察李氏《觀象》之解經，發現其中大量運用「卦主」說，此作法明顯異於王弼、朱子諸子僅於部分卦、爻辭解釋使用之。李氏折中眾說，不採「卦變」，唯論「卦主」，在京房、王弼、朱子之基礎上，承繼一爻為卦主、二體卦主之說法加以演進。

　　李氏卦主主張異於王弼、朱子等前賢處有數點：其一，李氏提出成卦之主與主卦之主，前者不關乎爻之德、位，僅說明該卦所以成立之由；後者則考察各卦中爻之德與位，論定主卦之爻。其二，李氏為各卦確定成卦之卦主。其三，成卦之主除承前賢提出一爻為主說，較特別者乃以二爻為卦主之例。

163　《清初易學》，頁 600。

　　李氏承王弼「夫卦者，時也」164之說，進而全面以卦時看待六十四卦，並將卦分為四類，即陰陽消息、事、理、象。李氏云：「消息盈虛之謂時，泰、否、剝、復之類是也；又有指事言者，訟、師、噬嗑、頤之類是也；又有以理言者，履、謙、咸、恒之類是也；又有以象言者，井、鼎之類是也。」165至於八純卦另歸屬於「德」，即道德修養之意，166指出八卦所強調者乃順本心、天理而行，非強調外在時遇。167

　　李氏以卦時釋卦，反對將六爻以僵固的「時」解釋之，如屯䷂之時為「多難之世」，故六爻皆就化解時局之艱難而論；蹇䷦之時定為險阻之時，六爻皆為除險阻而設；大有䷍之時為昌明之世，豫䷏之時為和樂之際。168而是主張六位

---

164 《周易略例・明卦適變通爻》，《老子、周易王弼注校釋》（臺北：華正書局，1983 年），頁 604。「卦者，時也；爻者，位也。此聖經之明文而歷代諸儒所據以為說者，不可易也。」《周易折中・屯》，總頁 180。

165 《周易折中・義例・時》，總頁 105。

166 李氏云：「六十四卦皆時也，惟八純卦不可以時言，非無時也，根於天地之理，人心之德。其為時也，述天理而時措，不可以在外之所遇者言也。乾者健德也，坤者順德也，震者動德也，艮者止德也，巽者入德也，兌者說德也，離者明德也。惟坎曰陷，曰險，不可以心德，言故於重卦之名加一習字，與七卦之例別，蓋人心惟危，故其心德必有所陷，陷則險矣。」《周易通論・論八純卦》，總頁 23~25。

167 李氏云：「此八卦者，與時偕行，豈非時乎？然主於所施，不主於所遇。」《通論》，總頁 24。

168 李氏云：「如屯則定為多難之世，而凡卦之六位皆處於斯世而有事於屯者也。……卦六爻止為一時之用。」《折中・屯》，總頁 180~181。又云：「如言屯也，蹇也，莫不有屯焉，莫不有蹇焉，不必皆言濟時之艱難，平時之險阻也。大有也，豫也，莫不有所有焉，莫不有所豫焉，不必皆言際明盛之朝，值和樂之世也。如此則何至局於一而不通乎？」《周易通

非同處於一時，各爻皆有處時遇之理。

李氏認為卦義為正面者，爻能合德則吉，反則凶；若卦義為負面者，爻能惟反之則吉，反之則凶，[169]無論主爻或非主爻皆然。此見解乃將卦視為整體之德或時遇，而德與時有正面與負面之別，處正面之德與時，合之無違，自然得吉；處負面之德與時，自當反其道而行，方能得吉避凶。

李氏將各卦卦、爻反覆推敲而得卦主，彼以卦主釋卦，乃將六爻視為整體，明確區分主、從，進而以卦主對爻辭作相應解釋；不僅可解釋爻辭中的象辭，亦可解釋占辭之吉凶。卦主與該卦之成因極為密切，李氏透過主爻在該卦之定位，以及非主爻與主爻之關係探究，對六爻爻辭提出解釋。

然而，談李氏以卦主釋《易》，必須回答一重要問題，即這樣的作法，意義何在？經研究發現，答案在於李氏以卦主釋《易》，對卦義及卦、爻辭解釋能開出新義。如一爻為成卦之主者，李氏除了指出該卦所代表的事件與義理外，並另提出處該卦時，扮演重大影響的大人。雖然《本義》亦曾留意於此，然僅部分卦言及之，如訟䷅指出九五為「聽訟」者，師䷆九二為將、九五為人君，並未更全面提出解釋。相較於朱子，李氏論及之範圍較廣。如蠱卦䷑《本義》「壞極而有事」，李氏因六五為治蠱之大人，故由敝壞，進而提出振衰起敝的新義。又如渙卦䷲《本義》解為「散也」，而李氏除了承繼言離散外，又提出能濟渙的新義。節卦䷻《本義》解為「有限而止」，僅言節制之義，而李氏除了言能止

論·論時》，總頁 46~47。
169 《通論》，總頁 28。

能行之外，又強調王者立制度以節止天下之義。明夷卦䷣
《本義》言「傷也」，而李氏除了言聖賢被傷害之義，又提出
上六為傷聖賢之昏君。革卦䷰《本義》言「變革」，而李氏
既言變革，又指出九五為行變革之事的大人。

　　至於李氏提出二成卦之主的卦，亦有其特殊作用。《本
義》雖於蒙卦䷃指出蒙者與發蒙者，於家人卦䷤指出「九
五、六二內外各得其正」，然李氏更全面提出解釋。如泰卦
《本義》「天地交而二氣通」，李氏除此，更指出六五為貴而
下賢之君，九二為尊賢容眾之臣，進而提出君臣上下相交之
新義。解卦䷧《本義》「難之散也」、「居險能動」，而李氏則
就解難則必須除惡，而除惡之手段或以剛或以柔，九二以剛
除惡，六五以柔除惡，皆因得中，故不傷己遂能出險。萃䷬
《本義》「聚也」，而李氏以九五為德位兼具的人君，六二為
輔君聚眾的人臣。

　　即此可見，李氏的卦主說，是卦畫與義理結合的結果，
由卦畫區分主、從，而從義理上提出新解，更能明確見出李
氏如何於前賢之成果推陳出新，提出個人對《易》經文之獨
特解釋，而此正是李氏治《易》心血所在，也提供後人在
《易經》解釋上提出新穎且相應觀點的重要參考典範。

王船山《周易內傳》
解經作法析論

一、前言

王船山（1619-1692，字而農，號薑齋、一壺道人）
《易》學之重要著作《周易外傳》、《周易大象解》、《周易稗
疏》（附《周易考異》）、《周易內傳》（附〈周易內傳發例〉
一卷），據〈周易內傳發例〉記載，《稗疏》成於 28 歲，為
青年期作品，《外傳》[1]動筆於 37 歲，為中年時期作品；《大
象解》動筆於 58 歲，《內傳》動筆於 67 歲，為晚年作品。[2]
相較他書，《內傳》可視為船山晚年《易》學思想的代表。

關於《內傳》與《外傳》之別，船山言道：「《外傳》以
推廣於象數的變通，極酬酢之大用；而此篇守彖、爻立辭之
誠，以體天人之理，固不容有毫釐之踰越。」[3]朱伯崑先生
解釋道：「《外傳》是闡發象數變化之法則，處理事物之間的
感應和變易。實際上是發揮《周易》經傳中的概念、範疇、
命題及其理論思維來解釋世界和處理人類生活，不是逐句解
釋經文。《內傳》則是逐句解釋經傳文字，揭示天人之

1　本文為行文之便，對船山著作除了第一次以全名稱呼外，以下皆以《外
　傳》、《內傳》、〈發例〉簡稱之。

2　船山云：「夫之自隆武丙戌，始有志于讀《易》。……乙未，於晉寧山
　寺，始為《外傳》；丙辰始為《大象傳》，遂在乙丑，從游諸生求為解
　說，……於是病中勉為《傳》。」〈周易內傳發例〉，《船山全書》第 1 期
　（長沙：嶽麓書社，1996 年），總頁 683。

3　《內傳・發例》，總頁 684。

理。」4《外傳》以推衍易之象數、義理為主,而《內傳》乃船山 67 歲時為諸生說解《易經》而作,5重在解釋卦、爻辭及《易傳》。

船山於《內傳》外,另著〈發例〉,以說明《內傳》的論著立場及重要觀點。就編排先後觀之,〈發例〉附於《內傳》卷末,而非卷首,可見其作用在於歸結《內傳》的釋經觀點。欲深入瞭解船山釋《易》,須二者並觀,若僅論〈發例〉而不談《內傳》,則雖識大體而不見全貌;反之,若僅談《內傳》而不論〈發例〉,則難掌握其釋《易》特色。

目前學界對船山《易》學的研究,所關注者在於分析船山重要《易》學主張,如「乾坤並建」、「占學一理」、「象爻一致」、「四聖一揆」等,6並已累積相當可觀的成果。本文在此研究基礎上,將重心擺在船山如何釋經,考察其釋經特色。在各段安排上,先述及船山如何以「乾坤並建」、「錯綜合一」說明卦與卦的關聯,之後分析如何解釋卦名,繼而指出如何以「占學一理」的原則來釋經,以及以陰陽互動釋卦名、卦辭,且以「象爻一致」及爻畫的陰陽變化釋爻辭。藉由論析船山對卦與卦的關係,以及卦名及卦、爻辭解釋,從具體實踐歸納出其釋經原則,以深刻見出船山《易》學的特色及貢獻所在。

4　《易學哲學史》,修訂本第四卷(臺北:藍燈文化事業,1991 年),頁7。

5　《內傳‧發例》,總頁 683。

6　目前關於船山《易》學研究之專著、專文甚多,本文所參考之著作附於參考書目,實際引文則隨文註明。

二、船山以「乾坤並建」[7]、「錯綜合一」 說明卦與卦的關聯

　　伊川《易傳》除乾坤二卦外，在釋卦名前會引〈序卦傳〉說明前卦與本卦的關係。如屯卦，引〈序卦傳〉「有天地，然後萬物生焉，盈天地之間者唯萬物，故受之以屯。屯者，盈也。屯者，物之始生也。」蒙卦則引「屯者，盈也。屯者，物之始生也。物生必蒙，故受之以蒙，蒙者，蒙也，物之稚也。」[8]船山不採〈序卦傳〉各卦相序的解釋方式，而提出「乾坤並建」、「錯綜合一」，一方面將乾坤與六十二卦區隔，以乾、坤純陰、純陽之德顯各卦所具陰陽的質性，及陰陽相互為用的意義；其他六十二卦或錯或綜，以此解釋

7　相關論文除該小節所引文字外，尚可參考以下專書及論文。曾春海，《王船山易學闡微》（臺北：嘉新水泥公司文化基金會，1978 年）曾春海，《儒家哲學論集》（臺北：文津出版社，2000 年）。蕭漢明，《船山易學研究》（北京：華夏出版社，1987 年）。杜保瑞，《論王船山易學與氣論並重的形上學進路》（臺北：國立臺灣大學哲學研究所博士論文，1992 年）。吳龍川，《王船山乾坤並建理論研究》（臺北：國立臺灣師範大學國文研究所博士論文，2004 年）。金納德，《論船山易學之乾坤並建說》（臺北：國立臺灣大學哲學研究所碩士論文，2002 年）。陳祺助，〈王船山論陰陽與太極的關係〉，臺北：《哲學與文化》第 339 期（2002 年）。陳祺助，〈王船山「乾坤並建」理論的基本內容及其天道論涵義〉，臺北：《鵝湖月刊》359 期（2005 年 5 月）。劉潤忠，〈論王夫之『乾坤並建』易學理論及其哲學意義〉，北京：《北京大學學報》（1988 年）。

8　《周易程氏傳》，《二程集》第 2 期（臺北：漢京文化事業，1983 年），總頁 713、718。

各卦間的關係。彼於「上經乾坤」言道:「乾坤並建以為
首,《易》的體也;六十二卦錯綜乎三才、四象而交列焉,
《易》之用也。」9

　　關於船山何以提出「乾坤並建」與「錯綜合一」來反對
〈序卦傳〉的先後次序說,邱黃海先生提出解釋:「乾坤與萬
物,乾坤與六十四卦即時而立,無分先後,而〈序卦傳〉卻
說『有天地然後萬物生焉』。……不僅天地萬物不可分時間
先後,六十四卦亦不可有時間先後之分。」10此說法明確說
明船山反對乾坤變生六十二卦,以及六十二卦分先後的主
張。

　　船山「乾坤並建」說除了以乾坤二卦說明陰陽的質性,
及乾坤相互為用的意義外,亦提出「陰陽嚮背」說明兩兩相
錯的卦,可互顯兩卦「可見」與「不可見」之理。任何一
卦,皆可由相錯的卦見出未顯的部分,透過兩卦對觀,可互
顯可見與不可見的象、義。不僅乾、坤並立,互為顯隱,其
他相錯的卦:坎☵與離☲、頤☶與大過☴、小過☳與中孚☱
等卦,船山均以「幽明」解釋之,皆能藉陰陽卦象隱顯的關
係與作用以開顯太極之理。船山云:「太極一渾天之全,見
者半,隱者半,陰陽寓於其位,故轂轉而恆見其六。乾明則
坤處於幽,坤明則乾處於幽。《周易》並列之,示不相離,
實則一卦之嚮背而乾坤皆在焉,非徒乾坤為然也。明為屯、

9　《內傳》,總頁41。

10　〈船山易學的原理與方法——《周易內傳發例》的解析〉,臺北:《鵝湖學
　　誌》28期(2002年),頁185。

蒙，則幽為鼎、革，無不然也。」[11]

因此，以相錯的卦說明一卦可見與不可見的象與理，即船山所言：「一卦之中，嚮者背者，六幽六明，而位亦十二也。」[12]可見者所表現的是明顯的象與理，不可見者則顯隱微的象與義。故船山云「『一陰一陽之謂道』者，陰陽十二皆備，唯其所用之謂也，非一陰即間以一陽，一陽即雜以一陰，一受其成型，終古而不易之謂也。經之緯之，升之降之，合之離之，而陰陽之不以相間相雜，畫井分疆，為已然之成跡，則遷坤易簡之至德，固非人事排比位置之所能與矣。」[13]

船山「乾坤並建」是指「以陰陽至足者統六十二卦的變通」，[14]以乾、坤二卦為易道的體，說明天道、人事陰陽相互對待而並存的常理、常則，既言其常，則不論及變化。以存有論論之，說明事物皆具有陽、陰的體性及功能；以宇宙論論之，有天即有地[15]。曾昭旭先生嘗指出：「陰陽之密連無間，交與為體，……無非從事實上證明宇宙一元，以明其說乾坤並建乃理上的暫分。」[16]

兩兩相綜的卦則說明循環往復之理，即此以考察事物變

---

11 《內傳・發例》，總頁 658。

12 《內傳・發例》，總頁 658。

13 《內傳》，總頁 491。

14 《內傳》，總頁 43。

15 船山云：「古今之遙，兩間之大，一物之體性，一事之功能，無有陰而無陽，無有陽而無陰。無有地而無天，無有天而無地。」《內傳》，總頁 43。

16 曾昭旭，《王船山哲學》（臺北：遠景出版社，1983 年），頁 53。

化的幾微。船山言道：「屯、蒙以下，或錯而幽明易其位，或綜而往復易其幾，互相易於六位之中則天道變化，人事之通塞盡焉。而人之所以酬酢萬事，進退行藏，質文刑賞之道，即於是而在。」[17]

關於以「綜」說明卦與卦的關係，以蒙䷃為例，船山以屯䷂之反即為蒙，說明蒙卦的取義。船山言道：「陰陽之交也始自屯，乃一回旋之際，陰得陽滋而盛，陽為之隱，初陽進而居三，五陽往而居上，皆失其位。」[18]此處船山考察屯、蒙兩卦的相綜關係，指出由屯變為蒙的動態歷程，以說明由屯變而為蒙的往復之理。

朱伯崑先生認為：「『乾坤並建』、『錯綜合一』此是講易學的原理，闡述《周易》的基本法則。」[19]並認為此二原則之目的在於「反對漢易京房及宋易邵雍以及〈序卦〉文關於易序的解釋，從而建立起其象學的體系，為其氣本論提供易學的基礎。」[20]朱氏以「乾坤並建」、「錯綜合一」為易的基本法則，此論甚是。至於稱此象學體系為氣本論的基礎，則可再進一步闡釋。

朱氏的說法可進一步闡釋為船山以《易》為架構形成一套自然哲學，與漢《易》有相近之處。岑溢成先生曾如是評述漢代《易》學：「漢代的《易》學，後世稱為象數《易》學，以孟喜和京房為代表。他們大體是用奇偶之數和八卦所

---

17 《內傳》，總頁 41。
18 《內傳》，總頁 99。
19 《易學哲學史》修訂本第四卷，頁 15。
20 《易學哲學史》修訂本第四卷，頁 70。

象徵的物象來解釋經文，用六十四卦匹配一年的時序或氣候，又利用《周易》講陰陽災變。」「漢《易》的中心問題，是如何藉著當時的自然知識，配合了五行的系統，和《易經》原有的八卦系統，而希望形成一個自然宇宙觀。首先說明天道，再用在人事上以趨吉避凶。大體說來漢代的《易》學是一大套自然哲學，著眼在宇宙的氣化流行上以尋求人事天道的條理法則。」[21]宋《易》的系統雖與漢《易》不同，然以理氣的流行變化說明天道與人事，均可視為自然哲學。

正因船山承繼漢、宋《易》的自然哲學，故論乾、坤時，多以二氣視之。如船山釋乾、坤云：「乾，氣之舒也。陰氣之結，為形為魄，恆凝而有質。陽氣之行於形質之中外者，為氣為神，恆舒而畢通，推盪乎陰而善其變化，無大不屆，無小不入，其用和煦而靡不勝，故又曰健也。此卦六畫皆陽，性情功效皆舒暢而純乎健。」[22]又曰：「隤然委順之謂坤，陰柔之象也。此卦六爻皆陰，柔靜之至，故其德為坤。」[23]

以宇宙論言之，乾、坤可象天地陽、陰二氣，一為生化之氣，一為凝聚之氣，陽氣之神化妙用無盡，陰氣之凝聚而成萬物形質。船山云：「陽有獨運之神，陰有自立的體，天入地中，地函天化，而抑各效其功能。」[24]

---

21 五邦雄等著，《中國哲學史》（臺北：國立空中大學，1995 年），頁 346。
22 《內傳》，總頁 43。
23 《內傳》，總頁 74。
24 《內傳》，總頁 74。

　　雖然乾、坤二氣各有其體性，乾象陽氣舒暢之特質與無盡的妙用，而坤象陰氣凝聚的特質及塑成形質的功用。然而在作用上卻是相互為用，即使純陽的乾卦，亦是由可見之陽氣與不可見之陰氣交互作用，純陰的坤卦亦然。至於其他相錯的卦，更能見出陰陽相合的作用。船山言道：「陰陽二氣絪縕於宇宙，融結於萬彙，不相離，不相勝，無有陽而無陰、有陰而無陽」25

　　綜合船山論乾坤及其他六十二卦的關係，彼認為乾、坤是「獨以德立名」26，所謂「德」便是指強調純陽、純陰之氣的「性情功效」27。意即乾乃強調天道之誠、人性之神，28坤強調事物柔順的形質，六十二卦乃象徵陰、陽二氣所形成的物事。即此便可瞭解，「乾坤並建」一方面是從六十二卦歸結出各卦皆具有乾坤二種體性及作用，即將六十四卦整體視為乾、坤的變化，以說明陰陽對立及交互作用；屯至未濟，兩兩的卦或綜或錯，以說明萬事萬物乃陰陽錯、綜所致。另方面，亦可視為六十二卦乃「乾坤並建」原理的個殊變化，可由各卦分析其中陰陽的體性及變化作用。

　　若將船山的「錯綜合一」與來知德（1525-1604）的錯綜哲學29相較，來氏論「錯」言道：「錯者，陰與陽相對

---

25 《內傳》，總頁 74。

26 《內傳》，總頁 74。

27 《內傳》，總頁 74。

28 船山云：「乾於大造為天之運，於人物為性之神，於萬事為知之徹，於學問為克治之誠，於吉凶治亂為經營之盛，故與坤並建，而乾自有其體用焉。」《內傳》，總頁 43。

29 此部分可參考拙著〈來知德《易》學特色——錯綜哲學〉，《中央大學人文

也。父與母錯，長男與長女錯，中男與中女錯，少男與少女錯，八卦相錯，六十四卦皆不外此錯也。天地造化之理，獨陰獨陽不能生成，故有剛必有柔，有男必有女，所以八卦相錯。」[30]來氏由兩相錯的卦的符號結構說明兩兩相互對待之理，船山亦承此說，並進一步提出「陰陽嚮背」，以說明一卦十二爻位幽明一理的觀點，象徵事物本身所具有可見與不可見的體性與作用。以泰☷☰、否☰☷為例，來氏見出泰與否的相對性，有泰便有與之相反的否；但船山則認為，泰、否是同時存在，唯一隱一顯耳，若泰顯則否隱，否顯則泰隱，即此而生變化。

至於坤☷☷以降，自屯☵☳、蒙☶☵至既濟☵☲、未濟☲☵二十八組綜卦，船山釋「綜」為「所以象人事往復之報」[31]與來知德觀點一致。來氏解釋「綜」云：「綜字之義，即織布帛之綜，或上或下，顛之倒之者也。」[32]又言：「蓋易以道陰陽，陰陽之理流行不常，原非死物膠固一定者，故顛之倒之，可上可下者，以其流行不常耳。」[33]來氏以織布之綜來說明「綜」的義涵，或指陰陽之理流行不已，或指卦畫變化無常。船山亦認為卦畫的綜，便是象徵人事的循環往復。

關於船山所謂「錯綜合一」，便是針對六十四卦的錯卦

學報》，第 27 期（民國 2003 年 6 月）頁 25-73。

30 關於來氏《易經字義》之內容，《無求備齋易經集成》本缺少此部分，故參考《易經來註圖解》（臺北：五陵出版有限公司，1997 年〔清〕朝爽堂刻本），頁 139。

31 《內傳・發例》，總頁 658。

32 《易經來註圖解》，總頁 139~140。

33 《易經來註圖解》，總頁 140。

與綜卦現象而言，其所象徵的便是人事萬象之幽明及往復之理。任何一卦，可見之象即明，不可見的卦象即幽；卦畫間的對反結果，代表事物的變化。以屯卦為例，屯為明，不可見之象為鼎；屯的反卦為蒙，蒙即屯的往復變化，故船山認為任何一卦皆涵具另外兩卦。

船山以「乾坤並建」、「錯綜合一」修正〈序卦傳〉的六十四卦先後次序說，代以錯綜關係說明卦與卦的關聯，深入說明事物相對的體性的呈現，及卦與卦間動態往復的變化，此為船山釋《易》值得吾人留意處。

三、船山以卦畫結構結合陰陽 動態歷程解釋卦名

關於解釋卦名部分，船山認為卦名或取天化，或取人事，或兼二者而立名。[34]伊川釋卦名參考〈大象傳〉、〈彖傳〉，以上下二體的卦象、二體的卦德解之。[35]朱子釋卦多先釋上下二體的卦象、卦德，[36]唯某些卦，如一陰、一陽的

---

34 船山云：「卦象有天化，有人事，有兼天化人事而立名者。」《內傳》，總頁 380。

35 以屯卦為例，伊川云：「萬物始生，鬱結未通，故為盈塞於天地之閒。至通暢茂盛，則塞意亡矣。天地生萬物，屯，物之始生，故繼乾坤之後。以二象言之，雲雷之興，陰陽始交也。以二體言之，震始交於下，坎始交於中，陰陽相交，乃成雲雷。」《周易程氏傳》，《二程集》第 2 冊，總頁 713~714。

36 以屯卦為例，朱子云：「震，一陽動於二陰之下，故其德為動，其象為雷。坎，一陽陷於二陰之中，故其德為陷、為險，其象為雲、為雨、為

卦及消息卦，及頤☷、大過☱、恆☳、家人☲等卦則於二體的卦後另就六畫整體分析之。37船山釋卦名，除了承繼前賢重視卦畫的靜態結構外，較特別處在於重視卦、爻的動態歷程。此處以一陽一陰的履☱、同人☲二卦為例。以履卦而言，程子依上下二體之象及內卦之象解釋履的涵義，38以「禮」釋履卦卦名，即此言上下尊卑，而下位者能說而順乎上位者。朱子承程子說，亦依二體之象釋之39，認為履所以處憂危之地而不傷，乃因兌卦和悅順應之德所致。

　　船山異於程、朱分析履卦二體之象，而是注意六三一爻於履卦的意義。認為陰爻既據三進爻之位且失位，且欲躐九四而進，即此顯履卦之危。彼言道：「為卦以孤陰失位，躁進而上窺乎乾，欲躐九四，憑陵而進，乾德剛健，非所可躐，故有此象。」40此實就六三一爻而言。至於卦辭「履虎尾，不咥人，亨。」則是因履乃行於不得已之時，雖處危境，然有初、上之剛爻為本，所行則不致於危矣。41強調履

　　水。屯六畫卦之名也，難也，物之始生而未通之意。……其卦以震遇坎，乾坤始交而遇坎陷，故其名為屯。」《周易本義》（臺北：大安出版社，1999年），頁46。

37 以師卦為例，朱注：「又卦唯九二一陽居下卦之中，為將之象，上下五陰順而從之，為眾之象」。《周易本義》，頁59。

38 伊川言道：「上下之分，尊卑之義，理之當也，禮之本也，常履之本也。」「以柔藉剛，故為履也。……乃見卑順說應之義」《周易程氏傳》，總頁749。

39 朱子言道：「有所躐而進之義也，以兌遇乾，和說以躐剛強之後，有『履虎尾』而不見傷之象，……人能如是，則處危而不傷矣。」《周易本義》，頁69。

40 《內傳》，總頁135。

41 船山言道：「君子以涉于憂危，而用為德基，犯難而不失其常，亦反求其

的卦名乃君子處危地之道，即使身處危險，然因自身有德，遂能化險為夷。

至於同人卦，程子重同人卦一陰與五陽的關係，[42]朱子亦承繼程子的說法，皆認為同人取義為眾陽皆欲與一陰諧同。但船山卻留意一陰不僅無法與眾陽相應，且必起爭端，此亦為三、四、五爻有爭戰義之故。船山云：「六二一陰得位，眾陽皆欲與之同，不能便遍與相應，則爭必起，三、四、五所以皆有用兵之象。」[43]諸陽之所以欲爭同於六二，在於陰爻具有利益、養人的意義。

綜合船山釋履、同人的卦名，就履而言，從結構論，上天下澤乃上下和諧之狀態，但船山卻見出六三一爻有不安其位，欲僭於上的動態現象。而同人卦，表面看似五陽皆欲和同一陰的承平景象，然船山卻以陰陽之不同性質，見出五陽皆欲爭取一陰之認同，然一陰卻無法滿足眾陽，爭戰亦因之而起。相較程、朱的解釋，船山的特點在於見出卦、爻間曲折的動態歷程。

對於卦畫結構相同[44]或相錯、相綜的卦，船山亦重視其間的異同。此處以謙䷎、豫䷏二卦為例。謙卦表面看來，前

本而已矣。本者何也？……二陽之基，兌之本也。……行乎不得已而有履焉，時為之也。……非初、二之剛實而无翼乎物情之應者以為之基，則亦惡從致此？」《周易外傳》，《船山全書》第 1 冊（長沙：嶽麓書社，1996年），總頁 848~849。

42 伊川言道：「又卦為一陰，眾陽所欲同，亦同人之義也。」《周易程氏傳》，總頁 763。

43 《內傳》，總頁 159。

44 同為一陽五陰、一陰五陽、四陽二陰、四陰二陽、三陰三陽之意。

賢孔穎達、朱子等多取虛己下人之意，[45]似乎是陽自覺地奉守謙德，但船山卻從九三以一陽爻處眾陰之間，見出其憂危的處境，即此言謙卦的意義在處危境僅能以謙虛自保。[46]船山並檢視其他同為五陰一陽的卦：剝、師、比、復，認為謙義與剝義近似，師、比得二、五之中，復下卦為震，均具有正面意義；然謙九三懸於上下諸陰，安止順受於內，與剝上九居諸陰之外，二卦皆有艮止之象。[47]

　　至於與謙相綜的豫卦，前賢多釋豫為懈怠或和樂，[48]而船山卻以豫之義為大也，快也。彼言道：「豫，大也、快也。一陽奮興於積陰之上，拔出幽滯之中，其氣昌盛而快暢，順以待時而有功之象。……孤陽居四而失位，然而為豫者，與小畜之陽止不舒，謙之陽伏不顯，正為相反。凡此類，以錯綜的卦互觀之，義自見矣。」[49]謙與豫相綜，謙為不足而居下，而豫卻以一陽振動於眾陰之上，情境與謙有別矣。至於與豫相錯的小畜䷈，則為三陽爻遭六四一陰爻抑止不通之象。船山以豫為震出地上，故有昌盛之氣能順時而功

45　孔穎達曰：「謙者屈躬下物，先人後己，以此待物，則所在皆通。」《周易正義》（臺北：藝文印書館，1982 年影印嘉慶二十年江西南昌府學重刊宋本），頁 47。朱子：「謙者，有而不居之義。」《周易本義》，頁 83。

46　船山言道：「謙，古與慊通用，不足之謂也。」《內傳》，總頁 168。

47　彼言道：「此卦唯一陽浮寄於眾陰之中，而不能如師、比之得中，復之振起，與剝略同，其不足甚矣，特陽未趨於泯喪而止於內耳。以其不足，伏處於三陰之下，安止而順受之。」《內傳》，總頁 168。又剝上九「處陰盛已極之世，止而不行。」，《內傳》，總頁 219。

48　孔穎達曰：「謂之豫者，取逸豫之意。」《周易正義》，頁 48。朱子：「豫，和樂也。」《周易本義》，頁 86。

49　《內傳》，總頁 175。

成，且透過錯、綜關係，深入考查卦卦陰、陽爻的動態變化，對比豫、謙、小畜的分別。

　　對於家人☲☲、睽☲☲、蹇☷☵、解☵☳四卦，船山則運用卦的錯綜說明卦義。[50]家人與睽、蹇與解兩兩相綜，睽與蹇、家人與解兩兩相錯。船山釋家人卦道：「一家之人聚順之象也。各正其位以盡其道，而以剛嚴統之，無不利矣。」[51]釋睽道：「乖異也。中四爻皆失其位，而初、上以剛強束合之而固不親，故成乎睽。」[52]又釋蹇云：「不達於行之謂蹇，為卦中四爻皆得其位，道可以行矣；而初、上皆柔，有始終畏慎，不欲遽行之象，故為蹇。」[53]釋解道：「解者，解散其紛亂也。中四爻陰陽各失其位，而交相間以雜處，於是而成乎疑悖。解之之道，使陰陽各從其類以相孚。」[54]

　　家人卦的中四爻得位，上下陽剛以正之；睽的中四爻既失位，上下又嚴以束之，故成睽矣；蹇的中四爻得位，上下有柔順謹慎之象；解的中四爻失位，初、上以陰調和之，卻無制約之效，唯靜以居動，方能解危疑之心。[55]船山將此四卦的結構區分為中四爻與上下二爻兩部分，彼言道：「中四爻者，卦之定體也；初、上者，卦之始終，御體以行，而成

50　船山言道：「家人、睽、蹇、解四卦，相互錯綜，而卦之名義見矣。」
　　《內傳》，總頁 312。
51　《內傳》，總頁 313。
52　《內傳》，總頁 318。
53　《內傳》，總頁 325。
54　《內傳》，總頁 331。
55　《內傳》，總頁 312。

乎象以起用者也。」56歸納出中四爻得位與失位，初上二爻皆為陽或皆為陰，指出其中之陰陽關係，說明卦畫與定名的關聯。彼言道：「家人閑各正人之情以聚，睽束不正之異志則離。蹇可行而養以柔，泉之育於山也；解非所安而柔以緩之。」57並總結出：「觀其畫，體其象，審其錯綜之意，而四卦之德與其爻之險易可見矣。」的深意。58

　　此外，對於卦體大象相近者，船山亦能提出其間的異同，如睽☲與噬嗑☲59二卦卦體大象相近，噬嗑又與頤☲卦體大象相近，相同處在於陰陽皆不能相合。船山釋噬嗑道：「為卦一陽入三陰之中而失其位，不與陰相合，三陰欲連類，而為一陽所間，不能合也。」60釋睽云：「中四爻皆失其位，而初、上以剛強束合之而固不親，……而九二以剛居中，尤為難合。」61船山釋頤卦云：「頤之為卦，以卦畫之象而立名。上、下二陽，上顎下頷之象也；四陰居中，齒象也。」62又曰：「頤之為道，虛以受養，而失位之陽，以實碦之，不能合也。」63三卦皆有難合之義，然相異處在於所以難之處不同。睽、噬嗑皆有一陽間於二陰之中，而噬嗑為一失位的陽爻阻礙三陰爻，睽為中四爻不當位，而初、上

56　《內傳》，總頁 312。

57　《內傳》，總頁 312。

58　《內傳》，總頁 312。

59　船山云：「此卦與噬嗑相似。」《內傳》，總頁 318。

60　《內傳》，總頁 207。

61　《內傳》，總頁 318。

62　《內傳》，總頁 248。

63　《內傳》，總頁 207。

二陽爻欲強制之。至於頤，雖無一陽橫阻其間，然初、上不
當位，故使中四陰爻無法與之相合。

　　對於陰陽結構相近者，即同為陽盛或同為陰盛的卦，船
山亦細分其間差異。以陽盛的卦為例，如大過☱、乾☰、夬
☱、姤☰，乾為六陽、夬與姤為五陽一陰，大過為四陽二
陰，彼對於乾、夬、姤陽畫較多，何以不稱為大過提出解
釋。彼言道：

> 乾之幾陽甚於大過，而非過者，十二位之在幽明，各
> 司其化，奠陽於明，奠陰於幽，陰不自失其居，故陽
> 可無過。大過延陰以效用，而又置之疏遠，故過也。
> 夬之所以非過者，陽方盛長，陰留不去，非陰方出而
> 厄之也。姤之所以非過者，陰起干陽，陽有往勢，非
> 據止天位而不思遷，所以唯此一卦為大之過也。[64]

　　大過，大者陽也，即陽之過。船山認為乾雖六陽，然陰
陽各司其幽明之位；而姤卦則為一陰初生於群陽之下，而陽
未干預之。至於夬與大過則較近似，夬乃群陽絕陰於上，而
大過則不僅將陰絕於上，又遏絕初生之陰，此乃陽之過也。

　　復☷、姤☰之例亦然，船山解釋何以「姤一陰下見，不
可謂之復者？」的問題，彼認為：「陽位乎明，陰位乎幽，
陽以發，陰以居，道之大經也，則六位本皆陽位，陰有時踐
其位，而固非其位，故陽曰復，而陰不可曰復、且初、三五

64　《內傳》，總頁 207。

本陽位也，積陰猶盛，而陽起於初，得其所居，亦有復之義焉。」[65]船山的理由有二，一是卦有幽明之位，六畫以陽位為主，二是陽爻居陽位得其正矣，故以一陽下見的卦稱為復。

至於卦名相反者，如大畜☲☶與小畜☴☰、大過☱☴與小過☶☳亦能細部區分之。大畜與小畜之別，由所畜者是志異或是道同來說明之。[66]而大過與小過，從卦體大象觀之極為相似，[67]而所以稱大過，是因陰陽居二至五之位，而將陰擯除於初、上之外，此為陽之過也。[68]小過乃陰居二、五之位，而初、上二陰又羽翼之，而將陽錮限於三、四危疑之地，即此而稱也。船山並強調，此「過」是指過盛之義，非指罪、惡之義。[69]

綜合上述船山釋卦名的作法，不僅說明各卦的卦畫結構及陰陽動態歷程，亦注重卦與卦的比較，深入解析各卦卦名的來由。相較前賢，以結構關係釋卦名並非船山所獨有，然而船山的特色在於利用各卦及卦與卦間陰陽動態歷程全面而深入地解釋卦名，此正是船山的心血所在。

---

65 《內傳》，總頁 225。

66 船山言道：「小畜，畜之者之志異，故相持而不解。大畜，畜之者之道同，故相待而終行。」《內傳》，總頁 242。

67 船山論大過、小過：「大過、小過，皆以三、四為脊，中竦而兩迤於下。」《內傳》，總頁 255。

68 《內傳》，總頁 255。

69 船山云：「乃過之為辭，非惡也，非罪也。」《內傳》，總頁 484。

四、船山以「占學一理」視占及解占

對於如何看待《易》經文中的占辭，船山認為《易》本身具有占筮之法，故有極多的占辭，然占辭又非只是機械式地論斷吉凶，而是聖人藉著占筮的儀式，提供人們行事的參考。彼亦認為專言占筮，或專言義理，皆無法相應聖人作《易》的用心。彼言道：「京房、虞翻之言《易》，言其占也。自王弼而後至於程子，言其學也，二者皆《易》之所尚，不可偏廢，猶其不可偏尚也。」[70]又曰：「唯是專於言理，廢筮占之法不講，而聽授受於筮人，則以筮玩占之道，不能得先聖人謀鬼謀，百姓與能之要。」[71]

依船山看來，聖人之所以即占以示學，便是希望藉由占筮這樣神聖的儀式，讓人們在行事上有所檢點，不僅個人如此，身為執政者更應重視天意，不可任意妄為。朱伯崑先生將船山所謂人謀、鬼謀的說法，視為船山論《易》非占卜迷信之書所提出的論證，藉以說明船山所重在義理。然深究船山的用意，並非如朱氏所言，相反的，此正是船山所以不廢占的重要理據。船山認為《易》乃聖人即占以示學，以鬼謀助人謀，使百姓、君子皆有可法。彼釋〈繫傳〉言道：「若夫《易》之為道，即象以見理，即理之得失以定占之吉凶，

---

70 《內傳・發例》，總頁 654。
71 《內傳・發例》，總頁 678。

即占以示學，切民用，合天性。」72 又曰：「故聖人作
《易》，以鬼謀助人謀之不逮，百姓可用，而君子不敢不度外
內以知懼，此則筮者筮吉凶於得失之幾也。」73 船山所理解
的《易》占，不同於《火珠林》與《梅花易數》純粹占行事
的吉凶禍福。74

　　船山所重在於如何從卦、爻象及卦爻辭中分析所處時機
與事情的關鍵，並考察人情事件的變化，使所行所為更能中
理合宜。故認為占辭的作用不在告知得吉或得凶，而是見出
吉凶背後的常理及變化。船山言道：「《易》以筮而學存
焉，……蓋筮者，知天之事也，……窮天化物情的變，學
《易》之道雖寓其中，而固有所從違，以研幾而趣時，……
若夫學《易》者，盡人而求乎天德。……讀《易》者分別玩
之勿強相牽附，以亂爻、象之說。」75《易》所以能讓人明
得失之關鍵，便是透過卦、爻的性質及變化以展現，即彼所
言：「一剛一柔，一進一退，一屈一伸，陰陽之動機，不疾
而速，不行而至者，造化之權衡，操之微芒，而吉凶分塗之
後，人尚莫測其所自致。」聖人畫卦作辭的深義正在於此。

　　即此可見出「占學一理」乃船山看待經文中占辭的立
場，既非純為告知吉凶結果的文辭，亦非與占無關的義理，
而是提醒解《易》及學《易》者，在不同時機及地位皆有其

72　《內傳・發例》，總頁 653。

73　《內傳・發例》，總頁 654。

74　船山云：「固非如《火珠林》者，盜賊可就問以利害。而世所傳邵子牡丹
　　之榮悴、瓷枕之全毀，亦何用知之以瀆神化哉！」《內傳・發例》，總頁
　　654。

75　《內傳・發例》，總頁 674~675。

行事的常道與權變，合之則吉，逆之則凶。

朱伯崑先生解釋「占學一理」指出幾個重點，其一，指出四聖《易》「亦講天人之理，不是僅講占卜之術」，「『四聖一揆，占學一理』其中心觀念是力圖將《周易》一書從古代神秘主義思想中解脫出來，使其高度哲理化。」認為船山所理解的《周易》「不是講卜筮迷信的書，而是一部充滿宇宙、人生哲理的典籍。」並將船山所言「占學一理」理解成「解釋筮法、卦爻象、卦爻辭和《易傳》文，都企圖從天人性命之學的高度加以闡述，此即所謂『占學一理』。」[76]朱氏的說法將占筮等同於迷信，認為船山重學乃轉化以占言《易》的神秘色彩，遂將船山歸入王弼、伊川義理釋《易》的行列。

其二，指出船山為論證《易》非卜筮迷信之書，提出三點論辯：（一）「就《周易》中占辭說，他提出『得失吉凶為一道』這一命題，辯論了得失和吉凶的關係。……十分推崇張載『易為君子謀，不為小人謀』，認為《周易》不是引導人們趨吉避凶，……而是教導人們懂得是非、得失之理。」（二）「他依〈繫辭〉觀象玩辭和觀變玩占義，認為《周易》有占《易》和學《易》兩方面。」（三）關於占筮不可廢，並以學釋占，「一是事物變易，複雜多端，人的智力有時難以決疑；二是占筮所得的吉凶只是啟發人的心智，少犯過錯。……就其思想實質仍是以學釋占。……最後……還辯論了人謀和鬼謀的問題。」[77]並指出，上述論辯「是企圖回答

---

76 該段所引文字見於《易學哲學史》修訂本第四卷，頁 15~18。
77 《易學哲學史》修訂本第四卷，頁 18~33。

人應如何對待吉凶禍福的遭遇。」[78]

朱氏對船山「占學一理」的理解，一方面是就四聖《易》認為《易》為占筮、義理兼備之書，另方面治《易》時，對於筮法、卦爻象、卦爻辭和《易傳》文，當以義理為主。至於得失吉凶一道、占《易》學《易》兼重、占筮不可廢則是對於「占學一理」的論證。

汪學群先生則分別從三方面說明船山之占學觀：一、「反對占學乖離」，指出：「伏羲、文王、周公諸聖作《易》都主張占與學不可偏廢，他們在重視占卜之術的同時，也注意到天人之理。」二、「主張占學一理」，並據船山釋〈繫辭上傳〉第二章「『觀象玩辭，學《易》之事；觀變玩占，筮《易》之事，占亦辭之所占也。』」又指出：「《易》的兩個方面，即占《易》與學《易》。所謂學《易》之事，指領會卦、爻象和（卦）爻辭的深層意涵，即義理。占《易》之事，則是指觀察爻象的變化。在他看來，《易》在這兩方面相輔相成，……應該是統一的。」三、「得失吉凶一道為義」，指出：「他以學釋占來解釋一些占辭或占卜吉凶的辭句，涉及到得失、吉凶、善惡、利義等問題，這可以說是他『占學一理』思想的具體運用。」[79]

依汪氏的說法，船山「占學一理」主要是針對治《易》的立場而論，認為占《易》與學《易》不可分，兼顧義理與爻象變化。而「占學一理」亦與船山對聖人作《易》之認定

---

[78] 《易學哲學史》修訂本第四卷，頁36。

[79] 前所引汪文出自〈王船山占學觀試探〉，《中國哲學史》第 3 期（1998年），頁 92、94、96。

有關，認為四聖作《易》占術與義理兼顧。此外，所謂「得失吉凶一道為義」，則為「占學一理」的具體實踐，說明船山以「學」解釋卦、爻辭之占辭。

綜合朱伯崑與汪學群二先生的說法，朱氏認為「占學一理」有兩方面，一方面就歷史發生層面，將「四聖一揆」與「占學一理」相關聯，指出《周易》雖言占筮，然卻重天人性命之理；另方面就解經來論，指出對《易》經傳的解釋當以義理闡發為主。並認為所提出的三點論證，皆是針對船山所言占筮並非術數迷信，而是具有高度哲理性質而言。汪氏則將「占學一理」與反對占學乖離、「得失吉凶一道」略作區分，筆者以為汪氏所言反對占學乖離這部分，乃將四聖占、學兼重歸於船山所言「四聖一揆」，如此分別出「四聖一揆」與「占學一理」雖有相關，但所談的重點不同。汪氏將「占學一理」設定在船山強調學《易》、占《易》的相輔相成，至於「得失吉凶一道」則是船山將此原則具現在以義理解釋卦、爻辭中的占辭，以明得失之理。

二氏就治《易》立場言「占學一理」，皆合於船山之旨，唯朱氏之說，須稍加修正。朱氏依「占學一理」，將船山《易》定位為王弼、伊川義理一系，此與事實稍有出入。船山嘗批評王弼、伊川《易》，認為二子重學而廢占，即此提出治《易》當占筮、義理兼重。

關於船山「占學一理」，汪學群先生歸結道：「第一，指出漢《易》、宋《易》占、學偏頗的同時，能吸取各家之長，體現漢、宋兼採。第二，《周易》產生的過程，是先有經後有傳，經偏重占，傳偏重學。治《易》主占學一理，可

謂經傳兼顧。第三，治《易》以學釋占，援占入學，有利於
《易》沿著健康的道路發展。第四，學《易》重視運用，體
現通經致用的精神。」80這四點，一方面指出船山對歷代
《易》學的分判與抉擇，另方面對《易》經傳的特性作出區
分，同時指出船山釋《易》重在以學釋占，援占入學，同時
指出船山《易》學展現了以《易》致用的精神。

　　邱黃海先生亦指出占與學的關係：「1.『占易』與『學
易』的關係是經由『君子占筮的態度』與『聖作易的目的』
而決定的。……2. 有『占』必有『學』。因為占之後必須進
而理解卦爻象，閱讀卦爻辭，而卦爻象與卦爻辭之理解是為
了明天理以盡人道。……3. 有『學』不必有『占』。因為有
疑才須占，無疑固不必占；雖不必占，而不可不學。」81

　　綜言之，由船山「占學一理」的原則可見出，彼仍重視
卦、爻辭的占辭，只是解釋上，並非僅順著《易》辭作字面
上解釋，亦非以〈說卦傳〉的卦象解釋取象之由，而是據二
體卦象、整體卦畫及爻性、爻位從義理的角度解釋為何此卦
此爻會有此吉凶的論斷。至於實際作法，將於後面各節作更
詳盡說明。

---

80 〈王船山占學觀試探〉，《中國哲學史》第 3 期（1998 年），頁 97。

81 邱黃海，〈船山易學的原理與方法──《周易內傳發例》的解析〉《鵝湖學
　　誌》28 期（2002 年），頁 163。

五、船山以卦畫陰陽互動釋卦辭

朱伯崑先生指出，船山解釋卦、爻辭的象，大體承繼了義理派的說法，與兩漢象數派不同。彼言道：「吸取了王弼以降的各種體例，如取象說、卦變說、當位說、中位說、中四爻為體說、承乘說、相應說、相孚說、相比說、綜錯說、爻有進退說、一爻為主說、互體說、兩體說等。但他反對卦氣說、五行說、納甲說、先後天說。關於互體，他認為只是一種例外。」[82]

依朱氏所謂船山《易》與象數派的根本差異在於，不以〈說卦傳〉或〈逸象〉解釋卦、爻辭的象。考察《內傳》釋卦辭，六十四卦僅有二例以〈說卦傳〉釋卦辭，晉䷢與困䷮是也。釋晉「康侯用錫馬蕃庶，晝日三接」，[83]是坤為土，離為日釋象；釋困「有言不信」，[84]乃以兌為口，為說取象。除此二例外，則以義理釋卦辭為主，如蠱䷑「先甲三日，後甲三日」，船山以「始」釋「甲」，即以慎終如始為釋[85]；釋頤「觀頤，自求口實」，則以「觀所可養而養之以

---

82 《易學哲學史》修訂本第四卷，頁37。

83 船山言道：「三陰分土而為主於下，有諸侯之象焉。六五柔以撫之，使安其位。其所用錫之者，馬之蕃庶，馬以行地而坤土主利也。……晝日，離明之象。」《內傳》，總頁301。

84 船山言道：「以兌有口說之象。」《內傳》，總頁381。

85 船山云：「甲者，事之始。當治之先，必有開治之功，圖之遲久而後治，蠱之所以成，非易也。既已治矣，必有保治之事，深思永計以善其

養人，於可求而求之為口實以自養。」[86]為釋；而釋節䷮「苦節」，則以不足釋苦之義。[87]

船山釋井䷯卦辭亦以義理為主，彼釋卦辭，結合卦名。井的卦名，其義有三，一是以罋汲水，一是水井，一是井田，[88]雖分為三，實又可歸約為二，汲水與井田；彼將卦辭「改邑不改井，无喪无得，往來井井。汔至亦未繘井，羸其瓶」分為兩段，「改邑不改井，无喪无得，往來井井」與井田有關，「汔至亦未繘井，羸其瓶」與水井取水相涉。[89]

即此可證朱氏所言不虛，船山釋卦辭不採〈說卦傳〉或〈逸象〉釋象而以義理釋象。然而若船山釋《易》，僅在於承

終，……故申言以見慎終如始之道焉。」《內傳》，總頁 187。

86 《內傳》，總頁 248。

87 船山云：「『苦節不可貞者』，為陰之節陽言也。有餘者，物之所甘；不足者，物之所苦。」《內傳》，總頁 473。

88 船山云：「井之為井也，有數義焉。木之在水必浮，而水上木下，木入水中而載水以上，以罋汲水之象。……此一義也。水者五行之初氣，內剛而體陽，……唯井則水方旁流，穴空而使之聚，其下則黃泉之位焉。此卦上四爻一陰一陽相迭，空而又空，水盈其中；初、二水上而空下，黃泉之區域也；故自三以上，人之所汲；而初、二水下貫於泥滓之竅，人不可用，其清濁用舍，於此分焉，此又一義也。自黃帝始制井田，三代因之，井之為字，象其形。……此卦之象，陽象塍埒，陰象田畝。上四爻一陽一陰，分明界畫以外鬮；下二爻一陰一陽，又殊畫以內鬮，各成乎經界，分田出賦，不一其疆理，有井邑之象焉。邑雖殊，而井在其中者不遷，此又一義也。」《內傳》，總頁 387~388。

89 船山云：「『改邑不改井，无喪无得，往來井井』，以井田言也。……自三以上，形埒鬮外而往；二與初，形埒鬮內而來，井井鱗次，易知易辨，故曰『井，德之辨也』，此贊井之德。……『汔至』，至其底也。『未繘井』，太深入則繩不及引而未登其用也。……井之為功，至三而止，往以利物者也。深入其下，則綆短而瓶觸於所礙以毀，蓋鬮背之理殊，則取舍之事宜異。」《內傳》，總頁 388~389。

繼過去義理派釋《易》體例，不以〈說卦傳〉或〈逸象〉釋象，則其特色及價值何在？以下將針對此議題深入論析之。

(一) 船山釋卦辭之象

船山視卦辭之象，是卦象本有此象，非真有實事、實物。例如，渙☴☵「王假有廟」，船山認為非真有此事，而是「陽自四而下居於二，率三陰以事上也。當其在廟，則為臣為子，而要不失其居中之位，二之以退為尊也。」[90]故有此象。小過☳☶「飛鳥遺之音，不宜上宜下」，船山認為是因六畫卦有飛鳥及遺之音之象，宜上宜下則指陰陽之互動關聯。[91]未濟☲☵卦辭，亦非真有「小狐汔濟，濡其尾」的實事，船山認為是卦象、卦名為三陽失位，陰陽相間而陽道窮，而陽失位而陰亦不得，則陰之不利未足以為病。[92]正因船山由此向度理解卦辭的取象，故彼釋象，亦從卦畫的陰陽互動關聯解釋之。

順此再以觀☴☷、履☰☱、萃☱☷為例，船山釋觀「盥而不薦」之象，是以觀卦乃以二陽臨四陰，故取象於祭，「盥而

90　《內傳》，總頁 467。

91　船山云：「四陰，兩翼之象；三、四，其軀也。『遺之音』者，軀之能事也。陽體靈而用達於遠。音者，鳥之靈而以宜其意者也。……『不宜上』者，軀為翼用也，陰恃其過以挾陽而上也。『宜下』者，翼隨軀降也，陽雖不及，能斂陰以趨乎實也。」《內傳》，總頁 356。

92　船山云：「未濟三陽皆失位矣，陰陽相間而陽道窮，然而陽失位而陰亦不得，則陰之不利未足以為病。故擬之以小狐濡尾，若有幸辭焉。狐者，淫惑之獸也，雜處以交於人，而更利於濟，則為人道之患。」《內傳》，總頁499。

不薦」乃致祭之主以誠敬祭神，而有威儀盛大之象。[93]彼釋履卦辭「履虎尾，不咥人」之象，「履虎尾」之象為九三孤陰欲上往，然乾剛健非可躡也。而「不咥人」則指兌不敢與乾競，且上卦之乾不待咥人以立威禁下二陽來犯。[94]彼釋萃「王假有廟」之象，強調九四之臣襄助九五之君聚群心而祭上六宗廟之祖宗神。[95]此三卦皆以卦畫結構及其動態活動解釋卦辭的取象。

　　欲突顯船山的特點，此處進一步伊川《易傳》對比見之。以小畜☴☰「密雲不雨，自我西郊」為例，伊川言道：「雲，陰陽之氣。二交而和，則相畜固而成雨，陽倡而陰和，順也，故和；若陰先陽倡，故不和，不和則不能成雨。雲之畜聚雖密，而不成雨者，自西郊故也。……西南，陰方，自陰倡，故不和而不能成雨。以人觀之，雲氣之興，皆自四遠，故云郊。據四而言，故云我。」[96]

　　船山的說法是：「亨，謂陰亨也。……能止陽而不使過，則亦未足以開物成務而化成天下，故又為『密雲不雨，

93　船山云：「以陽接陰，以明臨幽，以人事鬼之道，故取象於祭焉。既獻而薦，人之事鬼，禮交而情狹，過此以往，酢酬交作，則愈狹矣。唯未獻之先，主人自盡其誠敬而不與鬼神相瀆，則其孚於神者，威儀盛大而有不可干之象。以此格幽，自能感之，而不在爵俎之紛挐也。」《內傳》，總頁200。

94　船山云：「為卦六三以孤陰失位，躁進而上窺乎乾，欲躡九四，憑陵而進，乾德剛健，非所可躡，故有此象。」又：「以全卦言之，兌之德說，既非敢與乾競，而初、二二陽與乾合德，乾位尊高，其德剛正，不為所惑，則亦不待咥之以立威而自不能犯。」《內傳》，總頁135~136。

95　船山云：「群陰聚順於下，四贊九五而以承事乎上六，上為宗廟，王者聚群心以致孝享，而神可格，……萃之盛者也。」《內傳》，總頁367。

96　《周易程氏傳》，總頁744。

自我西郊』之象。」「雨之降,皆由地氣上升,天氣上覆而不得散,乃復下而為雨。此卦陰上隮其乾,陽氣盛於下而不得降,但上為二陽所遏,為密雲而已。乾位西北,巽位東南,自乾而巽,自西而東,晴雨之徵。雲自西向東者不雨,以乾陽驅陰也。言『自我』者,乾在內,故內之而稱我,正陽之為主也。」[97]

伊川對此象的解釋,直接由卦辭作義理闡釋,指出降雨與雲相關,此際雲雖密,然西郊為陰方,故而陰陽不和遂不雨。船山則結合卦畫之象,指出六四之陰積於乾上,陽氣不得降,且六四之陰為九五、上九二陽所抑;再加上巽上乾下,乾陽驅陰,故為密雲不雨之象。

即此見出,船山釋卦辭之象,雖採義理派以義理釋象,然不同者在於強調卦畫陰陽關係,並留意陰陽的動態關係,此方為特色所在。

(二) 船山釋卦辭之占

至於船山釋卦辭之占辭的方式,此處先以與「元亨利貞」相關者說明之。船山釋六十四卦卦辭中有「元亨利貞」者,或「元亨」或「利貞」者,皆以乾卦為判斷依據。對於諸卦卦辭無「元亨利貞」者,亦由與乾的關聯論之。

船山釋乾☰,以「元亨利貞」為乾之四德,至於其他卦辭之占有「元亨利貞」者,有屯☳、隨☱、臨☷、无妄☰、革☲五卦。其中,无妄與革二卦,其上卦與中爻為乾,故有

乾之四德；98屯、隨、臨則因卦畫以陽具初始及得中之義，故具有乾之四德。船山釋屯道：「此卦震首得陽施，為物資始，陽氣震動，於物可通。九五剛健中正，雖陷陰中而不自失，足以利物而自得其正，故乾之四德皆能有之。」99釋隨道：「陽雖隨陰，而初陽得資始之氣，以司帝之出，得乾元亨之德；四、五漸長，陽盛而居中，以大正而利物，得乾利貞之德。」100又釋臨云：「備乾之四德者，陽長而得中，乾道方興，雖未訖其用，具其體矣。」101

　　至於僅有「元亨」或「利貞」者，「元亨」者有坤☷、大有☲、蠱☶、升☷四卦，其理由在於，或具始成物之功，或有乾之德，或於時始亨。坤之德能始成物形，故有元亨之德102；大有則以下卦為乾，故有乾之德103；蠱則以「上下各得其分，而下能致養，於時始亨也。」104升則因九二陽剛居中而有乾之德。105

---

98 船山釋无妄「元亨利貞言道」：「故天道全於上，天化起於下，元亨利貞，四德不爽。」《內傳》，總頁 235；又釋革「元亨利貞」言道：「乾之四德，自三至五，乾道以成。」《內傳》，總頁 396。

99 《內傳》，總頁 91。

100 《內傳》，總頁 181~182。

101 《內傳》，總頁 193。

102 船山言道：「坤之德元亨，……陽之始命以成性，陰之始性以成形，時無先後，為變化生成自無而有之初幾而通乎萬類，會嘉美以無害悖，其德均也。」《內傳》，總頁 74~75。

103 船山云：「乾道大行，故有乾元亨之德。」《內傳》，總頁 162。

104 船山云：「陽為初陰所升，得中而為主於內；陰為陽所升，居尊而為賓於外，陽為主而道行，故不失其德之元，而自成乎嘉之會也。」《內傳》，總頁 187。

105 《內傳》，總頁 373。

至於卦辭有「利貞」者，船山強調正而有其功之意。106
船山認為卦辭中有「利貞」者，或因卦名之正，或因卦位之
正，或有乾之德而發揮其功效。因卦名之正而卦辭有「利
貞」之例，如釋蒙䷃云：「養蒙之正術，能利益於蒙」107，
釋大畜䷙云：「乾畜美於內，精義以盡利，敦信以保
貞」108。釋離䷝道：「得其麗以成其用則利，居得其所而正
則貞。」109兌䷹則因合於兌義，有剛中的九五爻，110釋中
孚䷼云：「施信以感物，物蒙其利」111而合於卦位之正者，
如咸䷞則陰陽各有其功，且二、五合中正之位。112漸䷴
乃中四爻得位，且二、五中正之位；113渙䷺則是從否卦變
言陽下居二，雖不當位而得中，坤陰上居四，雖失中而得

---

106 船山云：「利者，功之遂，事之益」，「貞，正也」，「正而固也」。又曰：
「凡應事接物者，不正而利，其邪彌甚。故《易》無有言利不貞者。」
《內傳》，總頁 156。

107 《內傳》，總頁 99。

108 《內傳》，總頁 242。

109 《內傳》，總頁 267。

110 船山云：「說則物我之志咸通，說而物我胥勸以相益，說之以道，本無不
正。具此三德，自無不亨，而利者皆正，正自立矣。兌有二義，一為下
順乎正，以事上而獲上，則下亨而上利，內卦以之。一為上得其正，以
勸下而得民，則上亨而下利，外卦以之。要其以剛中之貞為本，則一
也。」《內傳》，總頁 460。

111 《內傳》，總頁 478。

112 船山云：「陽下而止陰之遍，陰上而悅陽以不流，固合於義，而二、五之
中得其位，固保其貞也。」《內傳》，總頁 276。

113 船山云：「卦中四爻，陰陽各當其位，貞也。而功在四往者，……二、五
乃以各奠其中位而無不正，則合義而後利，永固其貞矣。」《內傳》，總
頁 426。

位。[114]唯大壯䷡則因下卦為乾，而具乾之德。[115]

　　對於六子卦，船山認為唯艮未分得乾之四德，理由在於，船山輕艮䷳，彼視艮為消極、避世，[116]故將卦辭之義理解為暫時現象而非最終結果。彼言道：「既有身矣，撼一髮而頭為之動，何容不獲？既行其庭矣，吾非斯人之徒與而誰與，則何容不見？吾恐不獲者之且獲，而不見者之終見也，則以免咎也難，而況進此德業乎！故震、坎、巽、離、兌皆分有乾之四德，而艮獨無。」[117]亦即將「不獲其身」、「不見其人」視為一時，然最終將獲將見矣。相較於震「震來虩虩，笑言啞啞。震驚百里，不喪匕鬯」，船山強調陽能得志，陰成其功，[118]艮的意義顯得較為負面，即此說明何以艮未分有乾之四德。

　　此外，船山釋卦辭之占較特別者尚有「有孚」之例，船山以陰陽自類相合為孚，而不以陰陽相應為孚，與舊說不

---

114 《內傳》，總頁 466。

115 船山云：「乾之四德，大壯所可有，不及元亨者，以未得天位，尚不足以統天。……而純陽無雜，則正而固也。陰尚據其上，疑於相應，而貞則必利，其利以貞也。」《內傳》，總頁 295。

116 船山言道：「背者，具以成生人之體，而非所用者也。卦之初爻，幾之動也；其中爻，道之主也。三與上在外，以成乎卦體而無用。陽峙乎上，僅以防陰之溢，而陽成乎外見，故其卦曰『艮其背』。艮非必於背也，此卦則艮背之艮也。」《內傳》，總頁 418。

117 《內傳》，總頁 419。

118 船山云：：「則震之來，陰虩虩也，物無不虩虩也，陽未嘗不虩虩也，乃陽之震陰，非傷陰也，作其惰歸，使散蔽固以受交，成資生之用也，則陽之志得，陰之功成，物之生以榮，而『笑言啞啞』，二陰所以安於上而無憂也。……卦重二震，內卦迅起，外卦繼之以永，故百里皆驚焉，……『不喪』者，一陽初起，承乾而祚，首出以為神人之主，受天命以奠宗社也。」《內傳》，總頁 410~411。

同。[119]卦辭中含「有孚」者有需☵、訟☵、小畜☰、觀☴、坎☵、損☶，除小畜外，皆以同類相孚，需、訟、坎皆因二、五之陽[120]，觀由五、上二陽[121]，損則因初、二之陽與四、五之陰而言[122]，此五卦皆合於船山所言陰陽自類相合的原則。

至於「利涉大川」，船山認為包含兩方面，一指「利」指合於義而利，與陽剛之爻，或乾有關；或指「涉大川」為「涉險」，亦即不畏險難也。船山不取〈說卦傳〉以坎為水、震、巽為木取象的說法。彼言道：「京房謂震、巽皆屬木，屈八卦就五行，其說不通。」[123]卦辭有「利涉大川」者有需☵、同人☲、蠱☶、大畜☶、益☴、渙☴、中孚☴七卦，「不利涉大川」者唯訟卦☵。所以「利涉大川」者，以乾行而成之者，有需與大畜，需為乾行且九五為之主[124]，大畜為健行而知所止[125]；以陽剛資助而成者，有同人與渙，同

---

119 船山釋需言道：「孚者，同心相信之實。陰與陽合配曰應，陰陽之自類相合曰孚。……舊說謂應為孚，非是。」《內傳》，總頁105~106。

120 需之說法見前註，船山釋訟：「有孚者，二之與五合志，以實心事之也。」《內傳》，總頁112。釋坎：「特於剛中之象，著其有孚，謂其剛直內充，非貌柔以行狙詐。」《內傳》，總頁261。

121 船山釋觀：「言必忠信，行必篤敬，動必莊涖，確然端己而有威可畏，有儀可象，有禮可敬，有義可服，顯若其大正，而後可使方長之陰潛消其侵陵而樂觀其令儀。」《內傳》，總頁200。

122 船山釋損：「有孚者，初與二剛相孚，四與五柔相孚，陰陽交足於內。」《內傳》，總頁340。

123 《內傳》，總頁349。

124 船山釋需云：「『利涉大川』為下三陽言也，雖為四所阻，不能不有需遲，而性本健行，不畏險而自卻，且有九五以為之主，非陰所能終阻，涉焉，斯合義而利也。」《內傳》，總頁106。

125 船山釋大畜云：「健於行而姑止，止之者又其同志，以之涉險，蔑不濟

人以能知險及得陽剛之助[126]，渙以陽入險中，故能涉險。[127]有以卦體中虛之象而言者，中孚是也。[128]至於蠱，則以蠱之時言之，強調居安思危，涉險建功。[129]益則是以巽、震取義，動之以順而言利也。[130]至於唯一「不利涉大川」的訟卦，相較前面數例，雖有乾健行之象，然或有所主，或能知止，或以順行，或能知險，非僅健行而已，故皆云「利」，船山以為訟之健行在前，不恤險之在後，自然「不利」。[131]

對於「利建侯」一詞，船山強調「時」的重要性，並視「利建侯」為大事。船山釋屯䷂言道：「王業初開，艱難未就，必建親賢英毅者遙為羽翼。」[132]至於豫䷏，此時為天下既順，能有所為之時[133]。船山釋屯，強調「利建侯」為大事。言道：「陽，君也，而在下，又震為長子，皆元侯之象也。凡此類，取義甚大，非小事所可用。」並認為「利建侯」之義可衍申為：「則凡事在艱難，資剛克之才，以濟己

矣。」《內傳》，總頁 242。

126 船山釋同人云：「二之柔既足以明炤安危之數，而陽剛資之以涉大川，必利矣。」《內傳》，總頁 155。

127 船山釋渙云：「陽來入險而不憂也。」《內傳》，總頁 467。

128 船山釋中孚云：「〈象傳〉之釋備矣。」又釋〈象〉「乘木舟虛也云」：「舟之利於涉以中虛，而非外實以為之閑。」《內傳》，總頁 478、479。

129 船山釋蠱云：「時方極治，……故利涉大川，在安思險，利在有為，涉險以健功。」《內傳》，頁 187。

130 《內傳》，總頁 349。

131 船山云：「『不利涉大川』者，健於前行，不恤險之在後，未可坦然也。」《內傳》，總頁 112。

132 《內傳》，總頁 92。

133 船山釋豫云：「天下既順，而建諸侯以出治。」《內傳》，總頁 175。

於險，亦可通占；而困勉之學，宜資師友以輔仁，亦此理也。」[134]

　　而船山釋「利有攸往」及與此相關者，其解釋方式，或解釋其理由，或說明當如何行之。卦辭有「利有攸往」者數卦：復䷗、大過䷛、恆䷟、損䷨、益䷩、夬䷪、萃䷬、巽䷸。關於解釋重點在說明「利有攸往」的理由者，如復卦，所以利者以一陽震起之故；[135]損卦是因泰九三之上而成損，成合義利物之功；[136]巽卦初、四為陰，然剛得其中，故剛柔相濟而往利矣。[137]較特別者，為益卦，船山據〈彖傳〉說明益卦云「利有攸往」的三點理由，分別從卦名、卦變及六爻的關係說明之。彼言道：「益民而說，一義也。陽自上而下，反於初以消否，正其志於內，而光昭上行，一義也。陰居二，陽居五，各得中而正，而四之益初，二受其益，外來之慶以贊其行。略言三義，而益之利於往者可推矣。」[138]至於說明如何往的部分，如大過，則指二、五之陽當交陰以相濟；[139]釋恆則強調：「必利貞而後利有攸

134　《內傳》，總頁 92。

135　船山釋復云：「由此以往，愈引愈出，而陽益生，皆一陽震起之功也。率此而推行之，世無不可治，而人無不可為堯、舜也。」《內傳》，總頁 226。

136　船山釋損云：「三之陽往而上，和義而利物，允矣。」《內傳》，總頁 341。

137　船山釋巽云：「陰雖入，而剛不失其中，剛柔相濟，往斯利矣。」《內傳》，總頁 454。

138　《內傳》，總頁 348~349。

139　船山釋大過云：「利，宜也，宜往交於陰以相濟而後亨。二、五利而无咎，往之利也。」《內傳》，總頁 255。

往」，[140]夬則是內治以功成，進而當率道以行，慎終是也。[141]釋萃則言「聚順以事天」。[142]

反之，「不利有攸往」者，有剝☷☶與无妄☰☳二卦，剝是指陽處剝世，當止而免害，不宜有所往，即使勉強而行，亦不合義，焉能利物；[143]无妄則為天道運行於上，不可以人力干之，故不宜有所往。[144]屯☵☳「勿用有攸往」亦與此相近，強調此指九五的陽陷於陰中，且無同類之輔所致。[145]無論時不宜或事不宜，皆不利有所往。

至於其他相關者，如坤☷☷「君子有攸往」，是君子於坤時當有所往，並認為須得陽剛之主而從之，方能合義而得利。[146]解☳☵之「有攸往」則是指待其解而治之，[147]而賁☶☲

---

140 船山釋恆「利貞，利有攸往」云：「必利貞而後利有攸往。……恆以難遷而難乎利……非謂保泰之道不須久也，視所以用之何如耳。」《內傳》，總頁283。

141 船山釋夬云：「內治得，則率道以行，陰自无號而消沮益。慎終之道，憂危之吉也。」《內傳》，總頁356。

142 船山釋萃云：「言聚順以事天則受福，而行焉皆利也。」《內傳》，總頁367。

143 船山釋剝云：「『不利有攸往』者，陽也。陰柔之凶德，於時方利，即惡極必傾，而《易》不為之謀，唯戒陽之往而已。有所行皆謂之往。艮以止為德，處陰盛已極之世，止而不行，猶免於害；害即不免，猶不自失；若更有攸往，不但凶危，尤義之所不許也。義之所不許者，不足以利物也。」《內傳》，總頁219。

144 船山釋无妄云：「若日月之運行，自有恆度，誠然不相凌躐，而人居其下，則見為薄蝕，必退而自省，不敢干陰陽之變，以成人事之愆，所以『不利有攸往』。」《內傳》，總頁236。

145 船山釋屯云：「初陽潛於地下，五陽陷於陰中，陽為陰覆，道不得伸，則與乾初『勿用』之時義同，而無同聲同氣之輔，雖在天位而不足以飛，是以勿用有攸往也。」《內傳》，總頁91~92。

146 船山釋坤云：「坤者，攸行之道也。君子之有所往，以陰柔為先，則欲勝

「小利有攸往」，船山認為是指陰之利，非陽之利也；有陽在上止陰之過，方使陰之往乃以利焉。[148]

船山釋卦辭之占是將占辭作整體解釋，同時關注各卦間占辭的關聯，或解釋其理由，或解釋如何行之，使得卦畫、占辭的意義得以相聯貫，而非將占辭視為無意義的詞句，此正是船山心血之所在。

綜觀船山釋卦辭，其重點在藉由卦畫陰陽變化解釋卦辭中的天化、人事之理。就《易》而言便是陰陽符號的互動關係，而所謂的陰陽往來，便是變化的一端，此是由卦變來論之。[149]其中，以陰陽流行變化而言，是指陰陽異位以相應；以時與位言，則指陰陽各得其所。船山言道：「往來之義有二，自其互相酬酢者言之，則此往而彼來，陰陽易位以相應，為天氣下施，地氣上應，君民志感之象，亨之道也。……自其所處之時位言之，往者逝於外而且消，來者歸於內而且長，為陰陽健順，君子小人各得其所之象，吉之道也。」[150]若能瞭解卦畫中陰陽往來之理，無論從學、從占皆能掌握其中的深義。

理，物喪志而迷；以陰柔為後，得陽剛為主而從之，則合義而利。此因坤之利而申言之，謂君子之所利於坤者，得主而後利也。」《內傳》，總頁 75。

147 船山云：「則解之而已豫，待其自散而因治之。」《內傳》，總頁 332。

148 船山云：「『小利有攸往』，陰之利也，非陽之利也。……剛舍中位，離其類而上，以止陰之過，則聲色臭味皆有節而不拂於理，陰之往乃以利焉。」《內傳》，總頁 214。

149 船山云：「凡言往來，自卦變言之。」《內傳》，總頁 112。

150 《內傳》，總頁 142。

六、船山之「象爻一致」與爻辭解釋

在談船山爻辭解釋前，先考察船山對卦、爻的認定。再進一步考察船山爻辭解釋的具體作法。

（一）主張「象爻一致」及反對僵固的時、位解釋

在此先理解船山對卦辭、爻辭的認定。彼認為卦辭乃文王「即卦象而體之，……以發明卦象得失吉凶之所繇」，爻辭乃周公「即文王之彖，達其變於爻，以研時位之幾而精其義」。[151]故船山釋卦辭，便是就卦畫的陰陽關係，解釋卦辭的象及吉凶得失的來由；而解釋六爻爻辭則是皆本於卦名，依各爻所處的時、位來解釋爻辭的取象與吉凶得失，此即船山所言：「變，以卦體言，則陰陽之往來消長；以爻象言，則發動之時位也。」[152]

船山的卦辭解釋並無一套解釋公式，[153]而是強調應當就各卦去求各卦的義理。即使釋《易》所憑藉的當位、相應與否亦不可固持之，畢竟《易》並非《火珠林》之類的術數書。[154]然而船山的卦、爻辭解釋，有其指導原則，即「象

---

151 《內傳・總發例》，頁 649。

152 《內傳》，總頁 552。

153 船山云：「唯《易》不可為典要，故玩象、爻之辭者，亦不可執一以求之。」《內傳・發例》，總頁 669。

154 船山云：「當位之吉，不當位之凶，其恆也；應之利，不應之不利，其恆也。使有恆之可執，而據之為典要，則《火珠林》一類技術之書。……

爻一致」與「占學一理」。

船山之「彖爻一致」是本於〈繫傳〉，[155]至於其中的「彖」、「爻」是單指卦、爻辭，或是兼言卦、爻辭與〈彖傳〉、〈小象傳〉？朱伯崑先生認為當指後者。彼言道：「彖指卦辭或一卦之義，爻指爻辭和爻義，〈彖傳〉是對卦辭的解釋，〈小象傳〉是對爻辭的解釋，其論彖、爻關係，又包括此二傳的關係。」[156]朱氏的說法，是將「彖爻一致」與「四聖一揆」合併論述，所依據者便是船山所言：「孔子又即文、周彖、爻之辭，贊其所以然之理。……而〈彖〉、〈象〉二傳即文、周之彖、爻。」[157]此說法似亦有理，然細觀〈發例〉論「彖爻一致」，據船山所舉乾、坤、屯、蒙、履、同人、咸之例，如乾卦，「乾唯具四德，故雖在潛而德已為龍，他陽在下者莫能擬也。『勿用』者，以養其元亨利貞之德也。」明顯是將卦辭、爻辭並觀解釋，並未及〈彖傳〉、〈小象傳〉。可確定船山「彖爻一致」中的「彖」、「爻」，嚴格說明當指卦辭、爻辭而不含〈彖傳〉、〈小象傳〉。

至於船山提出「彖爻一致」的目的，朱伯崑先生認為是為「解決一卦之中卦辭和爻辭不一致的現象。」[158]如船山

故有不當位而吉，當位而不吉；應而不利，不應而利者。」《內傳》，總頁 672。

155 船山云：「求象、爻之義者，必遵〈繫傳〉之旨，舍此無以見《易》，明矣。傳曰：『觀其彖辭，則思過半矣。』明乎爻之必依於象也。故曰『彖者材也，爻者效也。』」《內傳·發例》，頁 661。

156 《易學哲學史》修訂本第四卷，頁 41。

157 《內傳·發例》，總頁 649。

158 《易學哲學史》修訂本第四卷，頁 41。

所言：「以象之經，求爻之權」，[159]故以「爻不悖象為第一義」。[160]在這樣的前提下，即使卦、爻辭出現矛盾現象，如履象「履虎尾，不咥人，亨」，六三「履虎尾，咥人，凶」，表面看似彼此出現矛盾，但船山藉由找出相通處，便得以說明卦、爻辭仍是一致的。彼言道：「如履象『不咥人』，而六三『咥』者，舍其說以應乾之成德而躁以進也，而象已先示以履虎之危機。」[161]

上述例子確實合於朱氏所說「象爻一致」可解決卦、爻辭不一致的問題，然卻發現卦、爻辭不一致的現象只是船山所欲解決問題的一部分，而真正問題在於如何解決易辭簡微難解的難題。船山言道：「說《易》者於爻言爻，而不恤其象；於象言象，而不顧其爻，……《易》之辭簡而理微，舍其同歸一致，而叛離以各成其說，簡者莫能辨也，微可移易而差焉者也，則亦可以詭遇以伸其說。」[162]既然易辭已簡微難解，若不將象、爻並觀，實難理解經文之義，且易淪於「得句而忘其章，得章而忘其篇，……拈單辭片語以伸其妄」之流弊。[163]故「象爻一致」其最重要的作用便是解決易辭難解的問題，當然亦可包括朱氏所說卦、爻辭矛盾的問題。

正因《易》辭難解，故釋爻辭時，「象爻一致」與六爻一體，便成為重要原則。所謂「象爻一致」是指卦為事之全

159　《內傳‧發例》，總頁 661。

160　《內傳‧發例》，總頁 662。

161　《內傳‧發例》，總頁 661、662。

162　《內傳‧發例》，總頁 661。

163　《內傳‧發例》，總頁 662。

體，而爻指所處之時與位，船山言道：「卦者，事之定體；爻者，其一時一事之幾」164。就事而言，可觀卦之陰陽變化；就如何行事，則可就一爻觀其時與位而決定出處進退，即所謂「以卦體言，則陰陽之往來消長；以爻象言，則發動之時位」，165「當其時位，有進退之幾焉」，166故觀爻，乃觀時與位也。

觀一爻可明一時一事之樞機，合六爻則可觀時、位的變化。故船山言道：「彖以為體，六爻皆其用。用者，用其體也。原其全體以知用之所自生，要其發用以知體之所終變。」又曰：「六爻相通，共成一體，始終一貫，義不得異。」167一爻之辭明一爻時、位之機，合六爻即可見時、位的變化。

船山所謂：「彖為爻材，爻為彖效」、「以彖之經求爻之權」，意指卦為常體，爻為常體因於時位之特殊發用。以乾卦為例，船山釋初九「潛龍勿用」，以時位而處潛，然其德已為龍，「勿用」便是欲養乾之四德也。168再以謙卦言之，船山認為謙之六爻皆俱有謙道169。彼亦指出爻辭有以此爻發他爻之旨者，如同人九三「伏戎于莽」，船山認為此爻與四、五爻辭皆有用兵之象，乃因眾陽皆欲同於六二一陰，而

---

164 《內傳·發例》，總頁 537。
165 《內傳·發例》，總頁 552。
166 《內傳·發例》，總頁 515。
167 《內傳·發例》，總頁 607。
168 《內傳·發例》，總頁 661。
169 《內傳》，總頁 171。

九三之爻辭是指六二所遇之事。[170]蠱九二「幹母之蠱」亦非就本爻而言，而是就初爻所事之者論之。如此者乃以本爻的時位闡發他爻之旨者，[171]實為船山釋爻辭時所留意。

船山釋爻辭反對機械式僵固的「時」、「位」解釋，主張觀象觀變以明時位。關於「時」，船山所批評者，一種是如乾卦之例，彼言道：「豈必一人焉由潛而見，而躍，而飛亢，閱歷盡而不爽乎？」另種則是簡單套用物極必反之理，如泰䷊、否䷋為例，彼言道：「其尤異者，於泰則曰泰極且否，於否則曰否極而泰，於畜則曰畜極而通，然則明夷之終夷極而必無傷，解之終解極而復悖乎？……泰上之『復隍』，否上之『傾否』，自別有旨，而不可云極則必反也。」[172]

船山認為，不僅「時」不足恃，「位」亦不足恃。例如，吉、凶與當位、不當位間的關係，彼言道：「當位之吉，不當位之凶，其恆也；應之利，不應之不利，其恆也。使有恆之可執，而據之為典要，則《火珠林》一類技術之書。……故有不當位而吉，當位而不吉；應而不利，不應而利者。」船山指出有當位與否與吉凶無必然關聯，故有不當

---

170 船山云：「凡爻辭皆有此爻而發彼爻之義者，彼爻為卦主，而此爻乃其所際之時，所遇之事也。」《內傳》，總頁 159~160。

171 船山云：「內卦以一陰承二陽於上，有父母同養之象焉。二陰位在中為母，三陽位在上為父。於此二爻，不言本爻之德，而言初六所以事之者，蓋蠱本以陰承養乎陽為義，而所承之陽，其得失可勿論矣。《易》以本爻所值之時位發他爻之旨，若此類者眾矣，在讀者善通之。」《內傳》，總頁 190。

172 《內傳·發例》，總頁 672。

位而吉，當位而凶者。此外，爻之相應與否，亦與得失吉凶無必然關聯，故彼言道：「乾、坤、震、坎、離、艮、兌，位皆其位，不待應而自合也。泰、否、益、恆、既濟、未濟、咸、損，固相應而無關得失也。既濟無不當之位，未濟無相當之位，位不足言也，推此言變動無常之旨，類可知也。」[173]

相較上述船山所批評簡化僵固的作法，船山提出時、位與爻之剛柔合併考量的作法。彼論六爻的時、位實言道：「三、四者，進退之機；二、五者，主輔之別；初、上者，消長之時，皆有常也。」爻與爻之爻位、爻性，又須配合時的因素，即此而有吉凶得失，故船山言道：「爻位有比有應，有承有乘，因時而生吉凶。」[174]又言道：「爻有剛柔，……或相得而宜，或相濟而和，則剛柔之得失於此斷矣。」[175]

(二) 船山的爻辭解釋

船山實際釋爻辭乃就六爻已成卦象，觀其陰陽的推移，以察識其變化，[176]即陽變陰，陰變陽的情形，彼言道：「陽變而有陰之用」、「陰受陽化而且從陽之德」[177]。船山舉坤 ䷁ 初六「堅冰」與謙 ䷎ 六五「侵伐」說明之，坤初六言

---

173 《內傳·發例》，總頁 672。

174 《內傳》，總頁 507~508。

175 《內傳》，總頁 508。

176 船山云：「六爻已成卦象，而所占在一爻，以剛柔之過，必且推移，故於此爻占其變化。」《內傳》，總頁 514。

177 《內傳》，總頁 514。

「霜」與「堅冰」，初六雖當純陰之下，然霜後必堅冰
至，[178]此象雖在初六，然卻是戒君子辨之於早；[179]謙六五
以柔居中，有容畜之道，然「頑民每乘虛以欺其不競，則欲
更與謙退而不得，而侵伐之事起矣。」[180]謙上六亦然，故
船山云：「五、上二爻行師侵伐，亦謙必有的變也。」[181]此
二卦皆有陰陽變化的涵義，稱此為常例，然若坤若無復之
道，謙若無謇之道，則不必據此義例。[182]此為船山爻辭解
釋的鮮明特色。

　　除留意爻辭所表示變化的涵義，船山亦引陰陽嚮背解釋
爻辭，如坤☷上六「龍戰于野」，彼言道：「陰陽各有六位，
坤六陰畢見，則六陽皆隱而固在，此盛已竭，彼伏而方興，
戰而交傷，所必然矣。」[183]船山認為坤上六之戰是指可見
之六陰與不可見之六陽交戰，而非單指上六一爻而言，此乃
以陰陽嚮背釋此爻之象。

　　船山釋諸卦，用力至深者當屬三陰、三陽的卦：咸☷、
恆☳、損☶、益☴及隨☱、蠱☶、噬嗑☲、賁☶、困☱、井
☵、革☱、鼎☲、豐☳、旅☲、節☵、渙☴、既濟☵、未濟
☲數卦，彼批評前賢對諸卦的解釋，無法兼顧卦象、卦辭、
爻辭，[184]故而致力於解釋諸卦的象爻一致。彼言道：「蓋陰

---

178 《內傳》，總頁 78。
179 《內傳・發例》，總頁 669。
180 《內傳》，總頁 174。
181 《內傳》，總頁 169。
182 《內傳》，總頁 514。
183 《內傳》，總頁 82。
184 船山云：「《易》之難知者，三陰三陽相雜之卦，此所謂險阻也。咸、

陽相半，以遞相乘，乃天化之流行於物理人事者，不能皆如
泰、否之秩然成章。而聖人觀其變與象以窮萬變之理，自非
可以論易簡之道論險阻也。……今釋數卦，皆研審畫象，會
通象、爻以明其旨，盡異於先儒之言，非敢求異，求其通而
已。」[185]正因船山「研審畫象」、「會通象、爻」，故能對各
卦陰陽、時位的變化深刻掌握。

　　船山針對特殊的卦亦運用卦主說區分主輔關係，以及以
彼所持的卦變說解釋之。[186]關於運用卦主之實例，如損
☶、益☲、賁、噬嗑☳諸卦，分別指出所損、所益與受
損、受益，賁者與受賁者，噬者與受噬者。以損、益而言，
船山言道：「損之損三而益上，益之損四而益初，則唯所
損、所益兩爻為主虞爻皆受損、受益者也。」而賁、噬嗑二
卦，初、上皆陽，而中四爻為一陽入四陰之中。又曰：「賁
柔來二以飾陽」，「噬嗑剛自五來初，以齧合交雜之陰陽而非
道」，「賁唯二與上為致飾，噬嗑唯初與上為強合」，「有賁
者，有受賁者；有噬者，有受噬者，不得概言飾與合也。」[187]
此處船山認為賁與噬嗑，有賁與受賁者、噬者與受噬者，賁
為泰所變，泰五之二，二之上成賁，二與上為致飾，故以
二、上為主爻。噬嗑由否所變，否五來初，初之五成噬嗑，

恆、損、益之旨，微矣。隨、蠱、噬嗑、賁、困、井、鼎、革、豐、
旅、節、渙，於象於德，尤為隱而難知。舊說通於爻，則不通於象辭，
通於象辭，則不通於卦畫。」《內傳‧發例》，總頁 673。

185　《內傳‧發例》，頁 673~674。

186　關於船山之卦變說、卦主說，可參見蕭漢民，《船山易學研究》〈周易內
傳發例注疏〉，頁 194~197、頁 199~203。

187　此段所引見於《船山易學研究》，頁 665。

而初與上為強合者。賁以二、上為主，噬嗑以初、上為主。

至於運用卦變之例，船山由〈象傳〉發現論卦變的十五卦中有十卦為三陰、三陽的卦，認為此十卦由泰䷊、否䷋所變[188]，然泰、否卦變，並非指由泰、否變成他卦，而是指「象不成乎否、泰即其變」，即以泰、否本身為純，為常，而以爻的變動為雜，為變，即此而稱卦變。彼並歸結出「〈象傳〉之理，多以否的變為得，泰的變為失」的觀點。

雖同為泰、否卦變，解釋仍有殊異。以咸䷞、恆䷟，損䷨、益䷩，既濟䷾、未濟䷿為例說明之，船山云：「咸、恆二卦，皆自否、泰的變而言，是陰、陽之動幾也。」[189]亦即以咸、恆二卦，陽居於卦畫的中間，而陰居初、上之外作說明。與此相反者為損與益，陽居初、上之外，陰居六畫之中間，彼言道：「又其不然，則陽居外以章其用，陰斂而內以守其虛，庶幾天包地外以運行之幾，則損、益是也。」[190]

---

188 關於此十卦到底由乾、坤所變或泰、否所變，船山提出其觀點：「古注以為自否、泰而變，而先儒非之，謂乾、坤合而為否、泰，豈有否、泰復而為他卦之理，程子因謂皆自乾、坤而變。」「然此二說相競，以名之異，而非實之有異也。若泛言自乾、坤而變，則六十二卦皆乾、坤所摩盪而成；若以隨、蠱之屬剛柔上下言之，則所謂自乾、坤變者，亦下乾上坤，下坤上乾之謂。從三畫卦而言則謂之乾、坤，從六畫卦而言則為否、泰，其實一也。」《內傳‧發例》，總頁 663。船山認為乾坤與泰否說雖名異而實同也。以乾、坤卦變來說，有兩點理由，其一，乾、坤外之六十二卦皆可稱為由乾、坤所變；其二，將六畫卦分成上下，亦為三畫之乾、坤所變。其中第二點尚可轉成泰、否卦變，上乾下坤即成否，上坤下乾即成泰，故亦可稱六十二卦為泰、否所變，即此而認為此二說皆可通。

189 《內傳》，總頁 275。

190 《內傳》，總頁 275。

再者，尚有以陰陽之動消否保泰之未濟、既濟，一以撥亂，一以反正。又曰：「夫欲效陰陽之動以消否而保泰，則必相入以為主而效其匡濟，則未濟之以撥亂，既濟之以反正是也。」[191]

至於船山釋爻辭之占較特別者，彼將區分為：爻中之象占與爻外之象占，而以爻外之象占較特殊，又可分為兩類：一者非針對本爻，而是就某事而論；一者其占辭乃針對他爻而言。前者之例，如坤䷁初六「履霜堅冰至」，船山言初六有此象，然其占戒之用意並非專為初六言，而是戒君子辨之於早。噬嗑䷔初九「履校滅趾，无咎」，雖初九自致履校滅趾，然履校滅趾豈能无咎，无咎之意是指君子以薄刑止民之惡，可減少民之過惡。

至於針對他爻而言之例，如大有䷍上九「自天祐之，吉无不利」，天指上九，此處言祐者非指上也，而是言六五以德而上祐之。又如解䷧六五「君子維有解」，解者非指五能解也，而是上六藏器待時而解六三之悖，而六五可孚三而解之，即上六之德可知六五之吉也。[192]大畜䷙初九「有厲，

---

191 《內傳》，總頁 275。

192 船山云：「由爻中之象占，有爻外之象占。而爻外之象占復有二，其一如坤六『履霜堅冰至』，雖初六之且有此象，而所戒者在君子之辨之於早，非為初六言也：又如噬嗑初九『履校滅趾，无咎』，雖初九之自致，而言无咎者，謂君子施薄刑於小人以弭其惡，則可寡民之過，非謂履校而可无咎也。其一如大有上九『自天祐之吉无不利』上九即天也，祐者非祐上也，乃六五履信思順而上祐之，即其福之至以歸本六五之德也：又如解六五『君子維有解』，解者非五能解也，上六藏器待時而解六三之悖，故五可孚三而解之，此原本上六之德以知六五之吉也。」《內傳‧發例》，總頁 670。

利己」，看似針對初爻因不受止而有厲，故與卦辭「利涉大川」有出入，然船山認為此可理解為對內卦三陽戒之受止之義以免於厲，即此論之，則與卦辭無矛盾矣。[193]

船山釋爻辭，並未自創體例，仍採前賢承、乘、比、應等的說法，然需注意者，船山的用法與前賢仍稍有不同。例如「應」與「孚」。以「應」而言，舊說以位言，若陰陽合則稱為「應」。船山認為除了以位言「應」外，尚包括眾異所欲合者之義及相比為應援之義。關於眾異所欲合者，如同人☲之陰、大有☲之陰、豫☷之陽皆言應也，彼言道：「陰陽之交，致一而動，為群爻之異所待合者，無論其位之應不應，而皆曰『應』，故同人、大有之陰，豫之陽皆言『應』。」[194]相比為應，則見於釋巽九二云：「凡敵應的卦，既不相應，則以相比者為應求。陰陽相比而相求則和，遠則乖矣。故巽二、五吉，而三、上凶咎。」[195]

至於「孚」，舊說多以陰陽相應曰孚，而船山則言同類相孚，陰與陰孚，陽與陽孚。雖然如此，亦有例外，如釋小畜☴六四「有孚」云：「『有孚』者為九五所信，陰陽異而言孚者，二陽合而成巽，陽從陰化，故謂之小畜，則陰陽異而

---

193 船山云：「三陽具而後成乾，艮體具而後畜之也，涉險皆利。以一爻言之，則剛健欲行而不受止，此爻與象之所以小異也。乃以止道養人之德者，施於剛躁之動，自未能遽受，故日新之德，亦必抑志受止而後成，非驟止之而即受，則於三陽有戒辭，與象義亦不相悖也。」《內傳》，總頁244。

194 同前註，頁176。此尚可以同人為例，船山釋同人九三爻辭：「六二一陰得位，眾陽皆欲與之同，不能便遍與相應，則爭必起，三、四、五所以皆有用兵之象。」《內傳》，總頁159。

195 《內傳》，總頁457。

孚也。」[196]此乃唯一不依同類相孚,而以異類言孚之例。

(三) 船山對爻辭重出之例及卦爻辭間矛盾的說明

　　船山亦注意到爻辭重出之例,雖然並未針對重出之例全面說明,然卻可就船山特別說明者見出其見解。首先,關於某卦爻辭使用他卦卦名者,如履☰九五「夬履」[197]、臨☷初九、九二「咸臨」[198],是指以夬道應履及以感之道臨之之義。而睽☲六五「噬膚」,則是因卦象與噬嗑相近,故有噬合之象。[199]

　　另外,對於爻辭相同者,船山區分出象同而義同與象同而義異兩種。前者如損☶六五與益☳六二均有「或益之十朋之龜」,船山釋損六五:云「三陰居外而欲消,得上之益以止,而安於尊位,是五之寶也。」[200]釋益六二云:「陽益於初,以輔二而消其否,二之得益大矣,故與損五同其象。」[201]二爻皆有得益之義,故其象同。另一例為夬九四與姤九三均有「臀无膚」之象,船山釋夬九四云:「九四以

---

196 《內傳》,總頁 133。

197 船山釋履九五「夬履」:「履,柔履剛;夬,剛決柔也。兌乘權則為履,乾乘權則為夬。乾陽居位,得中以臨兌,以夬道應履者也。」《內傳》,總頁 139。

198 船山於臨初九、九二「咸臨」,釋初九云:「咸者,感也。咸臨者,以感之道臨之也。……初九與六四相接應,……而以德感其心,使受治焉。」釋九二云:「九二以感道臨六五。」《內傳》,總頁 196。

199 船山云:「卦與噬嗑相類,故言『噬膚』,亦有噬合之象焉。」《內傳》,總頁 323。

200 《內傳》,總頁 346。

201 《內傳》,總頁 350。

剛居柔而為退爻，不能敏於夬者也，故為羸弱不能行之
象。」202釋姤九三云：「三與巽為體，未嘗不沾滯而聽陰之
人，故與夬四同象。」203二者皆有受制之義。

　　至於象同而義異之例，如萃☷六二與升☷九二皆有「孚
乃利用禴」之辭，船山釋萃六二云：「二必誠意相應，使
初、三深信其相引以之為吉，……以戴陽於上，然後上下各
得其利。」204釋升云：「象與萃二同而意異。延陰以升者，
三也。二處三之下，位遠於陰，雖受初之升，而不當位，無
能為主，唯孚合於三，乃以升陰而利。有孚，則位雖不當而
无咎。」205所謂義異者在於，萃六二以其誠意引導初、三
之二陰以戴陽，而升乃以九二之陽附九三，方能升陰而利，
義有別矣。

　　尚有履☰六三「眇能視，跛能履」與歸妹☳初九「跛能
履」、九二「眇能視」，船山釋履六三云：「『能』，自謂能
也，以一爻之動言之，柔失位而居進爻，又躁妄以上干乎
陽，乾道方盛，非所能犯，還以自傷。」206釋歸妹初九
云：「履與歸妹，內卦皆兌，而上承乾、震之剛，故皆有
跛、眇之象。而履孤陰妄進，故自謂能而非其能，歸妹四輕
往而過不在三，則初與二能保其正，而與履之『素履往，坦
坦幽貞』，德固相若，皆處濁世而有孤行之操者也。《易》之

202　《內傳》，總頁359。
203　《內傳》，總頁365。
204　《內傳》，總頁370。
205　《內傳》，總頁377。
206　《內傳》，總頁138。

文詞簡，故詞同而意異。」[207]履六三與歸妹初九、九二，皆處內卦兌，而上遇陽剛的卦，然履不自量而上行故自傷矣；而歸妹雖四妄行然非三之過，使初、二能守其正，二者義異也。

除解釋爻辭重出之例外，對於卦、爻辭間看似矛盾者，船山提出了「動爻」說，並解釋此乃為占筮而設。如履☲六三、乾☰初九、復☷上六、小畜☴上九、同人☲六二等[208]。其取義有二，一是值其動之時而言，一是值其動之情而言。[209]所謂「動之時」是指該爻所處的時機，「動之情」則指行動時的實際情況以動之時而言者，如履六三，爻辭為「履虎尾，咥人，凶」，異於卦辭「履虎尾，不咥人」，船山云：「以一爻之動言之，柔失位而居進爻，又躁妄以上干乎陽，乾道方盛，非所能犯，還以自傷，故咥人而凶。」[210]

至於乾初九，則因「時」之故，於此時宜潛而不出。復上六「迷復，凶」亦因時位之故，船山云：「四處群陰之中而退聽，五履至尊之位而大順，皆不禁陽之來復。上六遠陽

---

207 《內傳》，總頁 435。

208 除此諸例，兌六三「來兌，凶」亦屬此，傳山言道：「六三居四陽之中，而以不正之柔，上諂而下諛，待物之來說而相與說，小人之道也，故凶。兌之亨利，自三成之，而爻凶異於象者，兌體已成，則剛中之德，外雖柔而自非容悅，三觸發動，則柔以躁進，而為小人之媚世。此類從筮者占其所動而言，別為一例。抑以兌本非君子之守，故非全體陰陽之合，則必流為邪佞也。」《內傳》，總頁 464。

209 船山云：「爻辭為筮得九六動爻而設，故於象有變通，如履六三、復上六之類。乃動爻之取義有二，一為值其動之時者言也，一為於其時位而有動之情者言也。」《內傳‧發例》，總頁 670。

210 《內傳》，總頁 138。

已甚，恃其荒遠，欲為群陰之長，……不度德，不相時，迷
而凶矣。」[211]小畜卦辭為「密雲不雨」，而上九為「既雨既
處」，船山亦以動爻解釋道：「象言『不雨』者，自全卦之象
而言也。上九言『既雨』者，自一爻之動而言也。所動在
此，則視其發用的變，而不害其同。」[212]

　　至於以動之情來說明者，如同人䷌六二之例，船山言
道：「以全卦言之，眾陽相協以求同於二，故曰『于野』。以
六二之動言之，則二往同於人，而麗於二陽之間，交不能
遠，故為于宗。」[213]即此以解釋卦辭亨而爻辭吝之故。依
船山看來，即使卦、爻辭有不一致處，實因所處時位與行動
之實際情況使然，爻象仍是一致而不悖。彼言道：「六爻之
得失吉凶雖雜，若不合於象，然唯其發動之時位，因時立義
耳，非有悖於卦之質也。」[214]

　　綜論船山的爻辭解釋，大體是本於象爻一致、六爻一體
之原則，將爻定位在說明各卦於特殊「時」、「位」的表現，
其中一爻不僅與它爻有所關涉，其爻性亦有顯與隱之別。因
此，船山的爻辭解釋，將卦名、卦畫、卦辭、爻性、爻辭整
體考察，以細膩解出爻辭的深義。對於爻辭重出之例，則考
察卦與卦間的關聯；至於表面之矛盾，則以爻變、動爻、以
此爻發他爻之旨，或爻外之占等觀點作出解釋。藉由對爻於
卦中的時、位關係及變化，解釋爻辭的象與占，以顯各卦於

---

211 《內傳》，總頁 234。
212 《內傳》，總頁 134。
213 《內傳》，總頁 158。
214 《內傳》，總頁 608。

不同時、位所顯之理，即此而見爻辭的精微。

七、結論

本文以《周易內傳》作為考察文本，探討船山對於各卦關係的說明及卦名解釋，以及如何解釋卦辭、爻辭的象與占，而歸結出船山治《易》除重視卦畫之陰陽結構外，更重視爻畫陰陽的動態歷程；以卦畫的陰陽結構明事物的體性，以陰陽的動態歷程說明事物的變化。

因此船山《內傳》所展現的思維，便是體用不二，即用以顯體，以陰陽的體與陰陽之用言。誠如船山所示：「若以陰陽之本體俱為天地之大用，何吉何凶？而一聚一分，則得失差異，是以吉凶生焉。此言爻位有比有應，有承有乘，因時而生吉凶也。」[215]陰陽的體為全體大用，故無吉凶，而此體發用，則成氣的聚散，加上時、位變化，故有吉凶。再以卦、爻言之，卦為體，爻為用，「爻之義無不盡於象中」，[216]六爻以顯卦之用，六爻雖異，然「繇其所以異，觀其所以同」[217]，整部《內傳》在體用不二的基礎上，一方面見出六爻所具的卦義，另方面考察卦義於不同時位的變化。

船山認為卦、爻畫即以符號象徵生活世界中的事物，卦

---

215 《內傳》，總頁 508。
216 《內傳・發例》，總頁 662。
217 《內傳・發例》，總頁 662。

中六爻各有陰陽以成象，象成而成器，即器之剛柔得失而施用，即成事之法。船山言道：「靜以成體，動以發用，故六爻之有陰陽，皆具乾坤之德，而用不窮也。……陰陽的變，通行乎六位而卦成，其見也象之所著也。萬物之形，皆以此為虛實、質文、同異之制，成乎器也。象立器成，乃因其剛柔之得失，裁成而用之，則事之法也。此闔闢往來互變以使六爻之失得，爻自有義，昭著呈見。」[218]就經驗世界而言，物各有象，且各成其用，物與物間有其相對特質；而所以成其象，成其用者皆緣於一氣之往來屈伸，若能於萬物中，理解「合異以為同，分同以為異」[219]，合異以見其體，即體以見其用，便能瞭解萬物間的關係及相互作用。船山釋《易》，便是本此思維方式，若能充分掌握這點，便能見出特色所在。

　　綜觀船山《易》學，兼重義理與卦畫、占辭，使得辭、象、占得到相同程度之重視。船山對六十四卦關係的說明，不取〈序卦傳〉各卦依次相續而生的解釋，而是以「乾坤並建」、「錯綜為用」說明乾坤及六十二卦間的關係。就各卦而言，則採「彖爻一致」，彖為體，爻顯其時、位；而各卦亦有其錯與綜，以顯幽明之理與往復變化。在解釋卦辭、爻辭上，是結合卦畫、卦名及易辭作整體說明；在釋象與占，明顯異於象數派以〈說卦傳〉、〈逸象〉「乾為馬」、「巽為木」

---

218 《內傳》，總頁 560。

219 船山云：「天下之器，其象各異，而用亦異，要其形質之宜，或仰而承，或俯而覆；或微而至，或大而容；或進而利，或退而安，要唯酌數之多寡以善剛柔之用，合異以為同，分同以為異，皆此一往一來，一贏一詘以成之象，象成體定，而用以利矣。」《內傳》，總頁 554。

來釋象，雖然採取義理解釋，然特色卻是在運用卦畫的陰陽關係及陰陽變化歷程的方式。

船山肯定卦、爻辭一致的主張及作法，在《易》學史上仍有其意義，後人可就其作法指出特色所在。至於與其他《易》學家的深入比較，或對船山的觀點進行批判，則待日後再行研究。

引用書目

一、傳統文獻

漢・京房著、陸績注，《京房易傳》，《文淵閣四庫全書》總冊 808，臺北：商務印書館，1991 年。

魏・王弼著，樓宇烈校釋，《老子、周易王弼注校釋》，臺北：華正書局，1983 年。

唐・孔穎達：《周易正義》，《十三經注疏附校刊記》，影印嘉慶二十年江西南昌府學重刊宋本，臺北：藝文印書館，1989 年。

宋・程頤：《周易程氏傳》，《二程集》第 2 冊，臺北：漢京文化事業，1983 年。

宋・朱熹：《朱子語類》，《朱子全書》第 14～18 冊，上海：上海古籍出版社、安徽：安徽教育出版社，2002 年。

宋・朱熹：《朱子文集》，臺北：德富文教基金會，2000 年。

宋・朱熹：《周易本義》，《朱子全書》第 1 冊，上海：上海古籍出版社、合肥：安徽教育出版社，2002 年。

宋・朱熹，《周易本義》，臺北：大安出版社，1999 年。

宋・朱熹：〈太極圖說解〉，《朱子全書》第 13 冊，上海：上海古籍出版社、合肥：安徽教育出版社，2002 年。

宋・黎靖德編：《朱子語類》，《朱子全書》第 16 冊，上海：上海古籍出版社、合肥：安徽教育出版社，2002年。

宋・董楷：《周易傳義附錄》，《通志堂經解》第 3 冊，揚州：江蘇廣陵古籍刻印社，1996 年。

元・俞琰：《讀易舉要》，《大易類聚初集》版，臺北：新文豐出版社，1983 年初版。

元・吳澄：《易纂言》，無求備齋《易經集成》第35冊，臺北：成文出版社，1976 年。

元・吳澄：《易纂言外翼》，無求備齋《易經集成》第 149 冊，臺北：成文出版社，1976，據民國五年刊「豫章叢書」本影印。

元・吳澄：《吳文正公集》，《元人文集珍本叢刊》第 3 冊，臺北：新文豐出版公司，1985 年。

元・吳澄：《吳文正集》，吳澄撰，吳當編，《影印文淵閣四庫全書》總冊 1197，臺北：臺灣商務印書館，1983年。

元・胡一桂：《周易本義附錄纂注》，《通志堂經解》第 3 冊，揚州：江蘇廣陵古籍刻印社，1996 年。

元・胡炳文：《周易本義通釋》，《通志堂經解》第 4 冊，揚州：江蘇廣陵古籍刻印社，1996 年。

元・熊良輔：《周易本義集成》，《通志堂經解》第 4 冊，揚州：江蘇廣陵古籍刻印社，1996 年。

元・董真卿：《周易會通》，《通志堂經解》第 4 冊，揚州：江蘇廣陵古籍刻印社，1996 年。

明・胡居仁：《居業錄》，《百部叢刊集成》本，據張伯行
輯「正誼堂全書」影印，臺北：藝文印書館，1968
年。

明・胡居仁：《胡敬齋集》，《叢書集成初編》，北京：中
華書局，1985 年。

明・胡廣、陳仁錫同撰：《周易大全》，無求備齋《易經集
成》第 43-48 冊，臺北：成文出版社，1976 年。

明・蔡清：《易經蒙引》，無求備齋《易經集成》本，臺
北：成文出版社，1976 年。

明・蔡清：《易經蒙引》，《影印文淵閣四庫全書》第 29
冊，臺北：臺灣商務印書館，1983 年。

明・蔡清：《虛齋集》，《四庫全書珍本七集》，臺北：臺
灣商務印書館，1977 年。

明・蔡清：《四書蒙引》1-5 冊（《四庫全書珍本三集》，
臺北：臺灣商務印書館，1972 年

明・來知德：《易經來註圖解》，朝爽堂刻本，臺北：武陵
出版有限公司，1997 年。

清・黃宗羲：《易學象數論》，《黃宗羲全集》第 9 冊，浙
江：浙江古籍出版社，1993 年。

清・黃宗羲：《明儒學案》，臺北：臺灣中華書局，1984
年。

清・王船山：《周易內傳》，《船山全書》第 1 冊，長沙：
嶽麓書社，1996 年。

清・永瑢、紀昀等撰：《四庫全書總目》（上）（下），北京：
中華書局，1995 年。

清・李光地：《御纂周易折中》，據康熙 54 年武英殿本影印，臺中：瑞成書局，2001 年。

清・李光地：《周易觀彖》，臺北：廣文書局，1991 年。

清・李光地：《榕村語錄、榕村續語錄》（上）（下），北京：中華書局，1996 年。

清・李光地著，陳祖武點校：《周易通論》，慎厥堂藏本，臺北：廣文書局，1991 年。

清・李清植：《文貞公年譜》，臺北：廣文書局，1971 年。

清・張廷玉等撰，楊家駱主編：《新校本明史并附編六種》，臺北：鼎文書局，1975 年。

清・朱彝尊：《經義考》，《四部備要》本，北京：中華書局，1998 年。

清・惠棟：《易漢學》，北京：中華書局，1985 年。

清・嵇璜等奉敕撰：《欽定續通志》，《影印文淵閣四庫全書》「史部」第 152 冊，臺北：臺灣商務印書館，1883 年。

清・沈佳：《明儒言行錄》，《四庫全書珍本三集》，臺北：臺灣商務印書館，1972 年。

清・黃虞稷：《千頃堂書目》，上海：上海古籍出版社，1990 年。

二、近人編輯、論著：依姓氏筆畫由少至多排列

王邦雄等著：《中國哲學史》，臺北：國立空中大學，1995 年。

古清美：《明代理學論文集》，臺北：大安出版社，1990
　　年。

古清美：《慧菴存稿》，臺北：大安出版社，2004 年。

朱伯崑：《易學哲學史》，臺北：藍燈文化事業，1991
　　年。

朱伯崑：〈《周易》研究中值得商榷的幾個問題〉，《周易
　　研究》，1991 年，第 2 期，頁 2。

余英時：《宋明理學與政治文化》，臺北：允晨文化，2004
　　年。

呂妙芬：《胡居仁與陳獻章》，臺北：文津出版社出版，
　　1996 年。

李書增等：《中國明代哲學》，鄭州：河南人民出版社，
　　2002 年。

李梅鳳：「李光地《周易折中》案語研究」，彰化：彰化師
　　範大學國文學系碩論，2002 年。

汪學群，《清初易學》，北京：商務印書館，2004 年。

汪學群：《王夫之易學——以清初學術為視角》，北京：社
　　會科學文獻出版社，2002 年。

汪學群：〈王船山占學觀試探〉，《中國哲學史》第 3 期，
　　1998 年。

杜保瑞：《論王船山易學與氣論並重的形上學進路》，臺
　　北：國立臺灣大學哲學研究所博士論文，1992 年。

林安梧：《王船山人性史哲學之研究》，臺北：東大圖書公
　　司，1987 年。

林文彬：《船山易學研究》，臺北：國立臺灣師範大學國文

研究所博士論文，1994 年。

林亨錫：〈李光地易學思想及《周易通論》〉，《儒教文化研究》，第 4 期，1994 年，頁 109-122。

林世榮：〈李光地《周易折中》發微──以乾坤二卦為示例的探討〉，「第一屆青年儒學國際會議」論文，中壢：中央大學文學院儒學研究中心，2003 年。

邱黃海：〈船山易學的原理與方法──《周易內傳發例》的解析〉，《鵝湖學誌》28 期，2002 年。

祝平次：《朱子學與明初理學的發展》，臺北：學生書局，1994 年。

吳龍川：《王船山乾坤並建理論研究》，臺北：國立臺灣師範大學國文研究所博士論文，2004 年。

陳來：《宋明理學》，瀋陽：遼寧教育出版社，1992 年。

陳德述：《儒學文化論・來知德的易學及其自然哲學》，四川：巴蜀書社，1995 年。

陳時龍、許文繼：《正說明朝十六帝》，臺北：聯經出版社，2005 年。

陳祺助：〈王船山「乾坤並建」理論的基本內容及其天道論涵義〉《鵝湖月刊》359 期，2005 年。

康全誠：《清代易學八家研究》，臺北：中國文化大學中國文學研究所博士論文，2002 年。

曾昭旭：《王船山哲學》，臺北：遠景出版社，1983 年。

曾春海：〈李光地的易學初探〉，《清代經學國際研討會論文集》，中國文哲所編委會編，1994 年，頁 3-24。

曾春海：《王船山易學闡微》，臺北：嘉新水泥公司文化基

金會，1978 年。

曾春海：《儒家哲學論集》，臺北：文津出版社，2000
年。

漢斯-格奧爾格・加達默爾（Hans-Georg Gadamer）著，洪
漢鼎譯：《真理與方法——哲學詮釋學的基本特徵》，
臺北：時報出版社，1995 年。

楊國楨等編：《李光地研究》，廈門：廈門大學出版社，
1993 年。

蒙培元：《理學的演變》，臺北：文津出版社，1990 年。

鄧立光：〈王船山《易》學思想——《易》數析論〉，《第
四屆清代學術研討會論文集》，高雄：國立中山大學，
1995 年。

劉大鈞：〈讀《周易折中》〉，《周易研究》，1997 年第 2
期，頁 10-19。

劉玉建：《兩漢象數易學研究》，南寧：廣西教育出版社，
1996 年。

劉潤忠：〈論王夫之『乾坤並建』易學理論及其哲學意
義〉，《北京大學學報》，1988 年。

鄭雅竹：《李光地易學研究》，高雄：高雄師範大學國文學
系碩論，2003 年。

鍾彩鈞：《王陽明思想之進展》，臺北：文史哲出版社，
1993 年。

鍾彩鈞：〈李光地易學方法論〉，《清代經學與文化》，彭
林主編，北京：北京大學出版社，2005 年，頁 9-26。

戴君仁：《談易》，臺北：臺灣開明書店，1995 年。

蕭漢明：《船山易學研究》，北京：華夏出版社，1987
　　年。

國家圖書館出版品預行編目資料

明代學術論集／楊自平著. -- 初版. -- 臺北市：萬
　卷樓, 2007.11
　　　面；　　　公分
　　參考書目：面
　　ISBN 978－957－739－619－8 (平裝)
　1. 明代哲學　2.理學　3.文集
　126.07　　　　　　　　　　96022419

明代學術論集

著　　　者：楊自平

發　行　人：陳滿銘

出　版　者：萬卷樓圖書股份有限公司

　　　　　　臺北市羅斯福路二段 41 號 6 樓之 3

　　　　　　電話(02)23216565・23952992

　　　　　　傳真(02)23944113

　　　　　　劃撥帳號 15624015

出版登記證：新聞局局版臺業字第 5655 號

網　　　址：http://www.wanjuan.com.tw

E －mail　：wanjuan@tpts5.seed.net.tw

承印廠商：晟齊實業有限公司

定　　　價：280 元

出版日期：2008 年 2 月初版

　　　　　　2009 年 8 月初版二刷

ISBN：978－957－739－619－8